目　次

【論　説】

グローバル経済下における公益実現と企業活動

国連グローバル・コンパクトの意義……………………三　浦　　　聡…　1
　　──ガバナンス論からの考察──

企業の社会的責任（CSR）と環境保護………………須　網　隆　夫…　36
　　──EU環境政策を素材にして──

国家安全保障と国際投資…………………………………柏　木　　　昇…　59
　　──国家安全保障概念の不確定性を中心に──

第1分科会：私法系

中国独占禁止法の制定・施行……………………………酒　井　享　平…　79
　　──外国企業のビジネスや投資や貿易に与える影響──

第2分科会：公法系

ガット・WTOにおける最恵国待遇原則と
　一般特恵制度の関係……………………………………小　寺　智　史…109

信義誠実則の表象としてのGATT XX条柱書……………小　林　献　一…127
　　──ブラジル・再生タイヤの輸入事件を素材に──

自由論題

EUとWTOにおける遺伝子組換え産品に関する規制………内　記　香　子…145
　　──EUの事前承認制度の特徴とWTO法の展開──

TRIPS協定をめぐる議論の動向と
　途上国への「技術移転」………………………………山　根　裕　子…180

【文献紹介】

中川淳司（著）『経済規制の国際的調和』……………………松　下　満　雄…211

内記香子（著）『WTO法と国内規制措置』………………平　　　　　覚…214

William J. Davey and John H. Jackson (eds.),
　　The Future of International Economic Law…………中　川　淳　司…218

Harald Hohmann (ed.), Agreeing and Implementing
　　the Doha Round of the WTO ……………………………飯　野　　　文…221

Douglas A. Irwin, Petros C. Mavroidis and
　　Alan O. Sykes, The Genesis of the GATT……………小　林　友　彦…225

Rudolf Dolzer and Christoph Schreuer,
　　Principles of International Investment Law…………濱　本　正太郎…230

Harry M. Flechtner, Ronald A. Brand and Mark S.
　　Walter (eds.), Drafting Contracts Under the CISG……久　保　田　隆…233

Loukas A. Mistelis and Stavros L. Brekoulakis (eds.),
　　Arbitrability: International & Comparative Perspectives
　　………………………………………………………ジョン・リベイロ…237

池田千鶴（著）『競争法における合併規制の目的と根拠――ＥＣ競争法
　　における混合合併規制の展開を中心として』……………鵜　瀞　惠　子…241

学　会　会　報………………………………………………………………245
編　集　後　記………………………………………………………………253

論　説　グローバル経済下における公益実現と企業活動

国連グローバル・コンパクトの意義
――ガバナンス論からの考察――

三　浦　　　聡

Ⅰ　はじめに
Ⅱ　国連グローバル・コンパクトの概要
　1　前　　史
　2　原則と目標
　3　統治枠組
　4　履行メカニズム
Ⅲ　国連グローバル・コンパクトにおけるガバナンス様式
　1　第一者によるガバナンス
　2　第二者によるガバナンス
　3　第三者によるガバナンス
　4　協働ガバナンス
　5　メタガバナンス
Ⅳ　結　語

Ⅰ　はじめに

　国連グローバル・コンパクト（以下，GC）は，2000年7月にコフィ・アナン（Kofi Annan）国連事務総長（当時）のイニシアティブとして開始された。GCは，人権，労働基準，環境，腐敗防止に関する10原則へのコミットメントを表明する企業（および他の組織）と国連事務総長との間の盟約（コンパクト）であり，それらの組織間のネットワークである。参加企業にはGC原則の履行に関する情報開示が求められるものの，原則には法的拘束力がなく，原則の遵守を監視し執行（エンフォース）する仕組みもない。GCが「規制の手段でなく，むしろ自発的イニシア

ティブ」であって「規制を代替するのではなく補完する」ことは，つとに強調されてきた。

　GCは，企業だけでなく，国連機関，経済団体，証券取引所，労働組合，NGO，財団，教育研究機関，公的機関（政府系開発機関等），地方自治体（シティ）等の産官民学の各部門（セクター）のステークホルダーが参加するマルチセクトラル（マルチステークホルダー）・ネットワークである。参加企業は2008年に約30％増え，5,000社を優に超える。GCは企業の社会的責任（CSR）と企 業 市 民（コーポレート・シチズンシップ）に関する世界最大の取り組みに発展しており，潘基文（パン・ギムン）国連事務総長もGCを強く支持している。

　本稿の目的は，GCの意義をグローバル・ガバナンス（論）の観点から明らかにすることである。端的に言えば，グローバル・ガバナンスにおけるGCの意義は，その先駆性と実験性にある。GCは，いかに企業をグローバル・ガバナンスの客体（問題の源泉として規制される側）から主体（問題解決に取り組む側）に変えるかという課題に取り組む「ネットワーク構築に関する制度的実験」である。

　本稿は，GCが制度的実験を重ねる過程で自発的イニシアティブからマルチモーダルなガバナンスのネットワークへと変容しつつあると主張する。マルチモーダルとは，ガバナンスの手段が多様である状態を意味する。GCは，多様なステークホルダーが多様な手段を用いて参加企業による原則の履行を促すマルチモーダル・ガバナンスの萌芽として捉えられる。萌芽とは，様々な仕組みが作られつつあるものの，その効果は未だ不十分か不明であることを言う。その意味で，GCは確かに「脆い（fragile）が支援に値する有望なイニシアティブ」である。

　以下では，ⅡでGCを概観したのち，Ⅲでガバナンス論の観点からGCを理論的に検討する。具体的には，GCにおける（GCに対する）ガバナンスの手段（ガバナンス様式）に注目して類型を提示し，それに沿ってGCを分析する。

II　国連グローバル・コンパクトの概要

1　前　史

　GCは，1990年代に入って盛んになった反グローバル化運動，および世界貿易機関（WTO）の交渉における課題である「貿易と～」問題に対して国連事務総長が示した1つの回答である[6]。反グローバル化運動は，経済の自由化としてのグローバル化が一方で先進国の資本家の利益の下に，他方で特に発展途上国での人権の侵害，労働者の搾取，環境破壊の下に進められているとの認識に基づく[7]。NGOや労働組合などによる反グローバル化運動の矛先は，先進国政府，WTOなどの国際組織，そして多国籍企業に向けられてきた。運動の影響力と広がりを知らしめたのが，経済協力開発機構（OECD）における多国間投資協定（MAI）構想の挫折（1998年），そしてシアトルでのWTO閣僚会議（1999年12月）への抗議運動であった。

　シアトルでの出来事に先立つ1999年1月，アナン国連事務総長（当時）は世界経済フォーラム（ダボス会議）において，「グローバル市場に人間の顔を与える」ために企業と国連が「価値と原則を共有するグローバルな盟約（a global compact）を開始する」ことを提案した[8]。それは企業と経済団体が「人権，労働基準，環境に関わる慣行の分野で核となる価値を尊重し，支持し，実践すること」を意味した。人権，労働，環境の3分野が選ばれたのは，企業が「実際に違いを生み出せる分野」，既存の宣言によって「普遍的価値がすでに定義されている分野」，「我々の行動なくしては，オープンなグローバル市場，とくに多角的な貿易レジームへの脅威が生じるかもしれない分野」だからであった。アナンは「3分野での基準を維持するための規制を貿易レジームと投資協定に組み込むよう求める様々な利益集団からの巨大な圧力」に言及し，それが「正当な懸念」だと認めつつも，「貿易と投資の規制」ではなく「他の手段によって」3分野で「十分な基準」を達成すべき点を強調した[9]。その手段とは「共有

された価値のネットワークにグローバル市場を埋め込むこと」であり，それを可能にするものが「グローバルな盟約」であった。[10]

2　原則と目標

GCは当初，人権，労働，環境を3本柱とする9原則を掲げ，企業43社とこれらの原則を唱道・実践してきた国連機関やNGOなどが参加して，2000年7月に創設された。[11]その後2004年6月には，腐敗防止に関する第10原則が追加された。前文と10原則は以下の通りである。[12]

> グローバル・コンパクトは，企業がその影響力の範囲内で，人権，労働基準，環境，腐敗防止の分野で核となる価値を尊重し，支持し，実践することを求める。
> 人　　権　企業は，
> 　原則1：国際的に宣言されている人権の保護を支持，尊重し，
> 　原則2：自らが人権侵害に加担しないよう確保すべきである。
> 労働基準　企業は，
> 　原則3：組合結成の自由と団体交渉の権利の実効的な承認を支持し，
> 　原則4：あらゆる形態の強制労働の撤廃を支持し，
> 　原則5：児童労働の実効的な廃止を支持し，
> 　原則6：雇用と職業における差別の撤廃を支持すべきである。
> 環　　境　企業は，
> 　原則7：環境上の課題に対する予防原則的アプローチを支持し，
> 　原則8：環境に関するより大きな責任を率先して引き受け，
> 　原則9：環境に優しい技術の開発と普及を奨励すべきである。
> 腐敗防止　企業は，
> 　原則10：強要と贈収賄を含むあらゆる形態の腐敗の防止に取り組むべきである。

10原則は，世界人権宣言，労働における基本的原則及び権利に関するILO宣言，環境と開発に関するリオ宣言，国連腐敗防止条約に基づく。これによっ

てアナンは,「市場の力と普遍的な理念の権威とを結びつけること」を目指したのであった。⁽¹³⁾原則は,その履行を誓約する旨の書簡を国連事務総長に送付し受理された企業(及び他の組織)に適用される。⁽¹⁴⁾

　GCが究極的に目指すのは,企業が「より持続可能で包摂的なグローバル経済に寄与すること」である。⁽¹⁵⁾アナンは「グローバル化の諸問題に対する政府間の対応に本質的な限界を認識」⁽¹⁶⁾し,それを「国連とプライベート・セクターとの創造的なパートナーシップ」⁽¹⁷⁾によって補おうと考えた。GCがより直接的な目標として掲げるのは,1つはGC原則の「主流化(メインストリーミング)」——「あらゆる地でのビジネスの活動と戦略を……10原則と結び付けること」であり,いま1つはミレニアム開発目標(MDGs)などの「より広範な国連の目標」の達成に企業が貢献することである。⁽¹⁸⁾

3　統治枠組

　GCの発展に伴って,2004年以降にGCの統治枠組(ガバナンス・フレームワーク)が整備されている。⁽¹⁹⁾現在,枠組はGCリーダーズ・サミット,GCボード,GC事務所,機関合同(Inter-Agency)チーム,ローカル・ネットワーク,ローカル・ネットワーク年次フォーラム,GCドナーグループの7要素から構成される。これらによって「ガバナンス機能が共有される」状態を,GCは「マルチセントリック」と呼ぶ。⁽²⁰⁾

　リーダーズ・サミットはGCで最大規模の会合であり,3年ごとに参加団体および他のステークホルダーのトップが集う。サミットはGC参加団体がコミットメントと団結を確認する場であり,これまで2004年にニューヨーク,2007年にジュネーブで開催された。GCの統治と運営において重要なのは,GCボードとGC事務所である。GCボードは,その議長を務める国連事務総長が任命したメンバー(企業,経済団体,労働組合,NGOなどのトップ)から構成される「マルチステークホルダーの諮問機関」であり,GCの運営について助

言・勧告する。GC事務所は国連事務総長が直轄する国連の公式機関であり，GCというネットワークの「支援と全般的な運営(マネジメント)のためのハブ」である。事務所はGCの「ブランド管理」と誠実性措置（後述）の実施に責任を負い，企業などとのパートナーシップの経験や教訓を国連システム全体で共有するよう国連総会決議により求められている。機関合同チームは，GCに参加する国連機関の間の調整枠組である。

ローカル・ネットワーク（以下，LN）は国別・地域別に組織されたGCのネットワークであり，現在は80ヵ国以上で設立されている。LNはGC原則の履行について各国の事情に即した実験が行われる場であり，LNの活動は「ローカルな優先事項とニーズに基づく」。GCが「グローバルかつローカルである」と表現される所以である。2004年にはLNの統治と運営に関する要件と指針が示され，近年ではLNを構成要素とするGCのいわば「連邦化」が進んでいる。LN年次フォーラムは，LNの代表が集って「経験を分かち合い，進捗を検討・比較し，ベストプラクティスを特定し，LNの実効性を高める意図で勧告を採択する」場である。

GCの活動資金は，官民双方の自発的拠出によって賄われている。政府側では，2001年にGC信託基金が設立された。2008年11月に同基金への拠出国（ドナーグループ）が統治枠組に加わったことで，政府がGCのガバナンスに位置づけられた。ドナーグループは「基金の効果的で効率的な使用を確保する」目的で，GCの戦略についてGC事務所に助言し，GCの年間活動計画の実施を監視する。民間からの寄付金の受け皿として，GC財団が2006年に設立された。GC財団は統治枠組の構成要素ではないが，財団の議長がGCボードに職務上メンバーとして加わっている。

4　履行メカニズム

上述のようにGCは原則の履行を強制しないものの，その仕方について大

枠を示している。それは，GC 原則を内部化する（「企業戦略・日常業務・組織文化に必要不可欠の構成要素」としつつ取締役会の「意思決定過程に組み込む」）こと，パートナーシップによって国連の諸目標に貢献すること，年次報告書に GC 原則の履行に関する情報を組み込むこと，GC を広く唱道することである。⁽³²⁾

企業の自発性を尊重する GC にあって，参加企業に対して実質的に義務化されているのが「誠実性措置（Integrity Measures）」の履行である。これは法的義務ではなく GC のメンバーシップに関わるルールであり，継続的違反者は GC から除名される（実際に，2008年末までに800社以上が除名されている）。GC 事務所は，GC が「自発的だが説明責任を伴う」のであり，「企業活動の規制ではなく……公衆への説明責任(パブリック・アカウンタビリティ)，透明性，情報開示に依拠する」と表現する。その手段が誠実性措置である。⁽³³⁾

誠実性措置は，参加企業による GC へのただ乗りを防いで GC の質を保証するために，2004年に導入された。それは，GC の名称及びロゴマークの使用の事前許可制，コミュニケーション・オン・プログレス（以下，COP）の提出，GC 原則の「組織的かつ重大な侵害（systematic and egregious abuse）」の申立に関する手続から成る。誠実性措置の中核を成すのが，ステークホルダーに情報を開示する COP の提出である。参加企業には GC への支持，GC 原則の履行とその成果を記載した報告書を作成・公表して説明責任を果たすことが求められる。COP には，説明責任の浸透，履行の継続的改善の促進，GC 全体の誠実性の保護，情報の蓄積を通じた企業間の相互学習の促進などの機能が期待されている。⁽³⁷⁾

GC は，参加企業が COP を提出するだけでなく，GC というネットワークに積極的に関与するよう促している（ただし，関与(エンゲージメント)は義務ではない）。GC は，上述した2つの目標――10原則の主流化，国連の諸目標への貢献――に関わる「活動と革新のためのプラットフォーム」であり，そのための仕組みとして LN の他に，ダイアログとラーニング，専門作業ストリーム（specialized workstreams），パートナーシップ・プロジェクトがある。

　ダイアログとラーニングは，参加企業が「優れた実践(ベストプラクティス)や最先端の実践を共有し交換するプラットフォーム」であり，「複雑な諸問題を探索し，革新的解決策を探し出し，互いに経験を共有するための空間を創出する」ことを目指している。GCが「学習ネットワーク」と評される所以である。その特徴はマルチステークホルダーとマルチレベルにあり，企業だけでなく他の参加団体（さらには，非参加団体）も参加して，グローバル，リージョナル，ローカル（国内）という多様なレベルで行われる。GCの創設以来，10原則や国連の諸目標に関連するテーマを取り上げて，専門家が会合を重ねてきた。初期には年次ラーニング・フォーラムが開催されていたが，近年では分野ごとの制度化が進み，人権，労働，腐敗防止に関する作業部会が設置されている。

　専門作業ストリームとして，気候変動に関するCaring for Climate（2007年5月開始），水の持続可能な利用に関する「CEO水マンデート」（2007年7月開始），社会的責任投資に関する「責任投資原則（PRI）」（2006年4月開始），経営教育に関する「責任ある経営教育原則（PRME）」（2007年7月開始）がある。前2者は参加資格をGC参加企業に限定してGCの内部に有志連合的なネットワークを形成するのに対して，後2者はGCへの参加を問わず，企業に近いステークホルダー（PRIは主に機関投資家，PRMEは主にビジネススクール）をメンバーとして，GCに似たネットワークを組織する。4つのうち，現時点ではPRIが最も多くの参加者を集めている。

　パートナーシップ・プロジェクトは，参加企業と国連機関やNGOなどが協働する具体的な活動である。パートナーシップ・プロジェクトはMDGsへの貢献を目指すものであり，たとえば国連開発計画（UNDP）が主導する貧困削減プログラム（GSB）が挙げられる。近年，国連は企業とのパートナーシップを積極的に組織しており，GC事務所は他の国連機関と共同でパートナーシップの形成や運営に関する「パートナーシップ評価ツール」，ガイドライン，事

例集などを作成している。⁽⁵⁰⁾また，様々な国連機関に設置された企業への窓口（フォーカル・ポイント）をつなげるeニューズレター「国連－ビジネス・フォーカル・ポイント」を2006年以来発行している。⁽⁵¹⁾GC事務所によるこのような活動は，アナン前事務総長が目指した「より効率的で効果的な［国連］組織を建設するための改革」⁽⁵²⁾（[ ]内筆者）の一環である。

Ⅲ 国連グローバル・コンパクトにおけるガバナンス様式

本章では，(国際)法学や国際政治学で研究が進んでいるガバナンス論に依拠しつつ，GCを理論的に検討する。ガバナンスとは，セクターの公私を問わず様々な主体が特定の共通目標を達成するために行う活動，担う機能，行使する統御，形成する制度の総体である。⁽⁵³⁾ガバナンスに関わる活動には，法的規制だけでなく，学習，協働（コラボレーション），促進（ファシリテーション），能力構築なども含まれる。GCは，参加企業による原則の履行を促すために，多様なステークホルダーが様々な方法——ガバナンス様式（modes of governance）——を活用する試みへと発展している。以下では，ガバナンスの主体（第一者，第二者，第三者，協働）と様式に注目して作成した類型に即して，GCが発展させつつあるガバナンス様式の全貌を素描する。

第一者（first party）によるガバナンスとは，主体（GCの場合，参加企業）自身による自主規制や継続的改善である。第二者（second party）によるガバナンスとは，契約（GCの場合，国連事務総長と参加団体との間の盟約（コンパクト），及び企業間の私的契約）の当事者間のガバナンスである。第三者（third party）によるガバナンスとは，GCの外部——政府，GCに不参加の（往々にしてGCに批判的な）NGO，（主にPRIに参加する）機関投資家など——からの，参加企業やGC全体のガバナンスである。加えて，GCの内外の主体が共に行うものを協働ガバナンス⁽⁵⁴⁾と呼ぶ。さらに，これらの4つのガバナンスを結集しようとするものをメタガバナンスと呼ぶ。以上のガバナンス様式を類型化したものが，**表1**である。

表1　ガバナンス様式の類型

ガバナンスの主体			ガバナンス様式	GC関連のメカニズム
メタガバナンス	第一者	参加企業（自社）	継続的改善，自主規制	GC原則の内部化と履行
	第二者	参加企業（取引先）	市場によるガバナンス（私的契約レジーム）	サプライチェーン・マネジメントの奨励
		参加団体（実践共同体）	共同体によるガバナンス（社会的影響力，能力構築，文化変容）	誠実性措置（特にCOP），ローカルネットワーク
	第三者	政府	階層の影の下での規制された自主規制	国連総会決議
		機関投資家	市場によるガバナンス（社会的責任投資）＝規制の外部委託	責任投資原則（PRI）
		NGO	市民規制	GCと参加企業への批判（名指しと恥辱）
	協働（第二者＋第三者）	参加団体，非参加団体	協働学習	ダイアログとラーニング，ローカル・ネットワーク

（筆者作成）

以下では，これらを順に解説する。

1　第一者によるガバナンス

GCは，企業が自発的にGC原則を履行するというコミットメントを国連事務総長に誓約することで成立している。GC原則の履行において最も重要なのは，企業がGC原則を内部化する――組織の戦略・文化・活動に組み込む――ことであり，GCはこの過程を通じて企業をグローバル・ガバナンスの主体とすることを試みる。これは，一方でグローバル・ガバナンスの主体の民営化（プライベート・ガバナンス）と見ることもできるが[55]，他方で政府が共有する価値を企業に注入する「公共化（publicization）」の過程だとも言える[56]。

GCは，原則の履行を企業ごとに異なる過程と捉える。履行に関して「唯一『正しい』方法やモデルはない」のであり，履行とは「継続的パフォーマンス改善の長期的な過程」である[57]。よって，GCが参加企業に求めるのは，参加時

のパフォーマンスよりも「変革と継続的改善にコミットしていること」である。
このように，継続的改善は「GC の中心哲学」であり，GC 原則の履行に関する原則と言うべきものである（さらに言えば，継続的改善は GC 全体——統治枠組，誠実性措置，他の履行メカニズム——にも適用される原則である）。参加企業に向けたガイドによれば，継続的改善の過程で重要なのは，経営トップのコミットメントを社内に浸透させ，「測定可能な目標」を設定し，「学習・適応してグッドプラクティスを共有する意欲と能力」を「実際的な活動」へと変換することである。元来，継続的改善やグッドプラクティスからの学習は企業が実践してきたことであり，その意味で GC はグローバル・ガバナンスの手法の民間化（privatization）と言えるかもしれない。

継続的改善に不可欠な要素として，進捗の測定・評価とその情報開示が挙げられ，それらは COP の作成・提出を通じてなされる。COP の作成・提出が「学習を促進し，対話を刺激し，行動を助長する」のであり，その意味で COP は「参加者を動機づける重要なツール」として位置づけられる。COP の提出は単に継続的改善を促進するだけでなく，情報開示を通じた説明責任の遂行でもある。COP の提出を通じた情報開示は履行の一要素であるから，GC において説明責任の遂行と原則の履行とは一体であり不可分である。GC では，説明責任もまた「継続的過程」として捉えられる。COP の作成・提出は「終わりでも始まりでもあり，改善の過程を再度開始させる」。

第一者によるガバナンスは，パーカーが言う「開かれた企業」を構築する過程だと言える。「開かれた企業」とは，社会的な価値やステークホルダーの関心に応え，それらを内部に取り込みつつ自らを規律する企業，すなわち応答性（responsiveness）と浸透性（permeability）を高めつつ自主規制を遂行する企業である。GC 原則を内部化し，ステークホルダーとの対話を通じてその期待に応える企業は，GC が掲げる企業市民のモデルである。

2 第二者によるガバナンス

　第二者によるガバナンス様式として，市場によるガバナンスと共同体によるガバナンスが考えられる。前者に関して，GC 原則の前文は参加企業が GC 原則を「その影響力の範囲で」実施すること，すなわち「支社やサプライヤーと協同して，バリューチェーン全体に企業の責任ある実践を拡大すること」を求める。[69] 支社の管理が第一者ガバナンスの延長線上にあるのに対して，サプライヤー（取引先）との協同は取引先（第二者）との関係の管理（サプライチェーン・マネジメント）に GC 原則の履行という観点を導入するものである。GC 原則に沿ったサプライヤー行動規範を制定して，取引先を選別したりその履行を支援したりすることがこれに当たる。[70] サプライチェーンを通じて，参加企業はガバナンスを実施する側にも，他の参加企業によるガバナンスの対象にもなりうる。また，参加企業が取引先に対して GC への参加を問う場合，それは未参加企業が GC に参加するインセンティブを与えることになろう。

　ヴァンデンバーグは，取引関係が契約に基づく点に注目してそれを「私的契約レジーム」や「グローバル・プライベート・ガバナンス」と呼び，従来は政府が設定していたような環境基準を企業が取引契約に組み込むことを「新ウォルマート効果」と呼ぶ。[71] ヴァンデンバーグは，サプライチェーン・ネットワークが大企業を中心として階層的に成り立っていると指摘する。GC が参加企業に「影響力の範囲」で GC 原則を履行するよう求める場合，それは大企業（特に多国籍企業）を中心とした多数の（重複する）私的契約レジームの構築を慫慂していると言える。

　第二者によるガバナンスの様式として，共同体的なガバナンスも挙げられる。[72] 共同体的ガバナンスは，共同体が成員の文化変容（acculturation）を促して，成員が適切にふるまうよう仕向ける過程から成る。文化変容とは，異文化に接触した主体がその文化――自明視され定型化された，適切な行為のモデル――を受容する（内部化する）過程である。[73] 文化変容を促す仕組みの1つとして社

会的影響力（いわゆる社会的制裁やピアプレッシャー）があり，それは称賛（backpatting），恥辱（opprobrium），村八分（exclusion）から成る[74]。いま1つの仕組みとして，模倣の促進が考えられる。

GCは2つの意味で共同体を構成している。形式的には，GCは10原則という価値へのコミットメントに基づく「根源的な構成契約（fundamental constitutional contract）[75]」によって構成される共同体だと考えられる。機能的には，GCは実践共同体（コミュニティ・オブ・プラクティス）――「あるテーマに関する関心や問題，熱意などを共有し，その分野の知識や技能を，持続的な相互交流を通じて深めていく人々の集団[76]」――を構成していると言えよう。GCは全体が緩やかな実践共同体を形成しつつも，争点別（作業部会，専門作業ストリーム）と国別（LN）に存在する多数の実践共同体を内包する。

GCに共同体的ガバナンスは見られるだろうか。参加を希望する企業に厳格な審査を行わないGCにあって，参加企業（ひいてはGC）の誠実性を担保するのが誠実性措置，とくにCOPの提出に関する仕組みである。これは，GCが参加企業に社会的影響力を行使する手段とみなせる。すなわち，GCでは，優れたCOPを選出する顕彰プログラムが2004年に開始され[77]（称賛），COPを提出しない企業はGCの公式サイトにある参加団体データベースを検索すれば一目瞭然であり（恥辱），COPを一定期間提出しない企業は除名される（村八分）。これらは，GCの「逆説」に対処する措置の1つである。すなわち，「GCは自発的イニシアティブである」が，信頼性（クレディビリティ）を保つためには「GCがすべて自発的ではいられない」のであり，たとえばCOPが確実に提出されるためには「ピアプレッシャーとピアサポートがなくてはならない」[78]。

ピアプレッシャーやピアサポートを生む重要な場として，LNが挙げられる。LNは実践共同体を国ごとに組織するため，一方でより直接的なピアプレッシャーを生み，他方でCOPの作成支援やピアレビューなどを通じた学習や能力構築を可能にする[79]。特に，グローバルなレベルでGCに関与することが難し

い企業にとって，LN は参加へのハードルが低く，GC への関与を経験する場となる。

　GC はまた，企業が GC 原則を履行するためのモデルやガイドを作成して，その普及を推進している。(80) これは，GC が企業に模倣を促す手段とみなせる。ほぼ定義によって原則は一般的であるため，企業が GC 原則を履行しようとする場合，原則と現場との間にギャップが生じる。それを埋めようとするのがモデルやガイドであり，これらは定型化された「適切な」行動パターンという意味での文化とみなせる。たとえば，GC の「パフォーマンス・モデル」は，「[GC] 原則を内部化しようとする企業の実際の経験に関する分析と対話」（[　] 内筆者）を通じて形成された「履行の成功を決定づける要素についての一定のコンセンサス」に基づいて作成され，「GC 原則を履行するに際してどこから手をつければ良いか戸惑う……企業に指針（ガイダンス）を提供することを意図している」。(81) このモデルを人権原則の履行に即して敷衍したものとして，「企業経営に人権を統合するためのガイド」がある。(82) 同ガイドは企業が戦略，社内外のコミュニケーション，社員教育，年次報告書などに人権の観点を組み込む方法をマニュアル形式で詳述している。さらに，人権原則の履行に関するグッドプラクティスを含む事例集もまた，(83) 参加企業が参考にすべきモデルを提示していると言えよう。

　これらのモデルやガイドの多くは，参加企業による履行の経験，特にグッドプラクティスやベストプラクティスと呼ばれるものを踏まえて作成される（GC では，これらの概念はほぼ互換的に用いられ，原則の履行に関する模範的・先駆的・革新的な事例を意味する）。ベストプラクティスの特定と伝播は，政府が近年採用しているガバナンス様式の 1 つである。それは，政府が企業などに先駆的な成功例を示して追随を促し，履行を望ましい方向に誘導する（「事例によって導く」）という意味で，「垂直的指示というよりも水平的モデル化を通じた」ガバナンスを可能にする。(84) GC もグッドプラクティスの特定と伝播を促進する点

で同じだが，それを企業，国連機関，NGO などが協働して行う点で異なる（この点については，協働ガバナンスの項で述べる）。

3 第三者によるガバナンス

　第三者によるガバナンスは，GC に参加していない団体によって実施される。以下では，政府，機関投資家，NGO を順に取り上げる。政府は GC の参加団体ではなく，逆に GC は政府に対して一定の自律性を持つ。GC は政府間（ILO の場合，政労使の三者間）の宣言に基づく 9 原則を掲げて設立されたが，国連事務総長は事前に政府から権限を委任されることも，国連での手続を経ることもなかった。だが，GC は政府から完全に自律的であるわけではない。GC は一方で政府からの支持によって正統性を得ており，他方で GC の活動は政府による一定の監視の下にある。ただし，政府は GC の活動を統御するというよりも方向づけ，国連総会決議や会合（G8 やアフリカ連合）での声明などを通じて GC を支援し，GC が発展する環境を整えていると言える。(85)(86)

　政府による GC のガバナンスとして，上述したドナーグループによる助言と監視の他に，国連総会の決議が挙げられる。(87) GC を含む国連と民間（企業や市民社会）とのパートナーシップに言及した国連総会決議は，「パートナーシップに携わる国連システムの全機関が［国連］組織の誠実性と独立を保証すること，そしてパートナーシップに関する情報を……それら［機関］の定期報告に含めること」（［　］内筆者）を要請し，パートナーシップが堅守すべき原則として，透明性や説明責任などを挙げる。これに対処するのが，誠実性措置である。(88)

　このように，政府はパートナーシップが従うべき手続的原則を国連総会決議で設定することによって，GC の発展に一定の方向性を与えている。国連総会，GC，参加企業の間の関係は，コヘインが言う「説明責任の連鎖（チェーン）」として捉えられる。国連総会決議は GC に説明を求め，GC は参加企業に説明を求める。

誠実性措置（特に COP の提出に関するルール）が強化される理由の1つは，この連鎖にある（いま1つの理由は，NGO による圧力である）。GC（事務所）は「説明責任の要求者であり，［逆に説明責任が求められる］権力の行使者でもある。すなわち，ある説明責任の関係によって権能を与えられ，別の関係によって制約される」（[ ] 内筆者）[89]。その意味で，GC は政府という「階層の影」の下で運営される「規制された自主規制（regulated self-regulation）」だと言える[90]。ただし，ここでの規制は説明責任や透明性などの要求という「ソフトな」ものである[91]。

第三者として，機関投資家も挙げられる[92]。これは市場による GC のガバナンスである。上述のように，GC の専門作業ストリームの1つに PRI がある（ただし，PRI 署名機関のほとんどは GC に未参加である）。PRI 署名機関の有志は，GC との関連で次のような活動を行っている。第1に，2008年10月には，署名52機関が大企業約9,000社（日本企業1,148社）を名指しして，GC への参加（参加できない場合にはその理由の説明）を求めた[93]。第2に，2008年12月には，署名16機関が GC 参加企業のうち100社を名指しして，CEO 水マンデートへの参加を呼びかけた[94]。第3に，2009年1月には，署名38機関が COP の内容と提出状況に関する「監視」を開始し，優れた COP を選出する一方で，未提出の105社に提出を勧告した[95]。

上述のように，GC は企業の参加については企業の自発性に，参加企業による情報開示については社会的影響力に，それぞれ依存してきた。機関投資家による活動は，参加と情報開示の双方に市場の圧力を加えようとしている[96]。このように PRI は，機関投資家が持つ市場を通じた制裁力（投資先の選別）を梃子にして企業を動かそうとする。PRI の創設に GC が関わったことを考えるならば，PRI の有志による一連の活動は「規制の外部委託」だと言える[97]。

自発性を強調する GC に反対して多国籍企業の法的規制を求める NGO は，批判や抗議を通じて GC や参加企業に影響を及ぼそうとする[98]。これは「市民規制（civil regulation）」と呼ばれ[99]，特定のターゲットを批判してその評判を落

とす戦術，いわゆる「名指しと恥辱（naming and shaming）」を活用する。GCは，市民規制を前提としている。すなわち，GCは，参加企業の言動の不一致を「批判的に精査する上で，市民社会組織，メディア，公衆全般に依存している」。NGO による批判は，意図として GC の大幅な修正を求めるものであるが，結果として GC の統治枠組や誠実性措置の整備と強化に貢献している側面もある。

4 協働ガバナンス

協働ガバナンスとは，ネットワークの内と外（GC の場合，参加者と非参加者）が交わり，主に対話を通じてなされるガバナンスである。協働ガバナンスは，往々にしてネットワークの内（第一者と第二者）と外（第三者），ガバナンスの主体と客体の区別が判然としない（むしろ，ガバナンスの客体が主体でもある）「メビウスの帯ガバナンス」となる。

協働ガバナンスは，法学における（ニュー・）ガバナンス論に通じる。この議論が特定するガバナンスの構成原理は，①多様なステークホルダーの参加，②協働（collaboration），③多様性と競争，④分権化と補完性（subsidiarity），⑤複合的問題領域，⑥柔軟性と非強制性，⑦継続的学習を通じた適応，⑧編成（orchestration）である。「中央」は複数の領域にまたがる問題（⑤）に対処するために，様々なレベルやセクターのステークホルダーが参加する（①）ネットワークを編成して（⑧），原則や指針を示しつつ（⑥）具体策の立案・実施を成員に委ねて（④），成員間の政策競争を促しつつ（③），成員間の対話と協働（②）を支援して，学習に基づく活動の修正と改善（⑦）を奨励する。

このようなガバナンスのモデルにおいて，「中央」はネットワークを形成・促進・強化する「編成者（オーケストレーター）」として，その成員を直接に規制するというよりも，成員が自ら，あるいは共に，問題解決に取り組むよう奨励・慫慂する仕組みを構築する。仕組みには，自発的・協働的プログラムの形成と育成，自主規

制や「法令遵守を越える（beyond compliance）」（法規制の水準を上回る）活動に取り組むインセンティブの供与，能力構築，ベストプラクティスの特定と伝播などが含まれる。[105] 国内では政府が中央としてネットワークを編成するのに対して，グローバル・ガバナンス（世界政府なきガバナンス）の課題は誰が多様なステークホルダーの編成者となるかであり，グローバル・ガバナンスには編成者が不足する「編成の赤字」が存在する。[106]

GCは，主に国連事務総長とその命を受けるGC事務所が編成者となって「トランスナショナル・ニュー・ガバナンス」を実現しようとするネットワークである。[107] GCにおいては，複合的な問題領域に関わる10原則の下に企業をはじめとする多様な組織が集い，各自の事情や能力を踏まえて原則を自発的に履行（すなわち，経験からの学習に基づいて活動を継続的に改善）し，履行メカニズム（特にダイアログとラーニング，LNとその年次フォーラム）を通じて参加団体が協働する。

上述したガバナンスの8つの構成原理は各々が密接に関連しているものの，多様なステークホルダーによる協働学習（①，②，⑦）が協働ガバナンスの中核的な構成要素だと言える。協働学習（collaborative learning）は，問題解決を志向する討議に基づく。[108] 討議では，誰もが他の参加者に対して説得的な根拠をもって主張を展開することが求められる。協働学習は一方が自説を展開して他方を説得する過程というよりも，現場での各自の問題解決と全体での討議を行き来する過程である。すなわち，協働学習とは，参加者が具体的な経験に基づいて，より良い問題解決策（GCの場合，原則の履行）と問題自体（GCの場合，GC原則，国連の諸目標，GCの究極目標たる持続可能で包摂的なグローバル経済）のより良い捉え方についての合意を形成し，それを踏まえて更なる政策実験に取り組むというサイクルから成り立つ。[109]

GCにおいて協働ガバナンスが生じる場が，ダイアログとラーニング（特に，問題ごとの作業部会），および同様の機能を国別に担うLNである。ダイアログ

とラーニングの機能として，4つが挙げられる。第1に，曖昧なGC原則の明確化である。原則とその前文は影響力の範囲内，人権侵害への加担，予防原則などの概念を含むが，事前には「GC原則の多くが，実行可能な行動規範に必要なほど明確には定義できない」ので[110]，履行の経験を踏まえて対話が積み重ねられることで，原則の意味や含意は事後的に，そして具体的文脈（たとえば紛争影響国における企業活動[111]）との関係で，徐々に明らかにされる[112]。これは，ラウスティアラとビクターがレジームの「ボトムアップ型発展」と呼ぶものに通じる。ボトムアップ型発展のモデルでは，履行は問題解決策に関する実験と捉えられ，その経験を指針として当事者が事後的にルールを変更する[113]。GCは原則の意味の明確化に関して同様のことを行う。

これに関連して第2に，ダイアログとラーニングは，参加者がGC原則の履行についての経験（特にグッドプラクティス）に基づいてモデル，ガイド，報告書などを作成する場である[114]。また現在は，人権作業部会が参加企業のグッドプラクティスを選出するためのフォーラムとなることが検討されている[115]。これらは上述した共同体ガバナンスと重なる部分もあるが，GCの当事者（第二者）だけでなく，非参加団体からも専門家が参加している点が特徴である。

第3に，ダイアログとラーニングは，企業を多様なステークホルダーとの討議の過程に巻き込むことによって「対話と学習の文化」を醸成しつつ，企業活動の継続的改善につなげようとする[116]。上述した「開かれた企業」のモデルのように，今日の企業には，NGOなどのステークホルダーとの対話を通じてその関心を把握し，CSR活動に組み込むことが求められつつある。ダイアログとラーニングは，多様なステークホルダーが参加する対話と学習を重視する（異）文化に接触する機会を企業に提供し，それによって参加企業の文化変容を促そうとする仕組みでもある。GCは，ダイアログとラーニングの結果（原則の明確化とグッドプラクティスの特定）だけでなく，その過程にも意義を見出していると言えよう。

第4に，ダイアログとラーニングは新たな企業像を生み出す場である。多数の主体が関わって新たな存在を生み出す能力は「創出的（productive）パワー」と呼ばれる。この観点からは，ダイアログとラーニングは，多様なステークホルダーが実践と対話を繰り返して，「市民」としての企業像を創り出す（創出的パワーが生じる）場だと言える。GCでは，2つの目標——GC原則の主流化・内部化と国連の諸目標への貢献——こそが「責任あるグローバル企業市民の意味と実践を定義」し，「GCによって推進される企業市民の包括的モデルを構成する」とされる。GCが示すグローバル企業市民とは，一方で10原則を自社の戦略・文化・業務に組み込むべく活動を継続的に改善する企業であり，他方で国連機関やNGOなどとパートナーシップを組んで国連の諸目標に貢献しようとする企業である。

5 メタガバナンス

メタガバナンスとは，多様なガバナンス様式（マルチモーダル・ガバナンス）が相乗効果を生むように，それらを連動させる取り組み，すなわちガバナンス様式のガバナンスである。それは，ガバナンス様式の「混交化（hybridization）」とも呼べる。今日のGCは，自発的イニシアティブ（第一者ガバナンス）というよりも，第一者，第二者，第三者，協働という様々なガバナンス様式を備えるマルチモーダルなネットワークというべきであり，その課題は参加企業の履行を促すためにこれらをいかに組み合わせるかというメタガバナンスにある。

GCの特徴は，様々なガバナンス様式が単に併存しているだけでなく，それらが組み合わされている点にある。たとえば，参加企業による自己改善と情報開示（第一者ガバナンス）を促すものとして，他社によるサプライチェーン・マネジメント，COPの提出に関するルール，LNでのピアサポート（以上，第二者ガバナンス），PRIに参加する機関投資家の有志連合による監視と圧力（第三者ガバナンス），ダイアログとラーニングへの参加やそれらの成果であるガイド

やモデル（協働ガバナンス）などがあげられる。さらに，COP の提出に関するルール（誠実性措置）は，国連総会決議での要請や NGO による批判（第三者ガバナンス）に応じて強化される。

　このようなガバナンス様式の混交化は，GC の創設時に合理的に設計されたものとは言いがたい。それはむしろ，上述した GC の逆説――GC は自発的イニシアティブであるが，すべて自発的ではいられない――に対処するために，GC 事務所，GC 参加団体，外部のステークホルダーが試行錯誤を重ねた結果である。そして，GC におけるメタガバナンスは，未だ「進行中の実験」でもある。[124]

　メタガバナンスの観点は，GC の逆説にいかに対処しうるか。企業の自発的履行を促進すべく多様なガバナンス様式を編成する際の鍵となるのが，説明責任である。上述のように，GC は「自発的だが説明責任を伴う」のであり，「公衆への説明責任，透明性，情報開示に依拠する」ためである。[125] この点を踏まえ，提言を兼ねて今後の GC のメタガバナンスのあり方の 1 つを素描する。

　コヘインによれば，説明責任の概念は，説明責任の遂行者が満たすべき基準，要求者に対する情報開示，要求者が遂行者に損失を与える能力の 3 要素から成る。[126] よって，説明責任を柱として GC のメタガバナンスを向上させるために必要なのは，基準の明確化，適切な情報開示，インセンティブの設定，そして基準（および説明責任という原則）の（企業組織への）内部化という 4 要素を連関させて，これらの間に「アクション・サイクル」[127] を形成することである。[128] すなわち，①ダイアログとラーニングを通じて，企業が達成を目指すべき基準を明確化して，②企業がそれらに関する情報を開示するよう求め，③開示された情報に基づいて，企業が実際に履行を継続的に改善しているかを（NGO や機関投資家などの）ステークホルダーが評価し，④ステークホルダーが必要に応じて圧力を掛けて企業活動の是正や改善を促し，⑤その圧力に企業が反応して活動を改善し，⑥それに基づいて基準を上方に修正する，というサイクルである。

アクション・サイクルのモデルに照らすと，GCに求められるのは，より明確な基準の設定，具体的・体系的かつ企業間で比較可能な情報の開示，ステークホルダーによる情報の体系的な評価とそれに基づく具体的な是正・改善の勧告，勧告に実効性を持たせるための経済的・社会的圧力の強化である。これまでに，情報開示についてはCOPに関するルールなどを段階的・部分的に改善し，LNによってはCOPのピアレビューを実施している。また，経済的圧力についてはPRIの有志による取り組みが始まっており，社会的圧力についてはLNにおけるピアプレッシャーとピアサポートが見られる。今後は，これらの更なる強化・拡大・推進が必要であるだけでなく，開示された情報を収集・分析・評価して，その結果を公開する「情報仲介者（infomediaries）」の役割を担うステークホルダーを巻き込み育成することも重要である。たとえば，GC内外のNGO，PRIに参加する機関投資家，PRMEに参加する研究教育機関がそのような役割を担えるかもしれない。

Ⅳ　結　　語

本稿は，GCとは何かを概観し，ガバナンス論に基づいてGCをマルチモーダルなガバナンスのネットワークとして位置づけた。また，GCにメタガバナンスの萌芽が見られる点も指摘した。グローバル・ガバナンスにおけるGCの意義は，マルチステークホルダー，マルチイシュー，マルチレベル，マルチモーダルなガバナンスのモデルを形成しつつある点に見出せる。

ただし，そのモデルは完成には程遠く，未だ実験段階にある。GCの課題は多い。ここでは本稿の議論との関連で3点を指摘するにとどめる。第1に，それぞれのガバナンス様式の実効性を高めつつ，それらの相乗効果を高めるようなメタガバナンスを実践すること，そしてGCの動向に応じてその舵取り——ガバナンスの語源——を適宜修正していくことが求められる。第2に，その前提として，個々のガバナンス様式の実効性を明らかにする必要がある。現

状の評価に基づいて自己改善を図ることは，GC が参加企業に求めていることであり，GC 自体もそうする必要があろう。第3に，近年では（ニュー・）ガバナンスとして括られる試みがグローバルからローカルに至る様々なレベルで見られる。これらのグッドプラクティスを探り，学ぶことが GC の改善に役立とう。そして，研究者は，これらの過程に貢献しうる。

（1） The United Nations Global Compact Office (UNGCO), "United Nations Global Compact: Corporate Citizenship in the World Economy," October 2008, at: 〈http://www.unglobalcompact.org/docs/news_events/8.1/GC_brochure_FINAL.pdf〉.
（2） UNGCO, "Global Compact Leaders Summit Final Report," October 2004, p. 6, at: 〈http://www.unglobalcompact.org/docs/news_events/8.1/summit_rep_fin.pdf〉.
（3） 2009年5月17日時点では，5,156社（6,874団体）が参加している。参加企業数の内訳は，社員数250名以上2,440社，同未満2,716社，地域別ではアフリカ257社，米州1,308社，アジア885社，オーストララシア37社，ヨーロッパ2,553社，中東114社，グローバル2社である。"Participant Search," at: 〈http://www.unglobalcompact.org/ParticipantsAndStakeholders/search_participant.html〉.
（4） Georg Kell, *The Global Compact: Selected Experiences and Reflections*, 59 J. BUS. ETHICS 69, 75 (2005).
（5） Robert O. Keohane, *Complex Accountability and Power in Global Governance: Issues for Global Business*, 8 CORP. GOVERNANCE 361, 366 (2008).
（6） 貿易と人権・労働・環境などの「貿易と～」問題については，小寺彰編著『転換期のWTO――非貿易的関心事項の分析』東洋経済新報社，2003年。
（7） Kell, *supra* note 4, at 71.
（8） SG/SM/6881/Rev.1, 1 Feb. 1999.
（9） *Id.* この演説を支配したのは，「市場の拡大が，社会とその政治システムの適応能力を上回る速度で進んでいる」ことへの危機意識であった。「歴史の教えるところによれば，経済，社会，政治の分野の間のかような不均衡が長きにわたって持続することは決してない」。第2次世界大戦後の国際経済体制は「社会的なセーフティーネット」を提供して大恐慌以来の不均衡を立て直したのみならず戦後の繁栄を導いたのであり，「今日の我々の挑戦は，新たなグローバル経済を支えるために，グローバルな規模で同様の盟約を編み出すことである」。
（10） *Id.* アナンの側近であり GC の実質的な生みの親と言うべきラギー（当時，国連事務次長補）の言葉を用いれば，GC は「埋め込まれた自由主義をグローバルにする」ものである。GATT に体現された「埋め込まれた自由主義」の「脱・埋め込み化」が進展しているとの認識の下，その部分的な「再・埋め込み」を試みるのが GC だと言えよ

う。以上，John Gerard Ruggie, *Taking Embedded Liberalism Global, in* TAMING GLOBALIZATION: FRONTIERS OF GOVERNANCE 93 (David Held and Mathias Koenig-Archibugi, eds., 2003). 埋め込みに関する以上の概念については，大矢根聡「グローバル化とガヴァナンスの再検討と政策次元――政策拡散と政策統合」富沢克・力丸昌幸編著『グローバル時代の法と政治――世界・国家・地方』成文堂，2009年，15-38頁も参照。

(11) 当初の参加機関は，国連人権高等弁務官事務所（OHCHR），国際労働機関（ILO），国連環境計画（UNEP）であり，その後に国連開発計画（UNDP），国連工業開発機関（UNIDO），国連薬物犯罪事務所（UNODC）が加わった。

(12) 10原則の邦訳は国連広報センターと GC ジャパン・ネットワークによるものである。〈http://www.unic.or.jp/globalcomp/glo_02.htm〉．

(13) SG/SM/6448, 30 Jan. 1998. 世界経済フォーラムでの演説。

(14) 企業の場合，参加に際してトップのコミットメントと取締役会の承認が求められる。GC 事務所の処理能力上の制約から，参加資格は社員10名以上の企業に限られる。2008年からは，ローカル・ネットワーク（後述）からの意見の聴取及び国連や国際金融機関のブラックリストとの照合による参加申請企業のスクリーニングが実施されている。UNGCO, "United Nations Global Compact 2008 Annual Review," March 2009, p. 12, at: 〈http://www.unglobalcompact.org/docs/news _events/9.1 _news _archives/2009 _04_08/GC_2008AR_FINAL.pdf〉．

(15) UNGCO, *supra* note 1.

(16) John Gerard Ruggie, *Global Markets and Global Governance: The Prospects for Convergence, in* GLOBAL LIBERALISM AND POLITICAL ORDER: TOWARD A NEW GRAND COMPROMISE? 23, 39 (Steven F. Bernstein and Louis W. Pauly, eds., 2007).

(17) SG/SM/6881/Rev.1, 1 Feb. 1999.

(18) UNGCO, *supra* note 1.

(19) 統治枠組について詳しくは，菅原絵美「国連グローバル・コンパクト10原則とガバナンス体制」江橋崇編著『企業の社会的責任経営――CSR と国連グローバル・コンパクトの可能性』法政大学出版局，2009年，159-183頁。

(20) 以上，"Global Compact Governance," at: 〈http://www.unglobalcompact.org/AboutTheGC/stages_of_development.html〉．

(21) *Id.* メンバーの内訳は，企業13名，経済団体2名，労働組合2名，市民社会組織4名，職務上メンバー2名（GC 事務所長，GC 財団会長）である。従来20名だったが，2009年3月に企業側から3名が増員され，23名となった。

(22) UNGCO, "UN Global Compact Annual Review," June 2007, p. 13, at: 〈http://www.unglobalcompact.org/docs/news_events/8.1/GCAnnualReview2007.pdf〉．ケル事務所長は，事務所が「プロジェクトを組織して統御するというよりも，メンバー間のコミュニケーションとパートナーシップを促進する」ファシリテーターであると自任する。

Georg Kell and David Levin, *The Global Compact Network: An Historic Experiment in Learning and Action*, 108 BUS. & SOC'Y REV. 151, 155 (2003).
(23) "Global Compact Governance," *supra* note 20.
(24) A/RES/60/215 (2007).
(25) たとえば，イギリスやオランダなどの LN では COP のピアレビューが行われ，オランダ LN の運営委員会には政府からも委員が選出されている。また，スーダンの LN は平和構築における企業の役割を模索しようとしている。"The Business Contribution to Peace and the Global Compact's Engagement in Sudan," at: 〈http://www.unglobalcompact.org/NewsAndEvents/news_archives/2009_02_04.html〉。スーダンでの GC の活動は，GC 第 2 原則の意味がまさに問われるテストケースだと言えよう。
(26) UNGCO, *supra* note 22, p. 18.
(27) UNGCO, *supra* note 1.
(28) 要件と指針については，"What is a Local Network?" October 2005, at: 〈http://www. unglobalcompact.org/docs/networks _around _world _doc/What _is _a _Local _Network.pdf〉。GC の「連邦化」については，Karsten Nowrot, *The New Governance Structure of the Global Compact: Transforming a "Learning Network" into a Federalized and Parliamentalized Transnational Regulatory Regime*, Essays in Transnational Economic Law, no. 47, 2005, Martin-Luther-University Halle-Wittenberg, at: 〈http://www.telc.uni-halle.de/Heft47.pdf〉.
(29) "Global Compact Governance," *supra* note 20.
(30) 2008年の拠出国は，中国，デンマーク，フィンランド，フランス，ドイツ，イタリア，韓国，ノルウェー，スペイン，スウェーデン，スイス，イギリスである。UNGCO, *supra* note 22, p. 13.
(31) "Terms of Reference for the 'Global Compact Donor-Meeting,'" November 2008, at: 〈http://www.unglobalcompact.org/docs/about_the_gc/ToR-_Global_Compact_Donor_meetings_2008_0304349.pdf〉.
(32) "Business Participation," at: 〈http://www.unglobalcompact.org/HowToParticipate/Business_Participation/index.html〉.
(33) UNGCO, *supra* note 1. 2007年からは GC 事務所が年次報告書を出版して，GC 全体の自己評価を行っている。
(34) GC に批判的な NGO は，GC が自発的イニシアティブであるがゆえに，参加企業の悪事や不作為を国連旗で覆い隠すこと――いわゆるブルーウォッシュ――に手を貸すと主張してきた。誠実性措置は，かような批判を踏まえたものだが，同時に参加企業の活動の監視・測定を目的とはしていない点も強調される。Kell, *supra* note 4, at 72-73. および，"Note on Integrity Measures," at: 〈http://www.unglobalcompact. org/AboutTheGC/integrity.html〉.
(35) 手続は非公開であり，次の順に行われる。まず GC 事務所が申立事案を審査し，対

処が必要だと判断すれば，当該企業に報告を求めると同時に状況の改善を支援する。必要に応じて，GC事務所は事案の解決を斡旋し，適宜LNや国連機関などに支援を要請する。対話に応じない若しくは改善が見られない企業は，「未報告」扱いまたは除名となる。GCは，この手続が法的性質を持たず，あくまでも履行の継続的改善と支援が目的だと強調する。"Note on Integrity Measures," *supra* note 34.

(36) 参加企業は，参加後2年以内に最初のCOPを提出し，その後は毎年提出しなくてはならない。期限までに提出しなければ，GCのデータベースにおいて「未報告」（1年目），「不活動」（2年目）の扱いが明記され（「不活動」企業はGC関連の活動への参加を禁じられる），3年目にはGCから除名される（ただし，COPを提出すれば再加盟できる）。"Policy for 'Communication on Progress,'" April 2008, 〈http://www.unglobalcompact.org/docs/communication_on_progress/COP_Policy_Apr_2008.pdf.〉これを更に強化したルールが，新規参加企業には2009年7月1日から，それまでに参加済みの企業にはその2年後から，適用される。新ルールの下では，①新規参加企業は1年以内に最初のCOPを提出しなくてはならない，②「不活動」のカテゴリーが廃止され，「未報告」の状態が1年間続いた企業は除名される，③参加5年目までは10原則の4本柱のうち少なくとも2つについて，以降は4つすべてについて，報告しなくてはならない，④全企業が目標，活動を測定する指標，測定結果をCOPに明記すべきである。"Policy for the 'Communication on Progress' (COP)," April 2009, at: 〈http://www.unglobalcompact.org/docs/communication_on_progress/COP_Policy.pdf〉.

(37) "Communicating Progress," at: 〈http://www.unglobalcompact.org/COP/index.html〉.

(38) UNGCO, *supra* note 1.

(39) "Business Participation," *supra* note 32. なお，以下ではダイアログとラーニングをGCの履行メカニズムを指す場合に，対話と学習を一般名詞として，それぞれ用いる。

(40) UNGCO, "Leading the Way in Communication on Progress: Inspiration and Perspectives from United Nations Global Compact Participants," May 2006, p. 11, at: 〈http://www.unglobalcompact.org/docs/communication_on_progress/4.3/leading_the_way.pdf〉.

(41) John Gerard Ruggie, *The Theory and Practice of Learning Networks: Corporate Social Responsibility and the Global Compact*, 5 J. CORP. CITIZENSHIP 27 (2002); Kell and Levin, *supra* note 22.

(42) UNGCO, *supra* note 1.

(43) たとえば，ビジネスと平和，金融市場，開発のためのパートナーシップなどが取り上げられている。特に，ビジネスと平和に関するダイアログは，企業と平和構築との関連の検討において先駆的な役割を果たしており，現在は紛争影響国における責任投資を検討するプロジェクトが開始されている。"Responsible Investment in Conflict-Affected Countries," n. d., at: 〈http://www.unglobalcompact.org/docs/news_events/9.1_news_

archives/2009_01_29/Policy_Paper_Responsible_Investment_Final.pdf〉．
(44) たとえば，人権作業部会（Human Rights Working Group）には企業，経済団体，NGO，国連機関などから50名強が参加し，メアリー・ロビンソン（Mary Robinson，元国連人権高等弁務官）が議長を務めている．
(45) "Caring for Climate: the Business Leaders' Platform," at: 〈http://www.unglobalcompact.org/Issues/Environment/Climate_Change/index.html〉．参加企業は，CO_2排出量の削減目標を自主的に設定し，その達成状況についての情報を開示するなどの活動を行う．2009年5月17日現在，347社が署名している．
(46) "CEO Water Mandate," at: 〈http://www.unglobalcompact.org/Issues/Environment/CEO_Water_Mandate/index.html〉．参加企業の活動は，直轄事業，サプライチェーンと流域管理，集合行動，公共政策，コミュニティへの関与，透明性の6領域に及ぶ．参加企業はCOPの中でマンデートの実施について報告することが求められ，不履行の場合には除名される．2009年5月17日現在，51名の企業トップが署名している．
(47) "Principles for Responsible Investment," at: 〈http://www.unpri.org〉．PRIは，GCと国連環境計画金融イニシアティブ（UNEP FI）によって創設された．UNEP FIはUNEPと金融機関との間のパートナーシップである．PRIは6原則から成る．参加機関は，ESG（環境，社会，コーポレート・ガバナンス）の観点を自らの株式投資に組み込むだけでなく，ESGに関する情報の開示を企業に求めつつ，自らの投資活動に関しても情報を開示することを誓う．2009年5月17日現在，524機関が署名している．
(48) "Principles for Responsible Management Education," at: 〈http://www.unprme.org〉．PRMEは6原則から成る．参加機関は，研究と教育を通じて包摂的かつ持続可能なグローバル経済の実現を目指すことを誓う．2009年5月17日現在，229機関が署名している．
(49) "Growing Sustainable Business," at: 〈http://www.undp.org/partners/business/gsb/〉．GSBは「ビジネスと持続可能な開発」に関するGCのダイアログから生まれたもので，エリクソン（タンザニア農村部の通信インフラ整備），ユニリーバ（タンザニアでのナッツ油の供給・販売網の確立），ヤマハ発動機（インドネシアの集落単位での浄水システムの開発）などが参加している（ヤマハ発動機はGCに未参加）．
(50) 詳細については，"Tools and Resources," at: 〈http://www.unglobalcompact.org/AboutTheGC/publications.html〉．
(51) "The UN-Business Focal Point," at: 〈http://www.enewsbuilder.net/focalpoint/〉．
(52) 世界経済フォーラムでの演説．SG/SM/6153, 1 Feb. 1997.
(53) Orly Lobel, *The Renew Deal: The Fall of Regulation and the Rise of Governance in Contemporary Legal Thought*, 89 MINN. L. REV. 264 (2004). これは，グローバル・ガバナンス委員会によるグローバル・ガバナンスの定義とほぼ同義である．COMMISSION ON GLOBAL GOVERNANCE, OUR GLOBAL NEIGHBOURHOOD: THE REPORT OF THE COMMISSION ON GLOBAL GOVERNANCE 2-3 (1995). ガバナンスについては，山本吉宣『国際レジーム

とガバナンス』有斐閣，2008年も参照。
(54) 第一者，第二者，第三者という分類については，ROBERT C. ELLICKSON, ORDER WITHOUT LAW: HOW NEIGHBORS SETTLE DISPUTES 126-127 (1991); Dirk Lehmkuhl, *Control Modes in the Age of Transnational Governance,* 30 L. & POL'Y 336 (2008). 第二者と第三者の類型のうち，共同体，政府，市場という分類は，レームクールによる類型を参考にした。
(55) プライベート・ガバナンスについては，たとえば山本，前掲注53），第13章，および山田高敬「多国間制度の不均等な法化と私的権威の台頭」『国際法外交雑誌』107巻1号，2008年，44-76頁。
(56) Jody Freeman, *Extending Public Law Norms Through Privatization,* 116 HARV. L. REV. 1285 (2003). 同様の指摘として，Kenneth W. Abbott and Duncan Snidal, *Strengthening International Regulation Through Transnational New Governance: Overcoming the Orchestration Deficit,* 42 VAND. J. TRANSNAT'L L. 501, 525 (2009).
(57) UNGCO, "After the Signature: A Guide to Engagement in the United Nations Global Compact," n.d., p. 11, at: 〈http://www.unglobalcompact.org/docs/news_events/8.1/after_the_signature.pdf〉.
(58) UNGCO, "The Practical Guide to the United Nations Global Compact Communication on Progress (COP)," February 2008, p. 17, at: 〈http://www.unglobalcompact.org/docs/communication_on_progress/Tools_and_Publications/Practical_Guide_2008.pdf〉.
(59) UNGCO, *supra* note 58, p. 11.
(60) 継続的改善を「グローバルなビジネス規制」における原則の1つとみなすものとして，JOHN BRAITHWAITE and PETER DRAHOS, GLOBAL BUSINESS REGULATION (2000).
(61) UNGCO, *supra* note 57, p. 11.
(62) Lobel, *supra* note 53, at 285-286. また，サイモンは「カイゼン」などのトヨタ生産方式に似た手法を用いるガバナンスを「トヨタ法理学」と呼ぶ。William H. Simon, *Toyota Jurisprudence: Legal Theory and Rolling Rule Regimes, in* LAW AND NEW GOVERNANCE IN THE EU AND THE US 37 (Gráinne de Burca and Joanne Scott, eds., 2006).
(63) UNGCO, *supra* note 58, p. 11.
(64) UNGCO, "Making the Connection: The GRI Guidelines and the UNGC Communication on Progress," September 2006, p. 4, at: 〈http://www.unglobalcompact.org/docs/news_events/8.1/Making_the_Connection.pdf〉.
(65) UNGCO, "Guidance for Local Networks," December 2005, p. 7, at: 〈http://www.unglobalcompact.org/docs/networks_around_world_doc/guidance_Local_Networks_061205.pdf〉.
(66) UNGCO, *supra* note 64, p. 14.

(67) CHRISTINE PARKER, THE OPEN CORPORATION: EFFECTIVE SELF-REGULATION AND DEMOCRACY (2002).
(68) UNGCO, *supra* note 57, p. 11.
(69) *Id*.
(70) たとえば，イケアは「家具製品調達に関するイケア・ウェイ」というモデルを構築して，サプライヤーのCSR慣行の継続的改善を評価し，能力構築を支援している。この点，SustainAbility, United Nations Environmental Programme, and United Nations Global Compact, "Unchaining Value: Innovative Approaches to Sustainable Supply," 2008, p. 13, at: 〈http://www.unglobalcompact.org/docs/news_events/8.1/unchaining_value.pdf〉; Mette Andersen and Tage Skjoett-Larsen, *Corporate Social Responsibility in Global Supply Chains*, 14 SUPPLY CHAIN MGMT. 75 (2009).
(71) Michael P. Vandenbergh, *The New Wal-Mart Effect: The Role of Private Contracting in Global Governance*, 54 UCLA L. REV. 913 (2007). 同論文によると，ウォルマートのサプライヤーは60,000に及ぶ。なお，ウォルマートはGCに参加していない。
(72) アメリカの原子力業界による自主規制の事例に基づき，明確な原則，ピアプレッシャー，原則の内部化を核とする「共同体主義的規制(コミュニタリアン)」のモデルを提示するものとして，JOSEPH V. REES, HOSTAGES OF EACH OTHER: THE TRANSFORMATION OF NUCLEAR SAFETY SINCE THREE MILE ISLAND (1994). 以下に素描する共同体的ガバナンスは，この議論を拡張したものである。
(73) Ryan Goodman and Derek Jinks, *How to Influence States: Socialization and International Human Rights Law*, 54 DUKE L. J., 621 (2004); Ryan Goodman and Derek Jinks, *Incomplete Internalization and Compliance with Human Rights Law*, 19 EUR. J. INT'L L. 725 (2008). 国際政治学では社会化（socialization）の概念が用いられるが，グッドマンとジンクスはその議論が討議的な説得と文化変容という異なる過程を混同していると指摘する。前者は行為や信条の妥当性を精査して納得した上でそれらを受容するのに対して，後者は共同体の一員として認められたいがために（妥当性を必ずしも吟味することなく）それらを受容する。国際政治学者のリッセの分類を用いれば，前者は討議の論理，後者は適切性の論理に基づく過程である。Thomas Risse, *"Let's Argue!": Communicative Action in World Politics*, 54 INT'L ORG. 1 (2000).
(74) ALASTAIR IAIN JOHNSTON, SOCIAL STATES: CHINA IN INTERNATIONAL INSTITUTIONS, 1980-2000 (2008).
(75) "Global Compact Governance," *supra* note 20.
(76) エティエンヌ・ウェンガー，リチャード・マクダーモット，ウィリアム・M・スナイダー『コミュニティ・オブ・プラクティス——ナレッジ社会の新たな知識形態の実践』翔泳社，2002年，33頁。実践共同体の概念を国際政治学に応用するものとして，EMANUEL ADLER, COMMUNITARIAN INTERNATIONAL RELATIONS: THE EPISTEMIC FOUNDATIONS OF INTERNATIONAL RELATIONS, chap. 1 (2005); Emanuel Adler., *The*

Spread of Security Communities: Communities of Practice, Self-Restraint, and NATO's Post-Cold War Transformation, 14 EUR. J. INT'L REL. 195 (2008).

(77) "Notable Communications on Progress," at: 〈http://www.unglobalcompact.org/COP/notable_cops.html〉.

(78) UNGCO, *supra* note 40, p. 11.

(79) 「GC を支持するビジネス・コミュニティ」にとって望ましいのは「非活動的な企業の数を減らすこと」であり、かような企業を「排除することでなく、支援し着実にピアプレッシャーを与えることによって」それを実現することだという。ある調査・分析によると、COP を提出しないのは、規模の大小にかかわらず、主に国内企業であり、これらの企業を支援するには LN が「最も適切」だという。以上、*Id.*, p. 5.

(80) これらをまとめたものとして、"Tools and Resources," *supra* note 50. たとえば、GC への関与 ("After the Signature: A Guide to Engagement in the Global Compact")、COP の提出 ("The Practical Guide to the United Nations Global Compact Communication on Progress")、労働原則 ("The Labour Principles of the United Nations Global Compact: A Guide for Business") についてのガイドがある。

(81) UNGCO, *supra* note 64, p. 23. 同モデルはイネーブラー（ビジョン、リーダーシップ、資源、政策、戦略、プロセス革新）と成果（人々へのインパクト、バリューチェーンへのインパクト、社会へのインパクト、報告）から成る。同モデルのより詳しい解説は、UNGCO, *supra* note 58, pp. 16-17.

(82) Business Leaders Initiative on Human Rights, UNGCO, OHCHR, "Guide for Integrating Human Rights into Business Management," May 2006, at: 〈http://www.unglobalcompact.org/docs/issues_doc/human_rights/Resources/guide_hr.pdf〉.

(83) UNGCO and OHCHR, "Embedding Human Rights Principles into Business Practice," December 2004, at: 〈http://www.unglobalcompact.org/docs/issues_doc/human_rights/Resources/embedding.pdf〉; UNGCO and OHCHR, "Embedding Human Rights in Business Practice II," January 2008, 〈http://www.unglobalcompact.org/docs/issues_doc/human_rights/Resources/EHRBPII_Final.pdf〉.

(84) David Zaring, *Best Practices*, 81 N.Y.U. L. REV. 294, 297 (2006). グッドマンとジンクスは「ベストプラクティスの公告は、標準化の過程に寄与しうる」と指摘する。Goodman and Jinks, *How to Influence States, supra* note 73, at 696. ケルヴェルはベストプラクティスに基づく自発的ルールを「グローバル・スタンダード」と呼び、それは強制力によってではなく、組み込まれた専門知識の説得力によって履行を促すと指摘する。Dieter Kerwer, *Rules that Many Use: Standards and Global Regulation*, 18 GOVERNANCE 611 (2005). スローターは、適切な情報を主体に提供してその行動を変えようとする「情報による規制」の一例に GC のダイアログとラーニングを挙げる。ANNE-MARIE SLAUGHTER, A NEW WORLD ORDER 191-193 (2004).

(85) "Global Compact Governance," February 2008, at: 〈http://www.unglobalcompact.

org/docs/about_the_gc/governance_update2008.pdf〉.
(86) 政府による GC への支持については, "Government Support," at: 〈http://www.unglobalcompact.org/AboutTheGC/Government_Support.html〉. 江橋崇「国連グローバル・コンパクトと政府の役割」江橋崇編著『グローバル・コンパクトの新展開』法政大学出版局, 2008年, 95-122頁, 金子匡良「国連グローバル・コンパクトと政府の役割」江橋崇編著, 前掲注(19), 121-138頁。GC に関する最近の国連総会決議は, GC を「革新的なパブリック・プライベート・パートナーシップ」と評価し, GC 事務所が「その努力を継続するよう奨励する」。A/RES/62/211 (11 March 2008).
(87) GC に関連した政府の活動は, 各国単位でも見られる。国によっては, 政府が国内企業に GC への参加を働きかけ, GC の様々な会合, イニシアティブ, LN の運営を支援している。さらに, デンマーク政府は, 2008年12月に財務報告法 (Financial Statement Act) を改正して, 国内の大企業約1,100社, 国営企業, 機関投資家に対して CSR や社会的責任投資に関する方針・活動・結果の情報開示を義務付けた (対象企業が CSR に取り組むか否かは任意である)。GC や PRI に参加する企業や機関投資家は, COP の提出をもって同法の義務を履行したものとみなされる。この改正の意図は, デンマークの企業と機関投資家が GC や PRI に参加して COP を提出するインセンティブを与えることにある。"About the Danish Law: Report on Social Responsibility for Large Businesses," December 2008, at: 〈http://sociales.mtin.es/es/empleo/economia-soc/RespoSocEmpresas/docs/About_the_Danish_law.pdf〉.
(88) A/RES/58/129 (19 February 2004), A/RES/60/215 (29 March 2006), A/RES/62/211. 諸原則は「共通の目標, 透明性, 国連のパートナーの何人にも不当な優位性を与えないこと, 相互利益と相互尊重, 説明責任, 国連の手順の尊重, 先進国・途上国・移行経済国からの妥当なパートナーの衡平な代表の努力, セクター間の及び地理的な均衡, 国連システム全体と国連機関個々の独立と中立性を妥協しないこと」である。
(89) Keohane, *supra* note 5, at 364.
(90) 階層の影については, Adrienne Héritier and Dirk Lehmkuhl, *Introduction: The Shadow of Hierarchy and New Modes of Governance*, 28 J. PUB. POL'Y 1 (2008). 規制された自主規制については, Christoph Knill and Dirk Lehmkuhl, *Private Actors and the State: Internationalization and Changing Patterns of Governance*, 15 GOVERNANCE 41 (2002).
(91) 近年では, 規制を政府による指令と統御 (command and control) に限定しない「新たな規制」論が登場している。たとえば, DANIEL J. FIORINO, THE NEW ENVIRONMENTAL REGULATION (2006). また, 規制とガバナンスに関する新たな動向を探る学術誌として, REGULATION & GOVERNANCE が発刊されている。
(92) 政府と機関投資家との関係で興味深いことに, ノルウェーの政府系ファンド (ソブリン・ウェルス・ファンド) である「ノルウェー政府年金基金-グローバル」が PRI に参加している。その運営指針には, GC 原則及び OECD の企業統治原則と多国籍企業

指針に基づく長期的な資金運用が挙げられている。この事例は，政府の関連機関が市場を通じて GC に実効性を与えようとしている点で注目される。この点，Simon Chesterman, *Turn to Ethics: Disinvestment from Multinational Corporations for Human Rights Violations ― The Case of Norway's Sovereign Wealth Fund*, 23 AM. UNIV. INT'L L. REV. 577, 605 (2008).

(93) "Global Investors Urge 9000 CEOs to Join UN Global Compact," at: 〈http://www.unglobalcompact.org/NewsAndEvents/news_archives/2008_10_27.html〉.

(94) "Investors Focus on 'Liquidity' ― Companies Urged to Embrace Water Sustainability," at: 〈http://www.unglobalcompact.org/NewsAndEvents/news_archives/2008_12_09.html〉.

(95) "Investors Give New Twist to Good COP/Bad COP," at: 〈http://www.unglobalcompact.org/NewsAndEvents/news_archives/2009_01_12.html〉.

(96) GC ボードのメンバーである有馬利男（富士ゼロックス相談役特別顧問）も同様の期待を表明している。"Meeting of the Global Compact Board Final Report," May 2008, p. 6, at: 〈http://www.unglobalcompact.org/docs/news_events/9.1_news_archives/2008_05_21/GCBoardreport_May2008_final.pdf〉。なお，機関投資家のかような活動を株主アクティビズムと捉えるならば，市場によるガバナンスというよりも，市民規制に近いと言えるかもしれない。この点，Peter Newell, *Civil Society, Corporate Accountability and the Politics of Climate Change*, 8 GLOBAL ENVTL. POL. 122 (2008).

(97) 規制の外部委託については，Dara O'Rourke, *Outsourcing Regulation: Analyzing Nongovernmental Systems of Labor Standards and Monitoring*, 31 POL'Y STUD. J. 1 (2003).

(98) GC に対する批判・抗議活動として，ブログを基盤とした「GC に懸念を持つ組織と人々の非公式なネットワーク」である Global Compact Critics 〈http://globalcompactcritics.blogspot.com〉が挙げられる。なお，GC に対する批判的論考として，たとえば Surya Deva, *Global Compact: A Critique of the UN's "Public-Private" Partnership for Promoting Corporate Citizenship*, 34 SYRACUSE J. INT'L L. & COM. 107 (2006); Susanne Soederberg, *Taming Corporations or Buttressing Market-Led Development: A Critical Assessment of the Global Compact*, 4 GLOBALIZATIONS 500 (2007); Peter Utting and Ann Zammit, *United Nations-Business Partnerships: Good Intentions and Contradictory Agendas*, 90 J. BUS. ETHICS 39 (2008).

(99) SIMON ZADEK, THE CIVIL CORPORATION, Rev. ed., 81 (2007). 市民規制についてはまた，David Vogel, *The Private Regulation of Global Corporate Conduct, in* THE POLITICS OF GLOBAL REGULATION 121 (Walter Mattli and Ngaire Woods, eds., 2009).

(100) UNGCO, *supra* note 22, p. 12.

(101) Kell, *supra* note 4, at 72.

(102) たとえば，機関投資家は GC に不参加だが GC の専門作業ストリームである PRI に

参加し、政府関係者は LN やダイアログとラーニングに加わっている。本稿とは用法が多少異なるものの、メビウスの帯ガバナンスについては、James N. Rosenau, *Governance in a New Global Order, in* GOVERNING GLOBALIZATION: POWER, AUTHORITY AND GLOBAL GOVERNANCE 81 (David Held and Anthony McGrew, eds., 2002).

(103) Lobel, *supra* note 53. また、フリーマンによれば、協働ガバナンスは、①情報の共有と協議を通じた問題解決の重視、②政策の立案から実施に至るすべての段階におけるステークホルダーの参加と責任の共有、③継続的実験からの学習に基づく基準の漸次修正、④「公」と「私」にとらわれない権威と説明責任の構築、⑤参加者の役割の再構築、から成る。Jody Freeman, *Collaborative Governance in the Administrative State*, 45 UCLA L. REV. 1, 22-33 (1997). また、三浦聡「複合規範の分散革新——オープンソースとしての企業の社会的責任 (CSR)」『国際政治』第143号, 2005年, 96頁, Chris Ansell and Alison Gash, *Collaborative Governance in Theory and Practice*, 18 J. PUB. ADMIN. RES. & THEORY 543 (2008). なお、協働ガバナンスは「民主的実験主義」や「討議的ポリアーキー」とも言われる。前者については、Michael Dorf and Charles Sabel, *A Constitution of Democratic Experimentalism*, 98 COLUM. L. REV. 267 (1998). 後者については、Joshua Cohen and Charles F. Sabel, *Global Democracy?* 37 N.Y.U. J. INT'L L. & POL. 763 (2005). グローバル・ガバナンスとの関連でこれらの概念に言及するものとして、Slaughter, *supra* note 84.

(104) ネットワークの編成者については、Abbott and Snidal, *supra* note 56.

(105) *Id.*

(106) *Id.*

(107) トランスナショナル・ニュー・ガバナンスについては、*Id.* GC を同様の観点から捉えるものとして、Slaughter, *supra* note 84, at 191-193. ただし、スローターは政府機関から構成される「政府ネットワーク」を論じるのに対して、GC は政府機関が直接的なメンバーではないマルチステークホルダー・ネットワークである。

(108) 協働学習については、STEVEN DANIELS AND GREGG B. WALKER, WORKING THROUGH ENVIRONMENTAL CONFLICT: THE COLLABORATIVE LEARNING APPROACH (2001).

(109) Dorf and Sabel, *supra* note 103, at 350.

(110) Ruggie, *supra* note 41, at 32.

(111) その成果として、たとえば Karen Ballentine and Virginia Haufler, *Enabling Economies of Peace: Public Policy for Conflict-Sensitive Business* (2005), at: 〈http://www.unglobalcompact.org/docs/news_events/8.1/enabling_econ.pdf〉. 関連する研究として、PEACE THROUGH COMMERCE: RESPONSIBLE CORPORATE CITIZENSHIP AND THE IDEALS OF THE UNITED NATIONS GLOBAL COMPACT (Oliver F. Williams, ed., 2008).

(112) Ruggie, *supra* note 41, at 32.

(113) Kal Raustiala and David G. Victor, *The Regime Complex for Plant Genetic Resources*, 58 INT'L ORG. 277 (2004).

(114) これらをまとめたものとして, "Tools and Resources," *supra* note 50. たとえば, 人権原則の理解と実践についてのガイド ("Human Rights Translated: A Business Reference Guide"), サプライチェーンも含めた履行に関する報告書 ("Unchaining Value: Innovative Approaches to Sustainable Supply"), 中規模企業向け活動ガイド ("Operational Guide for Medium-Scale Enterprises"), 食糧の持続可能性に向けた活動ガイド ("Food Sustainability: A Guide to Private Sector Action") などがある。

(115) "Revised Draft Proposal: Making the Human Rights Working Group a Forum for Endorsing Good Practices in Implementing Global Compact Human Rights Principles," April 2008, at: ⟨http://www.unglobalcompact.org/docs/issues_doc/human_rights/Human_Rights_Working_Group/29Apr08_3_Revised_Clearing_House_for_Good_Practice_proposal_final.pdf⟩; "Global Compact Human Rights Working Group (HRWG) Summary Report," December 2008, at: ⟨http://www.unglobalcompact.org/docs/issues_doc/human_rights/Human_Rights_Working_Group/HRWGOct08summary_report_29Dec08.doc⟩.

(116) UNGCO, *supra* note 1.

(117) Michael Barnett and Raymond Duvall, *Power in International Politics*, 59 INT'L ORG. 39 (2005).

(118) *Id.*, at 60-61.

(119) "Global Compact Governance," *supra* note 20.

(120) "Partnerships for Development" at: ⟨http://www.unglobalcompact.org/Issues/partnerships/index.html⟩.

(121) メタガバナンスとは, 階層（政府による指令と統御）, 市場, ネットワークという3つの理念型的なガバナンス様式を組み合わせることを言う。メタガバナンスについては, BOB JESSOP, THE FUTURE OF THE CAPITALIST STATE (2002); LOUIS MEULEMAN, PUBLIC MANAGEMENT AND THE METAGOVERNANCE OF HIERARCHIES, NETWORKS AND MARKETS: THE FEASIBILITY OF DESIGNING AND MANAGING GOVERNANCE STYLE COMBINATIONS (2008).

(122) Lehmkuhl, *supra* note 54, at 20.

(123) GCをメタガバナンスの観点から論じるものとして, Trine Westh Neilsen, *Metagovernance in the Global Compact: Regulation of a Global Governance Network*, working paper 2007: 2, Center for Democratic Network Governance, Roskilde University, at: ⟨http://www.ruc.dk/upload/application/pdf/f51d6748/Workingpaper_2007_2.pdf⟩. ただし, 同論文は自律的ネットワークのガバナンスをメタガバナンスとみなしており, 多様なガバナンス様式のガバナンスをメタガバナンスとみなす本稿の定義とは異なる。メタガバナンスには言及しないものの, 本稿の主張により近いものとして, Kerstin Sahlin-Andersson, *Emergent Cross-sectional Soft Regulations: Dynamics at Play in the Global Compact Initiative*, in SOFT LAW IN GOVERNANCE AND REGULATION:

AN INTERDISCIPLINARY ANALYSIS 129 (Ulrika Mörth, ed., 2004). 同論文は，GC が多様な主体による多様なガバナンス様式——規制（ルール設定と監視），報告，ネットワーキング，議題設定，学習など——に基づく「拡張規制網（extended webs of regulation）」を構築しつつあると指摘する。本稿はこれに同意しつつ，ガバナンス様式のより明確で包括的な類型と議論を提示しようとするものである。
(124)　Kell, *supra* note 4, at 70. ケルはメタガバナンスではなく，GC 全般について言及している。
(125)　UNGCO, *supra* note 1.
(126)　Keohane, *supra* note 5, at 362.
(127)　David Hess, *The Three Pillars of Corporate Social Reporting as New Governance Regulation: Disclosure, Dialogue and Development*, 18 BUS. ETHICS Q. 447 (2008); Thomas N. Hale, *Transparency, Accountability, and Global Governance*, 14 GLOBAL GOVERNANCE 73 (2008).
(128)　Hess, *supra* note 127, at 458. アクション・サイクルについては，ARCHON FUNG, ET AL., FULL DISCLOSURE: THE PERILS AND PROMISE OF TRANSPARENCY (2007).
(129)　たとえば，2009年4月に発表された COP に関する新ルールは，原則の4本柱すべてに関する活動（ただし，参加後5年を経過した企業に限られる），活動を測定する指標，そして測定結果を COP に明記すべきことを定めている。また，専門作業ストリームの1つである Caring for Climate は，参加企業が CO_2 排出量の削減目標を自主的に設定し，その達成状況についての情報を開示することを定める。GCはさらに，COP を作成する際には，GRI（Global Reporting Initiative）の持続可能性報告ガイドライン（G3）に基づくことを推奨している。
(130)　情報仲介者については，Wim Dubbink, et al., *CSR, Transparency and the Role of Intermediate Organisations*, 82 J. BUS. ETHICS 391 (2008).
(131)　GC の実効性を論じる上では，その正統性を考慮することが不可欠である。この点の検討は，他日を期したい。
(132)　GC の効果を評価するための概念的モデルの構築を試みるものとして，Jorge A. Arevalo and Francis T. Fallon, *Assessing Corporate Responsibility as a Contribution to Global Governance: The Case of the UN Global Compact*, 8 CORP. GOVERNANCE 456 (2008).

　【付記】　本稿は科研費による研究成果の一部である。なお，草稿に対して内記香子先生（大阪大学）と菅原絵美氏（大阪大学大学院後期博士課程）から貴重なコメントを頂いた。ここに記して謝意を表します。
　　　　　　　　　　　　　　　　　　　　　（名古屋大学大学院法学研究科教授）

論　説　グローバル経済下における公益実現と企業活動

企業の社会的責任（CSR）と環境保護
―― EU 環境政策を素材にして ――

須　網　隆　夫

I　はじめに――市場アプローチと企業の自主的行動
II　EU 環境政策の転換――規制アプローチから市場アプローチへ
　1　「規制アプローチ」の限界
　2　「市場アプローチ」の採用
III　EU における「企業の社会的責任（CSR）」の諸側面
　1　EU における CSR に関する議論の推移
　2　CSR に対する積極的評価
　3　CSR の概念と環境政策
　4　CSR と企業活動――長期的な利益増大・競争力の改善に貢献
IV　「EU 環境政策」と「市場を基礎とする政策実施手段」
　1　市場を基礎とする政策実施手段の概要
　2　市場経済的手段と CSR
　3　エコラベル制度
　4　環境管理・監査制度
　5　統合製品政策（Integrated Product Policy）
　6　法制度と CSR の結合
V　EU における経験に照らした CSR の意味
　1　CSR の意義と限界
　2　域内における CSR と域外における CSR
VI　結語――環境親和的な方向に企業行動を誘導する市場の設計

I　はじめに――市場アプローチと企業の自主的行動

　本稿は，企業が推進する，法によって強制されない自主的活動と法規制の関係を，特に環境政策の分野において検討することを通じて，「国境を越えて行

われる企業活動」と「国際公益の実現」との関係一般に関する示唆を得ようとするものである。具体的には，環境政策の実施に，「企業の社会的責任（corporate social responsibility）」という考え方を積極的に組み込んでいる欧州連合（EU）の環境政策，特に「市場アプローチ」と呼ばれるその政策実施方法に着目し，「市場における企業活動」と「国際公益の実現」という一見すると相反する方向性を向いた要素が，EU 環境法による法規制の中で，どのように統合されているのかを検討する。

環境政策は，EU に限らず，初期の段階では，環境に影響を及ぼす様々な事項について，環境保護の観点から法的基準を設定することによって，企業活動を統制することを模索した。[1] しかし，1980年代以降の世界各国における規制緩和の進行とも関連して，企業が自主的に理念・目標を設定し，法以外の規範によって自らの行動を律しようとする事例が増加してくる。[2] 企業の自主的参加に基づく「国連グローバル・コンパクト」のような，ハードローによらないガバナンスが試みられることもその一例である。[3] しかし，企業の自主的行動の活発化から，直ちに，企業と国家という両者の間で公益実現のために協力する場面が増えていると単純に結論付けることにはなお慎重であるべきように思われる。法的手段と非法的手段の規制力には質的差異が存在することに加えて，企業に自主的行動を促す法的手段の意義を考察する必要があるからである。

II　EU 環境政策の転換──規制アプローチから市場アプローチへ

1　「規制アプローチ」の限界

環境政策における上記の方向転換は，EU においても見られる。企業活動と法規制の関係を考察すると，1970年代に開始された欧州共同体（EC）の環境政策は，当初，企業を法規制の対象として認識する「規制アプローチ（regulatory approach）」を採用し，各分野において環境保護を目的とする二次立法の制定が進められた。しかし1980年代後半には，環境政策実施手段として

の「規制アプローチ」の限界が認識されるに至る。すなわち、画一的な規制アプローチが企業の競争力を損なうことが懸念されることに加えて、規制アプローチには、政策実施手段として費用対効果が必ずしも高くなく、特に規制値を設定した場合には、規制値までの環境侵害が企業に許容される結果、規制値以上に環境面のパフォーマンスを改善しようという動機が企業に生じにくいこと、さらに環境保護に関するあらゆる事項を規制対象とすることは実際には困難であるために必ず規制の間隙が生じてしまうこと等が限界の存在を認識させたのである。[4]

2 「市場アプローチ」の採用

その結果1990年代には、「規制アプローチ」とともに、それを補完するために、企業にインセンティブを与えることを通じて、市場における企業の行動を環境親和的な方向に誘導しようとする、新たな「市場に基礎を置くアプローチ (market based approach)（以下、「市場アプローチ」とする）」が採用されるに至る。具体的には、1993年に開始された「第五次環境行動計画」(2000年終了) において、規制立法を補完するために、市場に基礎を置く手段を含む広範な手段によって、社会全体を環境政策に巻き込むことが提示され、さらに現行の「第六次環境行動計画」(2002年-2010年) における、市場指向・自己規制型で、企業を含む市場参加者への情報提供と彼らとのコミュニケーションを重視するアプローチへと発展している。[5] これらのアプローチは、企業・市民の市場における行動を環境親和的方向に変化させることを目的としているのである。[6] 但し、従来の「規制アプローチ」と新しい「市場アプローチ」は併存し、相互に排除しあうものではないことに留意する必要がある。市場アプローチの採用後も、規制アプローチの重要性は否定されていないのである。

ところで、「市場アプローチ」は、二次立法の制定によって具体化されるが、それらの二次立法が定める法制度の中には、企業の自主的参加を前提とするも

のがある。結論を先取りして提示すると，それらの制度が良好に機能するためには，企業の環境保護に対する積極的態度が不可欠となる。したがって，「企業の社会的責任（CSR）」の重視は，EUの環境立法に関する限り，そのような法的枠組みと無関係ではない。本稿では，幾つかの制度を素材に，CSRとそれらの制度との関連を検討することを試みる。

なお，以下の検討に際しては，EUが主権国家とは異なり，地域レベルの越境的統治体として限定された主権的権限を保持し，それを行使していることに注意すべきである。そのため，EUにおける議論を国際社会一般に無条件に拡大することは必ずしもできない。例えば，「市場アプローチ」採用の背景としては，「規制アプローチ」自体の限界とともに，EC権限の行使を規律する補完性原則・比例性原則（EC条約5条）に制約される，ECの環境政策実施権限自体の限界が作用している可能性があるからである。[7]

Ⅲ　EUにおける「企業の社会的責任（CSR）」の諸側面

1　EUにおけるCSRに関する議論の推移

それでは，CSRは，EUにおいてどのように理解され，また発展してきたのであろうか。欧州委員会を始めとするEUの各機関は，「持続可能な発展」を実現するために，CSRは中核的な役割を果たすと認識し，2000年以降，一貫してCSRを戦略的に推進しようとしてきた。以下，その経緯を概観する。[8]

（1）欧州委員会グリーン・ペーパー（2001年）　欧州理事会は，2000年のリスボン欧州理事会において，世界で最も競争力があり，ダイナミックな知識基盤型経済をめざす「リスボン戦略」に合意したが，同戦略に基づく，社会政策・持続可能な開発等の政策課題実現の文脈において，CSRに言及した。[9]そしてCSRに関する議論は，2001年7月に，欧州委員会がグリーン・ペーパー「企業の社会的責任のための欧州枠組みの促進」を提出したことによって実質的に始まった。[10]グリーン・ペーパーは，欧州委員会が，特定の政策課題の推進

を意図するものの，その内容を明確に確定できない場合に，社会一般・利害関係者に問題を提起し，広く議論を喚起しながら，関係者の意向を聴取しようとする際に使用される文書である。同グリーン・ペーパーは，第一に，CSRの概念についての議論を開始し，第二に，CSR促進のための欧州レベルの枠組みを発展させるためのパートナーシップをどのように構築するかを特定しようとするものであった。

(2) 欧州委員会コミュニケ（2002年・2006年）　その後委員会は，2002年7月に，欧州委員会コミュニケ「企業の社会的責任──持続可能な発展へのビジネスの寄与」を[11]，さらに2006年3月にも，欧州委員会コミュニケ「成長と雇用のためのパートナーシップの実現──ヨーロッパを企業の社会的責任に関する卓越した中心とするために」[12]を各公表して，CSRに関する議論を深めていく。

(3) 閣僚理事会決議　このような委員会の対応は，2002年以降の閣僚理事会決議によっても確認され，CSRが，企業の自主的行動を通じて，様々な政策課題の実現に貢献するものであることが共通の理解として形成されていく[13]。

2　CSRに対する積極的評価

CSRに対しては，「企業の社会的責任」なるものは存在しないという本質的批判がある。批判論は，企業の役割は，市場において最大限の利益を上げて株主に還元することであり，利益獲得に結び付かない事業に利益を費消することは，株主の利益を損なうと主張するのである。「CSR論の基礎にはコーポラティズムが，株主中心主義の基礎には市場主義がある」[14]と指摘されるように，CSRをめぐる対立の背景には，企業をどのような組織・存在として理解するかについての対立が存在している[15]。

しかし現実には，CSRを所与の前提とする議論が各国でなされ，特にアメリカより市場に対する信頼が弱いと考えられるEUでは，CSRは積極的に評価されている。「ヨーロッパに必要なのは，ただの企業ではなく社会的責任を

負う企業である」という表現が，それを端的に示しており，委員会も，CSRは，企業にとって中核的事業活動に付加される単なる選択肢ではなく，事業の経営方法自体に関する問題であり，世界レベルで投資・製品供給が行われる状況の下では，CSR は，欧州の領域を越えて拡大しなければならないと述べている。後述のように，EU では，CSR は，企業の利益追求と必ずしも矛盾しないと理解され，そのことが，CSR に対する批判の回避に貢献していると思われる。

3 CSR の概念と環境政策

このような CSR の概念は必ずしも明確ではなく，様々に定義されているが，EU では，CSR とは，単なる法的要件の充足を超えて，「企業が，環境面・社会面での考慮を，自らの事業活動及びステーク・ホルダーとの相互的関係に，自主的に組み込むこと」を意味すると定義されている。この定義は，委員会により，2001年グリーン・ペーパー以後，一貫して使用されており，EU において既に定着していると考えられる。

定義が示すように，EU における CSR は，雇用・平等待遇・労働者教育などの社会的課題に対応するものであると同時に，当初から環境保護と関連付けて理解されている。EU では，CSR は，「持続可能な発展」の概念と本質的に関連し，換言すれば，CSR は「持続可能な発展」の手段であると認識されているのである。

4 CSR と企業活動——長期的な利益増大・競争力の改善に貢献

以上のように定義される CSR が，公益実現のための，企業による自己犠牲的な行動として認識されているわけではないことには注意が必要である。

すなわち CSR を実践する企業は，自主的な行動が，利益の増加に資することを期待していると理解されている。CSR は，企業の主目的である利益追求

と矛盾するものではない。むしろ，社会的責任を果たすことは，企業が，単なるコンプライアンスを超えて，人的資本，環境，ステーク・ホルダーとの関係維持により多くを投資することを意味するところ，環境を重視した技術・事業への投資は，企業の競争力向上に貢献し，長期的には，CSR はより多くの利益・成長に繋がると説明される[23]。したがって，企業の CSR への参加は，経済合理性の観点からも正当化されることになる。特に，環境分野では，CSR の効果は大きく，資源の消費・汚染物質及び廃棄物排出の削減は，環境への負荷を減少させるとともに，エネルギー費用・廃棄物処理費用の低下を通じて，企業利益を増大させ，競争力をも改善させる[24]。その結果，環境投資により，ビジネス・環境双方にとって有利な結果が生まれるのである[25]。

もっとも，このような認識が，事実により証明されるのか，それとも企業に環境保護のための出費を要請するための単なる修辞に過ぎないのかは，なお明確ではないことに加えて，長期的にはそのような結果が生じるとしても，環境投資が，短期的な企業利益と矛盾する事態は避けられないのではないかとの疑問が残る。

それでは，EU における CSR の理解を前提に，「市場アプローチ」に基づく具体的な実施手段が，CSR とどのように関連するのかを次に検討する。

IV 「EU 環境政策」と「市場を基礎とする政策実施手段」

1 市場を基礎とする政策実施手段の概要

第六次環境行動計画における「市場アプローチ」は，「戦略的統合アプローチ（strategic integrated approach）」と呼ばれている。同アプローチは，市民・企業・その他のステーク・ホルダーが参加する新たな方法を「市場」に組み込むアプローチであり，「市場経済的手段（market based and economic instruments）」を含む，様々な手段を介して，環境に対する積極的・消極的影響を内部化し，行為主体の生産・消費に関する行動パターンを環境親和的方向に誘導

することを重視している（前文14項，3条4項）。市場経済的手段の典型は，市場における製品価格を変化させることを目的として製品に課される環境税であるが，手段はそれに尽きるものではない。市場における消費者の購買行動を環境親和的製品に指向させることにより，価格以外の面で，環境親和的な製品・企業に競争上の優位を与えることもまた可能である。

そして第六次行動計画には，企業行動の自主的改善により，企業行動による環境への否定的影響を減少させるという問題意識が顕著である。すなわち第一に，「企業との協働・協力の改善」の面では，環境への配慮を，製品のライフサイクル全体に組み込む「統合製品政策（Integrated Product Policy）」，環境監査及び認証を受けた環境報告書公表の促進，環境保護に成果を挙げた企業に対する表彰制度（company environmental performance award schemes）の導入，環境目的達成のための企業間の自主協定の促進などが，具体的に列挙されている（3条5項）。第二に，市場における購入者である個々の消費者・企業・政府機関に対する「製品の環境への影響に関する情報提供の改善」の面では，エコラベルをはじめとする環境ラベリングの促進，環境事項に関する自己申告制度（environmental claims）の使用促進などが必要とされている（3条6項）。そして第三に，「環境配慮の金融部門への統合」を具体化するために，企業が環境費用を企業の年次財務諸表に自主的に記入するためのガイドラインを検討すること，欧州投資銀行による融資をより環境に配慮して行うことなどが列挙されている（3条7項）。

2　市場経済的手段とCSR

前述のEUにおけるCSRは，これら市場経済的手段の文脈において理解する必要がある。第六次行動計画が言及する手段には，CSRと関連する手段が少なくないからである。それらの手段は，大別して二種類ある。第一は，純粋に，企業の「より環境親和的な行動」を求めるものであり，第二は，市場にお

ける企業間競争において，企業の環境親和的行動が，当該企業に競争上有利に作用するような法的枠組みを構築しようとするものである。

(1) 企業の自主的行動のみに依拠する手段——CSR への依存度が高い手段

第一は，法的規制との関連が薄く，純粋に企業の自主的行動のみに依拠する手段である。それらは，環境保護に成果を挙げた「企業に対する表彰制度」と，企業が締結する「環境協定」であり，どちらも EC 立法に基づく制度ではない。前者の企業表彰制度は，応募した企業の環境パフォーマンスを評価し，企業経営・製品・生産過程・国際協力の 4 部門において，それぞれ優勝企業を決定して，毎年公表する EC レベルの制度であり，各加盟国における表彰制度を基礎にしている。[29] 後者の環境協定は，企業が自主的に締結する協定であるが，その実質は企業による自己規制であり，協定には法的拘束力は認められない。委員会は，このような協定を一定程度コントロールしようとしており，EC レベルでの環境協定締結には，当該産業部門における大半の企業の参加，EC 法との整合性確保等の条件が満たされる必要があり，手続き的にも，閣僚理事会・欧州議会の意見を得て，欧州委員会の勧告によって承認されることが通常であり，委員会は，これを EC 立法の補完手段と位置付けて，積極的に推進しようとしている。[30]

これらの制度は，企業側に CSR の認識が広く存在しなければ，実際には機能しないと思われる。環境パフォーマンスの向上が，長期的な企業利益の増大・競争力改善に貢献することが事実であれば，CSR の認識は必然的に多くの企業に拡大し，その結果，法規制とは無関係に，企業は CSR の実現に真摯に取り組むはずである。しかし，そのような CSR の認識が全ての企業に等しく共有されることは，現実には困難であろう。また，仮に企業が，CSR の認識を真に共有したとしても，環境親和的措置が短期的に企業利益と矛盾することが否定できない以上，その実行には限界がある。そうであれば，CSR に全面的に依存する，これらの制度の実効性には疑問が生じざるを得ない。これら

の制度においても，企業の自主的活動が，競争力の改善・企業イメージの向上に繋がり，競争上のメリットが生じることが予定されているはずであるが，企業の自主的活動と市場における競争の関連は，必ずしも明確ではないのである。

(2) 企業の自主的行動と法制度の結合──CSR に加えて市場圧力に期待する手段　第二は，企業の自主的行動に依拠しながらも，自主的行動を促す法制度が EC 立法によって整備されている手段である。CSR とこれらの法制度が結合した場合，環境政策実施手段としては，第一類型の諸手段より，より高い実効性を発揮できるように思われる。それは，そのような場合には，法的規制と CSR が相互に影響し合うことから，政策目的の達成に向かう，動的な推進力が生じるからである。それらの制度とは，第一に，「エコラベル制度」であり，第二に，「環境管理・監査制度」であり，第三に「統合製品政策 (Integrated Product Policy)」である。[31] 欧州委員会は，環境管理・監査とエコラベルを，CSR を促進する手段として位置付けている。[32] 特に，環境管理・監査は，CSR を全ての EU 政策に組み込むための手段として重要視されている。[33] 環境政策の領域における CSR の促進が，このような制度的枠組みを前提に論議されていることに注意しなければならない。そして統合製品政策は，環境管理・監査，エコラベルをその内部に包含した，総合的な政策実施を念頭に置いている。以下には，各手段を概観する。

3　エコラベル制度

(1) 制度の概要　現行エコラベル制度は，1992年に採択された当初の理事会規則を改正した現行規則（2000年採択）を根拠としている。[34]

「エコラベル制度」は，日本で言う「情報的手法」の一つであり，[35] 製品のライフサイクル全体にわたって，他の製品と比較して，環境への否定的影響の少ない製品（サービスを含む）の製造・販売を促進する目的で（1条1項），環境保護の観点から策定された特定の基準に合致する製品に，特別なシンボルマーク

（エコラベル）の貼付を認める制度である（2条1項，6条1項）。制度に参加するのは，個々の事業者（生産者・輸入者・サービス供給者など）であり，参加は各生産者の自主的な判断に委ねられる（7条1項）。事業者によるラベル使用の申請に対して，各国の担当当局は，基準への適合性を審査して使用を認可し（7条），認可の際には，当局とラベル使用者との間にラベルの使用契約が締結される（9条1項）。なお，使用の申請と毎年の使用に際して，使用者は，一定の手数料を当局に納付しなければならない(12条)。

　本制度は，エコラベルの貼付を認められた製品の販売によって，生産者が，他の生産者に対して競争上の優位を獲得することを前提にしている。消費者が，ラベルが付された製品を優先的に選択することにより，ラベルを貼付した製品は，貼付されていない製品との競争に勝てるからである。要するに本制度は，ラベルを貼付できる製品を生産する動機（インセンティブ）を生み出すことを通じて，環境改善に寄与しようとする法制度である。（2条2項(c)）。

　(2) 制度の実施状況　　エコラベル制度は，環境に優しい商品をそうでない商品から区別し，持続可能な消費に重要な役割を果たす可能性を有するが，1990年代より改善されたとは言え，なお制度が市場に十分に浸透したとは言えない。そのため，市場に影響する同制度の潜在能力は，なお全面的には利用されていないと評価されている。

　具体的には，旧規則制定後，各製品に適用される基準の策定は容易には進まず，1998年末で，12種類の製品に適用されるに止まっていた。しかしその後，基準の設定はより円滑に進むようになり，特に現行規則発効（2000年）後，ラベルの対象製品数は急増し，清掃用製品，家庭用電気製品，紙製品，住宅・庭園用品，衣類，観光，潤滑油の7分野において，多くの製品について基準が定められた。基準策定の進展に伴い，エコラベルを利用する企業数も急増し，2000年には50社強であったものが，2008年には600社を超えるに至り，エコラベルが付された製品の売上高（工場渡し）も，2001年には10億ユーロ強であっ

たものが，2005年には80億ユーロ弱にまで急増している。ラベル付き製品が増加することは，ラベルの基準を満たさない製品の生産者に，製品改善のための行動に向けたより大きな圧力がかかることを意味する。

もっとも，ラベル付き製品の販売は，増加したと言っても市場全体にとってはなお微々たるものでしかなく，エコラベルの認知を広め，その使用を企業に働きかける必要がある。ここに，エコラベル制度と CSR との関連を見出すことができ，企業の CSR に対する認識を高めることが，制度の普及に重要な役割を果たすと期待されているのである。

4 環境管理・監査制度

(1) 制度の概要　「環境管理・監査制度（EMAS）」は，「エコラベル制度」と同様の発想に基づく法制度である。現行の環境管理・監査制度は，1993年の理事会規則を改正して，2001年に採択された現行規則を根拠にしている。

EMAS も，企業の自主的参加に基づく制度であり，環境に影響を及ぼす自己の活動を管理するシステムを構築するとともに，自己の活動を定期的に環境評価の対象として，その結果を公表し，さらに公衆・利害関係者との対話に応じる企業を，独立の第三者機関が認可する法制度であり，制度への参加を通じて，企業が，自己の環境パフォーマンスを継続的に改善することを目的にしている（1条2項）。

具体的には，EMAS に参加した企業は，規則に従って，以下のように行動しなければならない。第一に，企業は，自己の活動・製品・サービスに対する環境審査を行い，その上で，環境管理制度を実施する（3条2項(a)）。第二に，企業は，企業の環境面での実績を評価する環境監査を受ける（3条2項(b)）。第三に，企業はさらに，環境面で達成した成果を明らかにする環境報告書（environmental statement）を作成する（3条2項(c)）。そして第四に，企業は，ここまでに述べた環境審査・環境管理制度・環境監査手続及び環境報告書が，規則

の要件を満たしていることを確認するために，独立した環境審査人 (environ-mental verifier) の審査を受ける（3条2項(d)）。最後に，企業は，確認された環境報告書を加盟国当局に提出し，その後それを一般に公開する（3条2項(e)）。

EMAS に参加するためには，企業は，加盟国当局に登録を申請し，当局より認可を受ける必要があるが（6条1項），認可を受けた企業は，エコラベルの場合と同様に，EMAS への参加を示すロゴを使用できる。ロゴは，製品及び製品の包装に付けることはできないが，環境報告書，レターヘッド，EMAS 参加の広告，製品・サービス・自社の活動の宣伝に使用することができ（8条1-3項），これらのロゴの使用により，企業は，消費者に対して，自社が環境に配慮する企業であることを伝えることができる。

要するに，EMAS 参加企業は，環境面でのパフォーマンス向上に加えて，市場において，環境に配慮する企業イメージという付加価値を得ることができるのである。EMAS は，CSR を促進する中心的な実施手段であると理解されている。[46] EMAS は，企業の活動全般を継続的な評価の対象とする制度であるために，企業は，自己の環境パフォーマンスを常に意識しなければならないからである。

(2) 制度の実施状況　EMAS への参加は，組織としての参加の他に，個々の事業所による参加も認められているが[47]，登録組織数・登録事業所数ともに順調な増加傾向にある。すなわち，登録組織数は，2004年4月の3110組織から，2008年12月の4331組織に増加し，登録事業所数も，2004年8月の3901事業所より，2008年12月には6896事業所に顕著に増加している[48]。しかし，現在の参加企業数が十分であるとはもちろん認識されておらず，参加企業は，なお企業全体の一部に止まっている。委員会は，2008年に現行規則の改正を提案したが，その動機は，参加企業数を増やすことであり，特に中小企業の参加を促進することに焦点があてられている[49]。ここにも CSR と関連する契機があり，企業の CSR に対する認識を高めることが，制度の普及に重要な役割を果たすことは，

エコラベル制度の場合と同様である。CSR は，一旦参加した企業の参加意思を持続させるためにも有用であろう。

5 統合製品政策 (Integrated Product Policy)

(1) 政策の概要　「統合製品政策（IPP）」をめぐる議論は，エコラベル・EMAS 両制度の開始より遅れ，1990年代後半に開始された。IPP は，製品のライフサイクル全体から生じる環境への負荷を改善することを目的として，広範な製品・サービスについて，未開発の可能性を利用することによって，既存の環境政策を補完しようとする政策アプローチを意味している[50]。すなわち，全ての製品は，原料の採掘，製品の製造・流通から，使用・廃棄までの全過程において環境悪化を惹起しかねない。IPP は，製品ライフサイクルの全段階にわたって，最も効果的な方策を取ることにより，そのような環境悪化を最小限に食い止めようとする政策である。製品のライフサイクルは，しばしば長期間にわたり，また複雑な経緯を辿る。さらに，その過程には，設計者・生産者から始まり，流通業者・小売店・消費者等，様々な当事者が関係する。IPP は，環境保護の観点から，これら各段階に関係する当事者の行動を改善しようとするものである[51]。

(2) IPP アプローチの実施戦略　IPP は，その実施に際して，戦略の重点を，外部費用の内部化による「適切な価格設定」，消費者サイドにおける「環境に優しい製品に対する需要の喚起」，及び製品供給者サイドにおける「環境に優しい製品生産の強化」に置いている[52]。

このような IPP の実施は，製品と当事者の多様性から，単一の実施手段に依拠することはできず，自主的・義務的双方の手段を含む，多様な手段を組み合わせて，場面に応じて行わざるを得ない。しかし，それらの手段の中では[53]，市場の力を最大限に利用することを意図して，企業の自主的行動が重視されている。すなわち委員会は，企業の自主的行動を，既存の EC 立法による製品

規制を補完するものと位置付け，IPP は，特に EMAS とエコラベルの経験を基礎にすると述べている。具体的には，第一に，EMAS は，IPP アプローチの普及に有用であり，製品ライフサイクルの発想を企業活動に取り込み，継続的に改善を達成するための優れた枠組みを提供していると評価されている。確かに，環境管理制度が達成すべき目標に製品ライフサイクルの発想を組み込めば，EMAS により IPP は具体化されるだろう。第二に，エコラベルも，IPP の目的達成に有用な手段である。エコラベルを付与する基準がライフサイクルを考慮して設定されていれば，ラベルは，消費者に対して，当該製品がライフサイクル全体にわたって環境に優しいことを示し，消費者による商品選択を援助するからである。両者が，IPP の主要な実施手段として位置付けられていることから，IPP と CSR の関連も明らかである。

エコラベルと EMAS を内包する IPP が効果を発揮するためには，前述のように，市場における「環境を重視する需要（green demand）」の存在とともに，供給サイドにおいて，製品にライフサイクル・アプローチを採用することを企業に促す手段がなければならない。この面でも CSR は，企業行動をソフトな手法で環境親和的方向に誘導すると考えられる。

6 法制度と CSR の結合

以上，環境政策のために利用されている市場経済的手段を概観したが，EU において，CSR が，2001年以降活発に議論されるようになったのは，環境政策に関する限り，エコラベルと EMAS 両制度の活性化が重要課題と認識されたことと無関係ではないと思われる。企業の自主的参加を前提とする，それらの法制度を広範に普及させるためには CSR が企業に広く受容されることが必要であり，他方，一旦企業が制度に加入すれば，各制度自体の持つメカニズムが CSR を強化する方向に作用する。ここでは，市場メカニズムを媒介にして，法制度と CSR が相互に密接に結合し，強化し合う関係が構築されていること

に注目すべきである。エコラベルとEMASが,市場の利用に成功して環境改善に現実にどの程度貢献しているかは必ずしも明確ではないが,CSRは,EU環境政策の経験が示すように市場経済的手段に属する法制度と関連付けられた時に,最もその効果を発揮する可能性が高い。

ところで,市場における企業行動がCSRと結び付く場合には,消費者及び消費者を代表する消費者団体が,CSRの発展に重要な役割を担う[59]。消費者が,環境に優しい商品を好むことは,企業に製品を環境親和的にさせる主要な推進力であり[60],消費者の市場における選択行動が,環境保護の観点から行われないのであれば,前述の諸制度は機能せず,CSRは,純粋に企業の善意にのみ依拠することにならざるを得ないからである。

そうであるからこそ,消費者が,環境保護の観点から商品選択を行うことを可能にするために,消費者教育による環境意識の向上はもとより,消費者が,商品・サービスに関する環境情報を適切に入手できることが不可欠であるのである(第六次行動計画3条9項)[61]。

V　EUにおける経験に照らしたCSRの意味

以上の検討を踏まえて,環境政策の文脈におけるCSRの意味を総括する。

1　CSRの意義と限界

EUにおいて,CSRは,社会的権利・環境基準に関する法規制の適用を補完し,促進すると考えられている[62]。CSRに対する認識が高まれば,企業は,より真摯に法的基準を遵守するであろうし,さらに法的基準以上に環境保護に貢献しようとすることも少なくないだろうから,そのような認識は妥当である。しかしCSRの実効性は,各分野において必ずしも一様ではない。ドイツの「イミッション防止管理者制度」において,管理者は,法的基準を超えて環境に配慮するように,企業の自発性に働きかける任務を負っているが,このイニ

シアチブ任務は，期待したほどの実効性を発揮していないと評価されている[63]。この事実は，経済的利益の最大化を至上目的とする企業に，コストを伴う環境保護のための施策を採用させる圧力を，CSR にだけ期待することの難しさを示唆している。EU 環境政策の実施手段には，「規制アプローチ」と「市場アプローチ」という異なるアプローチがあり，それぞれ役割を分担している。後者の「市場アプローチ」は，前述のように，市場メカニズムを利用した政策実施手段により，市場における企業行動を環境親和的な方向に誘導しようとする試みであるが，CSR は，このアプローチとより密接に結び付いている。その意味で，CSR は，環境保護を目的とする法規制一般に代替し得る手段にはなり得ない。

　CSR を有効に機能させるためには，需要・供給の両側面において，一定の条件を満たす市場が成立していることが前提となる。換言すれば，CSR にとって，CSR を有効に機能させる市場を作り出す法的な枠組み，また社会的責任を考慮して消費行動を決定する消費者の存在が重要である。したがって，そのような条件を欠いた市場における，言わば「裸の CSR」に十分な環境改善効果を期待することはできないのではないだろうか。

2　域内における CSR と域外における CSR

　ところで，CSR が機能する市場が，EU 域内に成立したと仮定して，途上国を含む，世界のそれ以外の領域との関係はどうなるのであろうか。そこは，グローバル・コンパクトの対象となる領域である。

　域内において CSR を組み込んだ市場が成立した場合，域外における企業行動が，域内における市場から完全に分離されるのであれば，CSR の対象は域内に限定されかねず，域外を超える環境政策の実施は不十分にならざるを得ない。そのため欧州委員会は，CSR がグローバルな性質を有する問題であり，グローバル・ガバナンスと関連していることを指摘し[64]，途上国を含めて，EU

域外の国際的場面でもCSRを働きかけていくことを主張する。すなわちEUは，事業者を含む第三国の市民社会との対話を促進し，特に途上国に自らの経験を伝えることによって，CSRの一層の普及を実現するとともに，先進国に対しても，OECD・世界環境サミットなどの多国間フォーラムにおいてCSRの推進を働きかけるのである。[65] 委員会は，2国間の通商交渉においても，持続可能な発展の側面を強化することを目指し，CSRが機能する法的枠組みを国際的に設定しようとしている。[66] そのことにより，域外でも，ヨーロッパ的及び国際的な価値・原則に従った行動を企業に求めるのである。

VI　結　語——環境親和的な方向に企業行動を誘導する市場の設計

環境政策は，企業が公益実現に協力する場面として認識されることもある。しかし，企業組織内部に，法的規制の水準を超えて環境に配慮するという動機は，当然には存在しない。CSRは，そのような動機を企業内に生み出すことを意図しているが，少なくとも短期的には，公益実現と企業活動の間には，本質的には対立する契機が存在する。問題は，そのような対立を昇華させることができる法的枠組みを，どのように設定できるかではないだろうか。

法的枠組みとは，換言すれば企業が事業活動を遂行する「市場」を意味する。市場は，ともすれば自然に成立しているかのように認識されるが，近代的な所有権制度を前提にした，法規制の網の目の中においてのみ，現実の市場は存在する。そのことは，国内市場だけではなく，世界市場の場合も同様である。そうであれば，求められているのは，経済的利益の極大化を目的とする企業間競争の中で，企業の行動を環境親和的な方向に誘導する圧力が生じるような市場をどのような法的枠組みとして設計するかという課題である。そして，そのような法的枠組みは，第一次的には伝統的なハードローによって構築される必要があろうが，ソフトローによって同等の効果を生じる市場が構築され得る可能性の有無も，さらに検討される必要があろう。

(1) 1990年代前半には、企業の国際的な事業活動の展開と国家による環境規制強化の必要との間で生じる問題の存在が意識されていた（奥脇直也「企業の国際的事業展開と地球環境保護」日本国際経済法学会年報第4号（1995年）66頁）。
(2) 1990年代半ばには、環境保護を目的とする企業による自主規制の進展、ガイドラインによる企業の腐敗行為の規制が既に指摘されていた（奥脇・前掲注(1)、69・72頁）。また、1980年代以降の企業倫理学への関心の高まりについては、梅津光弘「企業倫理学の求めるもの」間瀬啓允編『公益学を学ぶ人のために』（世界思想社・2008年）75-78頁を参照。
(3) 三浦聡「国連グローバル・コンパクト—グローバル・ガバナンスの新たなモデル」ジュリスト1254号（2003年）106-113頁。
(4) Joanne Scott, EC Environmental Law 29-37 (1998)；須網隆夫「ECの環境規制法」吉野正三郎・須網隆夫編著『EC市場統合と企業活動の法的規制』（成文堂・1995年）184-188頁。
(5) Resolution of the Council and the Representatives of the Governments of the Member States, meeting within the Council of 1 February 1993 on a Community programme of policy and action in relation to the environment and sustainable development — A European Community programme of policy and action in relation to the environment and sustainable development, OJ 1993, C 138/1; Decision No 1600/2000/EC of the European Parliament and the Council of 22 July 2002 laying down the Sixth Community Action Programme, OJ 2002, L 242/1；中村健吾『欧州統合と近代国家の変容—EUの多次元的ネットワーク・ガバナンス』（昭和堂・2005年）262・279頁。
(6) 例えば、第五次行動計画は、行動計画が採用したアプローチは、これまでのアプローチとは異なり、公的機関・企業・一般大衆を含む、社会のあらゆる部門を巻き込むことにより、彼らの社会における行動パターンの変化を達成することを目指すと述べている（Executive Summary in A European Community programme of policy and action in relation to the environment and sustainable development, attached to Resolution, supra note 5, para.11）。
(7) 須網隆夫「EUの発展と法的性格の変容――『EU・ECへの権限移譲』と『補完性の原則』」大木雅夫・中村民雄編著『多層的ヨーロッパ統合と法』（聖学院大学出版会・2008年）273-348頁。
(8) 水口剛「諸外国におけるCSRの動向と将来展望」法律時報76巻12号（2004年）28-29頁。
(9) Presidency Conclusions, Lisbon European Council, 23 and 24 March 2000, paras.5 and 39; Annex I European Social Agenda attached to Presidency Conclusions, Nice European Council Meeting, 7, 8 and 9 December 2000.
(10) Commission, Green Paper Promoting a European framework for Corporate Social

Responsibility, COM(2001) 366 final, 18 July 2001.
(11) Commission, Communication from the Commission concerning Corporate Social Responsibility: A business contribution to Sustainable Development, COM(2002) 347 final, 2 July 2002.
(12) Commission, Communication from the Commission to the European Parliament, the Council and the European Economic and Social Committee, Implementing the Partnership for Growth and Jobs: Making Europe a Pole of Excellence on Corporate Social Responsibility, COM(2006) 136 final, 22 March 2006.
(13) Council Resolution on the follow-up to the Green Paper on corporate social responsibility, OJ 2002, C 86/3; Council Resolution of 6 February 2003 on corporate social responsibility, OJ 2003, C 39/3.
(14) 仮屋広郷「第1章・CSR論とは何か」松本恒雄・杉浦保友編『EUスタディーズ4・企業の社会的責任』(勁草書房・2007年) 14-16頁。
(15) CSRを論じることは、会社を社会的実在として理解するか、法的擬制であり実在ではないと理解するかに係わり、究極には、個と全体(個人と社会)の関係を論じることに繋がる(同・18, 21, 26頁、森田章「商法学の観点からみたCSR」法律時報76巻12号 (2004年) 40-41頁)。
(16) ジュルジュ・セイル「第5章・EUにおけるCSRと雇用」松本・杉浦、前掲注(14)133頁。
(17) Commission, supra note 11, at 5.
(18) Commission, supra note 10, at 11, para.42.
(19) CSRに対する一義的な定義は、なお確立していない(秋山をね・大崎貞和・神作裕之・野村修也「[座談会] いまなぜCSRなのか」法律時報76巻12号 (2004年) 4-26頁)。
(20) Commission, supra note 10, at 6, paras.20-21; Commission, supra note 11, at 3; Commission, supra note 12, at 2 and 5; European Multistakeholder Forum on CSR, Final results & recommendations, 29 June 2004, at 3, (see http://ec.europa.eu/enterprise/csr/documents/29062004/EMSF _final _report.pdf, last visited 2 July 2009).
(21) Commission, supra note 11, at 5; Commission, supra note 10, at 5, para.15；中西優美子「第6章・EUにおけるCSRと人権」松本・杉浦、前掲注(14)157頁。
(22) Commission, supra note 10, at 3, para.1.
(23) Id., at 6-7, paras.21 and 24.
(24) Id., at 6, para.39.
(25) Id.
(26) 具体的には、環境に否定的影響を生じる補助金の改革促進、取引可能な環境許可による環境効率の分析、環境税・インセンティブ等の財政的措置の使用促進、標準化活動へ

の環境保護要件の統合が指摘されている（Decision No 1600/2002/EC, supra note 5, Article 3, para.4）.

(27) Commission, Communication from the Commission to the Council, the European Parliament, the Economic and Social Committee and the Committee of the Regions On the sixth environmental action programme of the European Community 'Environment 2010: Our future, Our choice'-The Sixth Environment Action Programme, COM (2001) 31 final, 15-17.

(28) なお，第六次環境行動計画は，CSRという用語を使用していない。CSRに関する議論が，2002年時点では，なお十分に煮詰まっていなかったためであろうか。

(29) The European Business Awards for the Environment Home Page, (see http://ec.europa.eu/environment/awards/, last visited 2 July 2009).

(30) Communication from the Commission to the European Parliament, the Council, the Economic and Social Committee and the Committee of Regions, Environmental Agreements at Community Level Within the Framework of the Action Plan on the Simplification and Improvement of the Regulatory Environment, COM(2002) 412 final, 17 July 2002, at 10-13.

(31) Commission, supra note 10, at 11, para.40.

(32) Commission, supra note 12, at 6-7; Commission, supra note 11, at 14-15.

(33) Commission, supra note 11, at 18-21.

(34) Regulation (EC) No 1980/2000 of the European Parliament and of the Council of 17 July 2000 on a revised Community eco-label award scheme, OJ 2000, L 237/1.

(35) 大塚直「化学物質管理法（PRTR法）と企業の自主的取組・情報的手法（上）」法学教室322号（2007年）81頁。

(36) Commission Decision of 10 November 2000 on a standard contract covering the terms of use of the Community Eco-label, OJ 2000, L 293/20.

(37) 例えば，最低申請料は300ユーロと定められている（Commission Decision of 10 November 2000 establishing the application and annual fees of the Community Eco-label, OJ 2000, L 293/18）。

(38) Commission, Green Paper on Integrated Product Policy, COM(2001) 68 final, at 13; Commission Decision of 9 February 2006 establishing the Community Eco-label working plan, OJ 2006, L 162/78, at 79；委員会は，エコラベルの対象・影響は，なお限定的なものに止まっていると評価している（Commission, supra note 10, at 19, para.80）。

(39) 中村・前掲注(5)282頁。

(40) 基準の設定は，委員会決定により行われている。例えば，パーソナル・コンピュータに関する基準は，2005年に設定された（Commission Decision of 11 April 2005 establishing ecological criteria and the related assessment and verification require-

ments for the award of the Community eco-label to personal computers, OJ 2005, L 115/1).

(41) The European Commission Eco-label homepage (see http://ec.europa.eu/environment/ecolabel/product/index_en.htm, last visited 2 July 2009).

(42) Commission, supra note 10, at 19, para.81; Commission, Statistics showing the growth of the Flower since 1998 (The European Commission Eco-label homepage, supra note 41, last visited 17 August 2008)。参加企業は，2001年8月の87社が，2005年5月に250社以上に増加していたので（Commission Decision, supra note 38, at 82），2005年5月以降，増加のペースが早まっていることが分かる。

(43) Commission Decision, supra note 38, at 82-83.

(44) Regulation (EC) No 761/2001 of the European Parliament and of the Council of 19 March 2001 allowing voluntary participation by organizations in a Community eco-management and audit scheme (EMAS), OJ 2001, L 114/1.

(45) なお規則は，「組織（organization）」が制度に参加すると規定しており，参加者たる組織は，私企業に限定されず，公的機関も含まれる（2条(s)）。

(46) Commission, supra note 10, at 11, para.40; Commission, supra note 11, at 14 and 21.

(47) Commission Decision of 7 September 2001 on guidance for the implementation of Regulation (EC) No 761/2001 of the European Parliament and of the Council allowing voluntary participation by organizations in a Community eco-management and audit scheme (EMAS), OJ 2001, L 247/24, Annex I.

(48) Commission, EMAS Statistics, Evolution of Organizations and Sites Quarterly Data, 31 March 2009, (see http://ec.europa.eu/environment/emas/pdf/5_5articles_en.pdf, last visited 2 July 2009).

(49) Commission, Proposal for a Regulation of the European Parliament and of the Council on the voluntary participation by organizations in a Community eco-management and audit scheme (EMAS), COM(2008) 402/2.

(50) Commission, Green paper, supra note 38, at 3 and 5.

(51) Id., at 5 and 9; IPPアプローチは，五つの原則に基づいている。第一は，製品のライフサイクル全体を考慮することである。第二は，市場との協働である。第三は，ステーク・ホルダーの参加である。第四は，不断の改善である。第五は，様々な政策実施手段であり，特に関係者の自主的行動が重視されている（Commission, Communication from the Commission to the Council and the European Parliament, Integrated Product Policy, Building on Environmental Life-Cycle Thinking, COM (2003) 302 final, at 4-5)。

(52) Commission, Green paper, supra note 38, at 9-26.

(53) Id., at 3.

(54) Commission, supra note 51, at 6; Commission, Press Release IP/03/858, 18 June 2003.
(55) Commission, Green paper, supra note 38, at 23; Commission, supra note 51, at 11.
(56) Commission Decision, supra note 38, at 79.
(57) Commission, Green paper, supra note 38, at 12-13.
(58) Id., at 9.
(59) Commission, supra note 10, at 21.
(60) Commission, Green paper, supra note 38, at 12.
(61) Decision No 1600/2002/EC, supra note 5.
(62) Council Resolution on the follow-up to the Green Paper on corporate social responsibility, OJ 2002, C 86/3, para.12.
(63) 戸部真澄「環境リスク規制における自己監督手法の機能性と限界」山形大学紀要（社会科学）36巻1号（2005年）136-137頁。この制度は、企業組織の自発性に期待する手法である。一定の要件を満たす施設は、従業員の中からイミッション防止管理者を任命しなければならず、管理者は、環境保護のための助言を任務とし、それにより企業の自発性が促進されることを狙っている（同132-133頁）。
(64) Commission, supra note 11, at 6.
(65) Id., at 22-23.
(66) Commission, supra note 12, at 8.

（早稲田大学大学院法務研究科教授）

論　説　グローバル経済下における公益実現と企業活動

国家安全保障と国際投資
―― 国家安全保障概念の不確定性を中心に ――

柏　木　　昇

I　国家安全保障概念が問題になったアメリカの最近の外国投資事例
II　アメリカ以外の国の状況
　1　Children's Investment Fund による J パワー株買付け
　2　フランスの投資規制
III　アメリカの国家安全保障を理由とする投資規制の背景と問題
　1　エクソン・フロリオ修正法の背景
　2　問　題
　3　そもそもアメリカへの外国投資が制限されている業種
IV　国家安全保障を中心とするアメリカの国際投資規制の構造
　1　CFIUS の手続を大幅に変えた2007年外国投資国家安全保障法
　2　CFIUS（Committee on Foreign Investment in the United States）
　3　国家安全保障の考慮要素
V　CFIUS での手続の問題
VI　J パワーの事例の問題
VII　結　論

I　国家安全保障概念が問題になったアメリカの最近の外国投資事例

　1　ベネズエラの選挙投票機械メーカーのスマートマティック社（Smartmatic）が2005年3月にアメリカのセコイア投票システムズ（Sequoia Voting Systems）を買収した。スマートマティック社は，この買収が国家安全に関係するとは考えず，対米外国投資委員会（CFIUS: The Committee on Foreign Investment in the United States）に通告しなかった。しかし，その後この買収は

政治問題化したためスマートマティック社は事後的に買収をCFIUSに通告し，CFIUSが調査を開始した。結局，スマートマティック社は2006年12月にセコイア投票システムズを売却処分することとした。ベネズエラ大統領のチャベスが反アメリカの急先鋒であることも影響している。

 2　2005年6月23日，国営の中国海洋石油集団資源公司（CNOOC: China National Offshore Oil Company）[1]が米国のユノカル（以下，UNOCAL）の買収の入札に参加した。CNOOCの70％の株式を中国政府が保有していた。入札価格は$18.5 billionであった。二番札のシェブロン（Chevlon）の札が$16.6 billionであった。下院は直ちにブッシュ政権に対して，CFIUSの調査を要請した。理由は，貴重な石油資源が中国向けに取られてしまうこと[2]とユノカルが石油掘削技術を保有しており，それが中国に漏洩してしまう，ということであった。石油技術は民生用であったが軍事目的にも利用できるものであった。入札参加から1週間後に下院はCFIUSの調査を要求する決議344号を可決した。他方，政治的反発を和らげるため，CNOOCはCFIUSに自主的に審査を依頼した。CNOOCは2005年8月2日に，CFIUSに対する申請を取り下げた[3]。ある論文では，このCNOOCによるUNOCAL買収が，アメリカの国家安全保障を脅かすアメリカ企業買収の規制の中核である後述の国防生産法（National Defense Production Act）に規定されている国家安全保障を脅かすか否かを考慮する際の10の基準のいずれにも該当しない，と批判している[4]。著者は，もし，CNOOCがアメリカの石油を中国向けに輸出するなら，単純にその分を他国から購入すればよいだけの話である，というエネルギー専門家の証言を引用している[5]。当時はまだ原油価格はそれほど高騰していなかったが，原油価格が1バーレルあたり140ドルにまでなり，かつ石油と天然ガスを持つロシアがこれを武器に世界に影響力を拡大しようとした2008年9月のリーマンショック直前の状況であれば，この石油資源確保が国家安全保障に結びつくという主張はより理解を得られたかもしれない。とくに後述の，国家安全保障を考慮する場合

の基準の内「(2)国防の必要を満たす国内産業の能力（capacity and capability），人的資源，産品，技術，資材その他の供給と役務の利用可能性を含む」が問題になろう。

3　ドバイ政府が全株を所有するドバイ・ポート・ワールド（DPW: Dubai Port World）がイギリスのペニンシュラ・アンド・オリエンタル・蒸気船会社（P&O: Peninsular and Oriental Steam Navigation Company）を買収した事件が，P&Oがアメリカの6港で港湾ターミナルを運営していたことから問題になった。(2006年)

　DPWは，アラブ首長国連邦に本拠を置く企業で，2006年2月イギリスの船会社でかつ港湾運営会社でもあるP&Oを買収した。当初は，DPWは，この取引がアメリカの国家安全に関連するとは考えず，CFIUSとの事前相談でも，問題ないという言質を得ていたようである。その後自主的にCFIUSに正式通知をし，CFIUSからは問題がないという回答を得ていた[6]。しかし，この取引に対して直ちにアメリカの政治家が党派を超えて反対した。DPWの所有者はドバイ首長国である。反対の理由は，中東の国が支配する会社がアメリカの港湾施設の運営を支配することはアメリカの安全保障を損なう，という考えである。

　ドバイは親米国家である。ドバイ港は，アメリカ軍も利用している。しかし，9.11事件のハイジャック犯人達が，アラブ首長国連邦経由でアメリカ入りしたことなどを理由に反対する声が大きくなった。おそらく9.11事件以来ふくれあがったイスラム不信が背後にあったのであろう。DPWは，1999年ころからインドやルーマニアなどの外国の港湾運営に乗り出していて，2004年にはアメリカでのCSXの港湾事業を買収している[7]。

　DPWがP&Oの買収した時点でも，DPWは，CFIUSに対する通知は必要がないと考えていたようである。ところが，この買収が政治的に問題化したため，CFIUSは45日間の調査を開始することに決定した。2006年3月8日，

アメリカ連邦下院議会は，アメリカ港湾運営権を DPW に譲渡させるべきではない，という決議を62対2で可決した。同日，DPW は政治的圧力に屈してアメリカ港湾運営事業から撤退することを決定した。[8] 2006年12月11日，DPW は，アメリカの6港と西メキシコ湾のメキシコにある16港の運営事業をアメリカン・インタナショナル・グループ（American International Group: AIG）の会社に売却することを決定した。[9]

4　イスラエルのチェックポイント・ソフトウェア・テクノロジーズ社（Check Point Software Technologies）がアメリカのコンピュータ安全対策会社のソースファイア社（Sourcefire）を買収しようとした。チェックポイント社はコンピュータをネットワーク攻撃から防御するソフト（firewall）製作のイスラエルの会社である。チェックポイント社は，2005年ソースファイア社を買収する契約に調印したことを発表した。2006年2月から CFIUS が調査を開始した。チェックポイント社は2006年3月にソースファイア社の買収を断念した。[10]

5　CSX は全米第4位，東部では第2位の鉄道運送会社で，フロリダを中心に鉄道運送に従事している。チルドレンズ・インベスメント・ファンド社（TCI: The Children's Investment Fund）は同じヘッジ・ファンドの 3G Capitals とともに CSX の株式の9％を取得し，2007年12月委任状合戦を仕掛け，CSX の12名の役員に4人の役員を送り込もうとした。これに反対する CSX と TCI／3G は，激しい訴訟合戦を繰り広げた。まだ，CFIUS 手続開始はされなかったが，CNN アンカー Lou Dobbs その他は，2008年6月，アメリカの国家安全保障上問題であるとしてこの買収を攻撃し，議論が起こった。CSX は，TCI／3G が米国証券取引法規則13d-3(a)(b)(d)に違反するとして，TCI／3G の議決権行使の差止を求めた。ニューヨーク州南部地区連邦地方裁判所は，TCI／3G が規則13(d)に違反したことは認めたものの，議決権行使の差止は認めなかった。[11] 第2巡回区連邦控訴裁判所は意見を述べずにこの地方裁判所判決を認容している。[12] 結局，TCI は2009年4月，CSX の株のほとんど全てを売却した。[13]

結局，この投資に関しては CFIUS の手続は開始されなかった。

II アメリカ以外の国の状況

1 Children's Investment Fund による J パワー株買付け[14]

2008年始めに，イギリス系の投資ファンドであるザ・チルドレンズ・インベストメント・マスター・ファンド（以下 TCI ファンドという）は電源開発株式会社（以下 J パワーという）の株式取得について財務大臣他にその取得について届け出た。しかし，この届け出に対しては，2008年4月16日付けで対内直接投資を中止するよう勧告がなされた。これに対して J パワーは5月8日に弁明書を提出し，勧告を拒絶した。これに対して5月13日に財務省及び経済産業省は対内投資の中止命令を出した。TCI はこれを司法審査に持ち込むことをしなかった。[15]これについては，後で検討する。

2 フランスの投資規制

ペプシコによるフランス食品会社ダノンの買収計画に対抗してデクレが作られた。これに対して EU 内部市場委員会委員長（EU Internal Market Commissioner）Charlie McCreevy 及び EU 競争委員会委員長 Neelie Kroes は苦い顔[16]とのことである。

フランスでは，2005年12月30日のデクレ[17]が外国からの直接投資を規制している。フランスでは，原則として外国からの直接投資は自由である。このデクレは，いくつかの法に散在していた外国からの対内直接投資に関する規制をまとめて分かりやすくした。適用対象は第三国からの外国投資である。フランスに本店を有する企業自体の買収及びその支店活動の取得，フランスに本店を有する企業の資本または議決権の33.33％を超える取得が規制の対象である。[18]EU 加盟国投資家も外国投資家と見なされるが，EU 加盟国以外の国とは区別して規制されている。外国投資家の事前の投資通知あるいは投資許可が必要である。

直接投資のみならず，フランス企業を支配する会社の親会社の株式の取得も，親会社の所在地に拘わらず適用される。Spin-off や取得した株式の再売却にも適用される。

プライベート・エクイティ・ファンドが外国投資家であるかどうかは，管理会社の所在地とファンド資産の管理が投資家からどの程度独立しているかを勘案して決定される。

11の業種についての EU 加盟国外からの投資については許可が必要である。その分野は：金銭の賭遊技（jeux d'argent），私的警備（sécurité privée）管理，テロリスト活動関係の不法毒物等使用対策，通信傍受機器関連活動，情報技術システム安全性確認，情報技術システム安全機器製造及び保安サービス，軍事民事両用機器及び技術（dual-use technology items），暗号方法関連活動，防衛産業，武器爆発物産業，防衛省向け供給契約企業の活動[19]。

許可請求から 2 ヶ月以内に許可又は不許可がなされる[20]。経済担当大臣は，条件付きで許可することで国益（intérêts nationaux）が保全されるかどうか，検討する[21]。

Ⅲ アメリカの国家安全保障を理由とする投資規制の背景と問題

1 エクソン・フロリオ修正法の背景

1980年代に日本のアメリカ企業買収ブームとの関連で，アメリカのプライドが傷つけられたことが CFIUS 強化の一つの原因である。CFIUS 自体は，1975年にフォード大統領によって創設された[22]。その目的は，アメリカに対する外国投資のモニタリングであった。当初は CFIUS にも大統領にも，特定のアメリカに対する外国投資を止めたり売却処分を命じたりする権限は与えられていなかった。1980年代になると，アメリカの競争力は相対的に低下し，逆に日本の経済力が相対的に高まった。日本の企業は積極的にアメリカ企業や資産を買い，ついに三菱地所がアメリカのシンボルの一つであるニューヨークの高層

ビルのロックフェラー・センターを買収した。この買収は国家安全保障には関係はないが，アメリカに対する外国からの投資に対するアメリカ人の警戒感を高めた。その後に富士通がアメリカの半導体会社のフェアチャイルド・セミコンダクターを買収しようとした。フェアチャイルドは，国防産業にも半導体を供給しており，国家安全保障の観点から大きな反響を呼んだ。富士通は，政治的反発をおそれ，自主的にこの買収を断念した。さらにイギリスの富豪のジェームス・ゴールドスミス卿（Sir James Goldsmith）がタイヤ会社のグッドイヤーを買収しようとした。[23]

このような背景から1988年にエクソン・フロリオ修正法（Exon-Florio Amendment to Defense Production Act）が成立した。このエクソン・フロリオ修正法の下では，大統領が国家安全保障を害すると判断する特定の外国投資を止めさせる権限を与えられることになった。エクソン・フロリオ修正法の原案では，国家安全保障を害するような外国投資の他，重要な商業（essential commerce）又は経済福祉（economic welfare）を害するような外国投資も止めさせることができるようになっていた。しかし，これらを含めることはCFIUSの権限の範囲を拡大しすぎるとして最終的に国家安全保障の観点だけが残された。エクソン上院議員の関心は国防（national defense）にあった。[24]

その後，アメリカは，防衛関連産業・半導体産業・テレコム関連産業の買収に神経をとがらせるようになった。ワールド・トレード・センターが破壊された9.11事件以後は，テロリスト対策が重視され，最近は，外国資本，とくに外国政府が支配している企業がエネルギー，資源，重要インフラストラクチャーを保有している企業を買収することに関して，国家安全保障との関係で問題とされている。

2　問　題

問題は，国家安全保障と投資の関係がきわめて政治的であり，「国家安全保

障」に明確な基準がないことである。The Foreign Investment and National Security Act of 2007（2007年外国投資国家安全保障法）にもExon-Florio Amendmentの中にも国家安全保障（national security）の定義がない。（ただし，考慮要素は規定されている。）他方，外国からの投資一般は経済活性化のために歓迎すべきものである。しかし，上記のような事件が大きく報道されることにより，外国投資に水を掛ける効果が出てくる。とくに，アメリカ国内産業の保護主義者あるいはその他の利益団体が，国家安全保障に名を借りて外国資本を排斥する道具としてCFIUSを利用している疑いがある。

また，Exon-Florio修正法の立法過程の審議で，主要な商業（essential commerce）あるいは経済福祉（economic welfare）に関しても調査する原案が提出されたが，経済安全保障まで含めると審査の範囲が広がりすぎるという政府からの意見で，これらへの配慮が取り除かれた経緯がある。[25]したがって，アメリカでは国家安全保障は，Exon-Florioとの関係では，もっぱら軍事を中心とした国家安全保障概念を考えており，経済安全保障やまして食糧安全保障は含まれていないとみるべきであろう。

アメリカでは，国家安全保障の明確な定義が出来なくとも，どのような要素が考慮されるべきであるか，という基準を明確にすることによって，曖昧な国家安全保障概念を少しでも客観的なものにしようという努力がなされている。これは，議会ができるだけ行政府を監視しコントロールしようというアメリカ独特の権力構造の反映である。日本では，アメリカに比べて，立法府が行政府を監視し，コントロールしようという努力が格段に少ない。

3　そもそもアメリカへの外国投資が制限されている業種

アメリカでは，そもそも外国人による投資が制限されている業種がある。上記の規制はその上に立ったものである。アメリカには次のような外国人の投資規制がある。一般ラジオ放送ライセンスとラジオ放送局[26]，商業原子力利用[27]およ

びナショナル銀行の取締役はアメリカ市民でなければならない。条約などの規定がないかぎり外国人の土地所有は制限される。外国建造船は沿岸運送に従事できない。国内航空運送は75％以上がアメリカ市民によって支配されている会社によらなければならない。

Ⅳ　国家安全保障を中心とするアメリカの国際投資規制の構造

1　CFIUS の手続を大幅に変えた2007年外国投資国家安全保障法

上記のアメリカの国際投資規制の構造は，2007年外国投資国家安全保障法によって大幅な修正を受けた後のものである。アメリカ企業と外国企業の結合による従来の体制の改革のきっかけは，DPW 事件と CNOOC の事件である。この両事件の反省から，2007年外国投資国家安全保障法は，従来のエクソン・フロリオ修正法をオーバーホールし，これを Defense Production Act（国防産品法）に組み入れた。そして，大統領に対して国家安全保障の観点から，アメリカ企業と外国企業の結合に関してこれを審査し，必要が有ればこれを阻止する権限を与えた。また，大統領はすでに完了しているアメリカ企業と外国企業の結合についても，結合の解除を命ずることができる。手続の中核を担うのは相変わらず CFIUS である。しかし，その手続に対する議会のコントロールが強まったと言えよう。

2007年外国投資国家安全保障法はとくに①外国政府によって支配されている企業によるアメリカ企業の支配権の取得と，②外国企業がアメリカにある重要施設（critical infrastructure）を取得することとなるアメリカ企業買収を重要視している。2007年外国投資国家安全保障法2条は，外国政府支配取引と重要施設をつぎのように定義している。

> 「外国政府支配取引」：外国政府，または外国政府により支配されているあるいはこれを代表する団体による，アメリカで州際通商に従事している者の外国支配をもたらすすべての対象取引。

「重要施設」：本条に関して公布される規則に従い，現存であろうと仮象であろうと，その不能化または破壊が国家安全保障を弱体化させるようなシステムと資産を含む。[34]

2　CFIUS (Committee on Foreign Investment in the United States)

構成員は，財務長官，国土安全保障局長官（Secretary of Homeland Security），商務長官，国防長官，国務長官，法務長官，エネルギー省長官，労働省長官，国家情報省長官（Secretary of National Intelligence；議決権なし），その他大統領が指名する行政機関の長である。議長は財務長官が務める。[35]

3　国家安全保障の考慮要素

国防産品法は「国家安全保障（national security）」の言葉を定義していないが，その(f)項はつぎのように規定している。

(f) 考慮すべき要素

本条に関しては，大統領及び大統領が指名する者は，国家安全保障を考察するにあたって，次の要素を考慮することができる。

(1) 計画された国防の必要を満たす国内生産
(2) 国防の必要を満たす国内産業の能力（capacity and capability），人的資源，産品，技術，資材その他の供給と役務の利用可能性を含む
(3) 外国人による国内産業及び商業の支配と，それが国防の必要を満たすアメリカの能力（capacity and capability）に与える影響
(4) 問題の買収が，軍事品，軍事設備又は軍事技術の次の国への売却に与える潜在的影響
　(A) 次の条項に従い国務大臣が指定した国
　　(i) テロ支援国家として1979年輸出管理法（Export Administration Act）6(j)条
　　(ii) ミサイル拡散に関する関心国として1979年輸出管理法（Export Administration Act）6(1)条

国家安全保障と国際投資　69

　　　(iii)　化学兵器あるいは生物兵器拡散に関する関心国として1979年輸出管理法
　　　　　（Export Administration Act）6(m)条
　　(B)　アメリカの権益に対する潜在的地域的脅威を持つと国防長官が認定した国
　　(C)　1978年核不拡散法309j条(c)の「核不拡散特別国リスト」にリストされた国
(5)　問題の買収が，アメリカの国家安全保障に影響する領域における，アメリカの国際的な技術リーダーシップに与える潜在的影響
(6)　問題の買収が，主要なエネルギー資産を含むアメリカの重要インフラストラクチャーに与える潜在的国家安全保障関連の影響
(7)　問題の買収が，アメリカの主要な技術に与える潜在的国家安全保障関連の影響
(8)　対象の取引が，(b)(1)(B)項で認定された外国国家支配の取引であるかどうか
(9)　もし，適切であれば，また(b)(1)(B)項での調査を要求される取引である場合には，特につぎの点に関する現在の評価；
　　(A)　問題の国が，条約及び多国間供給ガイドラインを含む不拡散体制を遵守しているか，武器管理及び軍縮法403条により要求される「武器管理，不拡散及び軍縮協定及び約束の遵守」に関する年次報告書に報告されている状況
　　(B)　問題の国とアメリカとの関係，とくに反テロリズム努力への協力への実績，2004年諜報改革及びテロ防止法7120条に従い大統領から議会にする報告に記載されているものを含む
　　(C)　輸出管理法令の分析を含む潜在的仕向地変更と技術の軍事利用転用の可能性
(10)　アメリカのエネルギー及び他の必須の資源に対する長期需要予測，及び
(11)　大統領又は委員会が一般的に，あるいは特定の具体的調査に関連して，適切と考える他の要素

V　CFIUSでの手続の問題

1　CFIUSでの手続では国家安全保障が問題になるので機密保持が重用と考えられ，そのためCFIUSの手続が不透明になった。そして，CFIUSでどのような議論がなされ，どのような理由で外国投資が許可されあるいは拒否されたのか，その情報が公開されなかった。行政だけで秘密裏に審議されてしま

う点に，アメリカ議会議員の不満が募っていた。この点が2007年外国投資国家安全保障で改善された。

2 法律上は，CFIUS の手続は最長90日で終結することになっているが，現実には非公式折衝が続き，手続にどのくらいの時間がかかるかは予測が難しい。これが，外国投資家に対してアメリカ投資の意欲を減退させる要因になっている，と主張されている。

3 恣意的な対内直接投資規制が外資の投資意欲を減退させるかと言われるが，この点に関しては，どの程度投資意欲を減退させるのかという点についての明確なデータがない。アメリカでは，CNOOC による UNOCAL 買収に対して CFIUS が介入したことに反対する説は，それがアメリカに対する投資を冷え込ませだろう，ということを根拠の一つとしている。しかし，実際にどの程度，この事件がアメリカに対する投資インセンティブを阻害したかということに関する実証的研究はない。現時点で中進国以上の国でもっとも恣意的な外国投資政策を行っているのは，ロシアであろう。サハリンⅡでは，環境問題を口実にイギリスと日本連合の投資事業から権益の50％を奪取した。BP とロシアの石油合弁では，イギリスの CEO に対していやがらせで国外に追放した。2008年のサブプライムに端を発する金融危機に際して，ロシアから多額の投資金が海外に逃げ出し，ロシア株は暴落したが，しかし，その暴落のどれだけが金融危機を理由とし，どれだけがロシアの横暴とも見える外資政策によるものか，その因果関係ははっきりしない。

Ⅵ Jパワーの事例の問題

非居住者による対内投資を制限するいくつかの合理的理由が考えられる。

OECD 資本移動自由化コード第3条では，「(ⅰ)公の秩序を維持し，または公衆の衛生，道徳及び安全を保護すること，(ⅱ)加盟国の安全保障上のために不可欠な利益を保護すること，(ⅲ)国際の平和及び安全に関する義務を履行するこ

と」の目的のために必要と考える行動を取ることを妨げない，と規定している。

　日本では，外国為替及び外国貿易法27条3項1号イは「国の安全を損ない，公の秩序の維持を妨げ，又は公衆の安全の保護に支障を来すことになる」場合には，審査期間を4ヶ月間に延長することができる。延長した場合に，国は，対内直接投資等が国の安全等に係る対内直接投資等に該当すると認めるときは，関税・外国為替等審議会の意見を聴いて，当該対内直接投資等の届出をしたものに対し，政令で定めるところにより，当該対内直接投資等に係る内容の変更又は中止を勧告することができる。

　前述の，Ｊパワーの事例は，外国からの投資が「公の秩序」を害する恐れがあるとして，中止命令が出された件である。「公の秩序」概念は「国家安全保障」概念とは異なるようであるが，いずれにしても法律上の定義はない。「公の秩序」は，法律学辞典では，「国家社会の一般的利益を公の秩序，社会の一般的な道徳観念を善良の風俗というが，両者は大部分において重複し，その区別は困難であるから，両者を合わせて現代社会の一般的秩序を維持するために要請される倫理規範の意味に用いられる」としている。[40]対内直接投資との関係では，倫理的意味合いはないと思われるので，外国為替及び外国貿易法27条にいう「公の秩序」の意味は，一般的なものより広いということは言えそうである。しかし，内容が不明確であることに変わりはない。

　財務省及び経済産業省から，TCIに出された勧告書を見ると，Ｊパワーの対内直接投資の中止勧告の理由は，「国の安全」ではなく「公の秩序の維持を妨げる」ということが理由だったようである。勧告書15頁の「第2法令の適用1，審査事項」では「TCIファンドによる電源開発株式の取得が……我が国の公の秩序の維持を妨げるおそれがあるかについて検討する必要がある」と記載してある。即ち，TCI／Ｊパワーの問題は，国家安全保障の問題ではなかったということになる。なぜ，財務省と経済産業省が「公の秩序の維持を妨げる」かどうかの観点から問題を検討し，国家安全保障の観点からは検討しなか

ったのか，理由は判然としない。アメリカなどの議論を見ると，外国人あるいは外国企業による，原子力発電に従事するＪパワーの株式の買収は，むしろ「国家安全保障」の問題であり，「公の秩序」の問題ではないような印象を受ける。国家安全保障の問題ではなく，公の秩序の問題とした理由は，たまたま電気事業が公の秩序維持の観点から事前届出業種として指定されており，「国の安全」の理由から事前届出業種と指定されていなかった，というだけの理由と想像される[41]。

2008年5月13日付け，「TCIファンドに対する命令について」という題の財務省と経済産業省による報道発表の２頁，「(2)公の秩序を妨げるおそれの認定」として，TCIによるＪパワー株の買収が公の秩序を妨げるおそれを認定して理由を説明している。とくに，３頁の「②公の秩序の維持を妨げるおそれの内容」の箇所で，そのことが説明されている筈である。他には，このＪパワーの投資と公の秩序の関係を論じている箇所はない。しかし，ここで理由とされていることは，(イ)TCIがこれまでＪパワーに対して「ROEを少なくとも10％，ROAを少なくとも４％といった経営使用の目標値を設定しその達成に経営陣が説明責任を負うことを要求していること」，(ロ)「TCIファンドに対して……具体的な経営改善策の詳細の説明を求めた」が，いくつかの経営の重要事項についての方針が示されなかった」こと，を理由に「このため，株式の追加取得及びこれに伴う株主権の行使を通じて，発行会社（Ｊパワー）の経営や送電線・原子力発電所をはじめとする基幹設備に係る計画・運用・維持に影響を及ぼし，それらを通じて電気の安定供給や原子力・核燃料サイクルに関する我が国の政策に影響を与えるおそれがあると認められる。」と結論づけている。

これは論理の飛躍であることは一目瞭然であろう。(イ)の点は，株主としては，その利益を最大にするための当然の要求であり，これらの数字がＪパワーのような業種の企業利益目標として妥当であるかどうかの問題はあっても，「公の秩序」とは全く無関係である。(ロ)の点も，これらの経営方針を立てることは会

社経営者の義務ではあっても株主の義務ではない。まして，これらの経営方針を株主が明確にしないからと言って，それが「公の秩序」を害することにはならないことは明白であろう。

　その他，Ｊパワーの株式取得の中止命令を出したことに関して，財務省及び経済産業省から，TCIが届け出たＪパワー株の取得が，「公の秩序」を害するという理由について，「公の秩序」を最大限に拡張解釈したところで，いくらかでも説得力のある論理的説明は見いだせなかった。(42)そのような事情であるから，日本政府がＪパワー事件に関して「公の秩序」をどのように考えているか，ということも明確にはならなかった。一つ手がかりになることは，中止命令の中につぎのような説明があることである。「電気事業は，原子力発電や核燃料サイクルの実施を通じて，我が国にエネルギー安全保障を担う産業であり，外為法では，制度創設当初より，『公の秩序の維持』等の観点から事前届出業種として指定している。」すなわち，電気事業は「公の秩序」に関連する産業であることが指摘されている。では，この事業を担う私企業の株式を外国人が買うことは，「公の秩序」を害するのか，という問題がある。しかし，Ｊパワーは日本の上場私企業としてすでに2004年には，36.67％の外国人株主が居た。(43)ということは，一般外国人株主の存在は「公の秩序」に反しないが，TCIが10％以上の株主になることは「公の秩序」を害する，ということになる。この点の論理的かつ合理的な説明が全くないことは前述の通りである。おそらくは，電気事業は「公の秩序」に関連する産業であるとして，最初から外国人株式保有の数量制限や取締役選任議決権制限などの対策を講ずるべきであったのに，完全に民営化し上場したところにボタンの掛け違いがあったのではないか。

　なお，日本では，航空法，電波法，日本電信電話株式会社等に関する法律がそれぞれ規制対象の外国人持株割合を１／３未満，放送法が１／５未満に制限している。

Ⅶ　結　論

　国際法上，「安全保障」とは「侵略なき状態を確保すること，すなわち第一に侵略を未然に防止し，且つ既に発生した侵略に対してこれを排除することを意味する。」「しかし，もちろん，国の安全は単に侵略に対処することのみによって得られるものではない。国際関係の一切の問題は直接間接，国の安全にかかわらないものはない。この意味において安全保障は頗る広範な概念たりうる。……なかんずく無視してならないのは安全保障のもつ心理的な面である。『安全の問題はじつは国民感情の問題であり真の意義における心理状態』であって『理屈ではない』ともいうことができよう」。アメリカでエクソン・フロリオ法ができた当時の，アメリカの資産はなんでも買い尽くそうとしていた日本企業に対するアメリカでの反日感情はその典型である。

　伝統的には，国家安全保障は，他国からの侵略に対する「安全」を主に意味していた。そして，国家安全保障を理由とする外国投資の制限は，外国の国家はもちろんのこと外国国民や外国企業は当然に自国の国民や企業にくらべて愛国心がなくかつ国益を害する行動を取る可能性が強い，ということを前提としているように思われる。しかし，現代のように企業の国際経済活動がグローバル化すると，この前提はかなり怪しげであり，実証されているとは言えない。他方，感情的になんとなく外国人は信用できない，という気持ちも分からないではない。とくに，テロ活動を活発に行っているタリバンや国際世論に反してロケット開発を行い，核開発をしようとしている北朝鮮などの国家や企業や国民が日本の電力会社の株式の相当の割合を買おうとした場合には，多くの日本人が警戒するであろう。しかし，他方で，日本企業の外国人株主の比率は増大している。友好国からの投資ならよい，という問題でもなさそうである。Ｊパワーの問題はイギリスの投資ファンドのTCIが問題となっている。ただし，アメリカのCSX事件では同じTCIの投資が問題となったが，メディア論評

は別として国家安全保障の観点からの法的手続がなされてはいない。

　要するに，国家安全保障を理由とする外資規制の根拠は，「理屈ではない」国民感情にある。しかし，それはかならずしも全く根拠がないものということもできない。要するに実証的分析ができていない状況にあり，非常におおざっぱな推測しかできないところに問題がある。さらにこれを規制する法概念としての「国家安全保障」あるいは「公の秩序」にしても，定義のないきわめて曖昧で融通無碍の概念である。

　このような，理屈ではない国民感情を根拠にとらえどころがない「国家安全保障」の概念を用いて外国資本の対内直接投資を規制し，かつその規制が保護主義や利権確保などの不適切な目的に利用されることのないようにするためには，第一に，「国家安全保障」の要素をできるかぎり明確し，アメリカの基準のようにいくつかのさらに具体的かつ客観的な基準を打ち立てることによって少しでも客観性を高め，第2に，具体的投資がこれらの客観的基準に抵触するかどうかの判断については，関係官庁と識者からなる委員会を組織し，そこでの議論を公開し透明化し，国民の批判を通して国民感情に合致した運用を目ざすべきであろう。Ｊパワーの審査での議論も少なくともインターネットで公開されている限りでは十分に納得できる議論がされたとは言えない。前述のような飛躍した論理による理由づけは理由づけとして意味をなさず，透明化に逆行するものである。

　司法審査がこのような外資の審査にプラスになるかどうかはよく分からない。対内直接投資が国家安全保障が多分に感情的あるいは合理的分析のできない総合判断的側面を含む場合には，司法審査には向かないのではなかろうか。たとえば，同じ投資でも，投資家が安定した先進国かつ友好国である場合と，テロ支援国家の疑いのある国や以前は社会主義体制だった国などでは判断が異なってくるのは，国家安全保障が多分に心理的側面を含む以上，やむを得ない面があろう。また，外資は国内経済を活性化させる効果があるから，経済の後退局

面と拡大局面では，外資の扱いも異なる可能性がある。このような多分に政策判断及び国民感情を含む問題について，司法審査が適切に機能するとは思えない。

(1) Hong Kong 会社，NYSE に上場。
(2) UNOCAL は中央アジア，東南アジアにも資産を有していた。
(3) Gaurav Sud, NOTE: From Fretting Takeovers to Vetting CFIUS: Finding a Balance in U.S. Policy Regarding Foreign Acquisitions of Domestic Assets, 39 Vand. J. Transnat'l L. (2006) 1303.
(4) Michael Petrusic, RECENT DEVELOPMENT: Oil and the National Security: CNOOC's Failed Bid To Purchase Unocal, 84 N.C.L. Rev.(2006) 1373：なお，CNOOC 事件に関しては，Yoshifumi Fukunaga, Takahiro Yamada and others, FDI & U.S. Insecurity: China National Offshore Oil Company's Attempted Purchase of UNOCAL Corporation, Professor Burgess, International Political Economy, Tufts University, the Fletcher School of Law and Diplomacy (unpublished) を大変参考にさせていただいた。
(5) *ibid*, at 1384.
(6) How US politicians got in the way of the lawyers, The Lawyer, March 20, 2006, at 13; http://www.treas.gov/press/releases/js4071.htm (last visited on October 19, 2008).
(7) Heather Timmons, Dubai Wins Bidding Battle For P.&O., New York Times, February 11, 2006, page C6；この記事では，アメリカ港湾事業は多数の事業者が参入しているので独禁法上の問題はないと指摘しているが，アメリカの安全保障に関する懸念は全く表明されていない。
(8) Mark A. Stein, A Big Deal Overshadowed by the Politics of Ports, New York Times, March 11, 2006, page C2.
(9) Heather Timmons, Dubai Port Company Sells Its U.S. Holdings to A.I.G., New York Times, December 12, 2006, page C4.
(10) http://www.securityfocus.com/print/news///382 (last visited on October 19, 2008).
(11) CSX Corporation v. Children's Investment Fund Management (UK) LLP, et al., 562 F.Supp. 2s 511 (S.D.N.Y., Jun. 11, 2008).
(12) CSX Corporation v. The Children's Investment Fund Management (UK) LLP, et al., 292 Fed. Appx. 133 (2nd Cir., Sept. 15, 2008).
(13) http://www.thefxmarkets.com/forexnews/news_id/2294282. Last visited on May 7, 2009.

(14) 古賀誠「TCI ファンドによる J パワー株式の取得」法学教室337号（2008）8頁。
(15) Noboru Kashiwagi, Foreign Direct Investment, Public Order and National Security: Lessons from the Case of J Power, 6 The University of Tokyo Journal of Law and Politics (Spring 2009) 45.
(16) Laurence Frost, French Anti-Takeover Decree Draws Interest, Financial News September 11, 2005.
(17) Décret no.2005-1739 du Décembre 2005 réglement le relations finacière avec l' étranger et portant application de l' artlce L.151-3 du code monétaire et financier ; 旧法は投資制限業種の規定が曖昧であるとして，欧州裁判所から EU 法違反を指摘された。Church of Scientology of Paris 事件。
(18) 前注の Décret, Art. R. 153-1.
(19) 同，Art. R. 153-2.
(20) 同，Art. R. 153-8.
(21) 同，Art. R. 153-9.
(22) CFIUS と Exon-Florio Amendment to National Defense Act については，Matthew R. Byrne, NOTE: Protecting National Security and Promoting Foreign Investment: Maintaining the Exon-Florio Balance, 67 Ohio St. L.J. (2006) 849, 856 et seq. 参照。
(23) Goodyear は $90 million を払って Sir James Goldsmith を追い払った。Deborah M. Mostaghel, DUBAI PORTS WORLD UNDER EXON-FLORIO: A THREAT TO NATIONAL SECURITY OR A TEMPEST IN A SEAPORT?, 70 Alb. L. Rev. (2007) 583 at 591.
(24) Exon-Florio Amendment の歴史については，Matthew R. Byrne, NOTE: Protecting National Security and Promoting Foreign Investment: Maintaining the Exon-Florio Balance, 67 Ohio St. L.J. 849 (2006) at 854 et seq.
(25) Byrne, *supra* note 6, at 859-862.
(26) Section 310 of the 1934 Communications Act.
(27) 42 U.S.C.A. §2133 (d) (2000).
(28) 12 U.S.C.A. §72 (2000).
(29) 48 U.S.C.A. §1501 (1887).
(30) 46 U.S.C. §876, Merchant Marine Act of 1920 (Jones Act) (1920).
(31) 49 U.S.C. §40102 (a)(15)(A)-(C) (2004).
(32) Robert S. LaRussa, Lisa Raisner and Thomas B. Wilner, Practitoner Note: New Law Heightens Scrutiny of Foreign Acquistion of U.S. Companies, 4 N.Y.U.J.L & Bus. 285 (2007), 285.
(33) any covered transaction that could result in the control of any person engaged in interstate commerce in the United States by a foreign government or an entity controlled by or acting on behalf of a foreign government.

(34) The term 'critical infrastructure' means, subject to rules issued under this section, systems and assets, whether physical or virtual, so vital to the United States that the incapacity or destruction of such systems or assets would have a debilitating impact on national security.
(35) 50 USCS Appx § 2170(k).
(36) Robert S. LaRussa, Lisa Raisner and Thomas B. Wilner, *supra* note 32, at 301.
(37) Michael Petrusic, *supra* note 4, at 1387.
(38) Stanley Reed, BP's Russian Joint Venture Falters, BusinessWeek July 31, 2008, http://www.businessweek.com/magazine/content/08_32/b4095050383376.htm, last visited on June 19, 2009; Andrew E. Kramer, Denied Visa, Chief of BP Joint Venture Is Forced to Leave Russia, New York Times, Jury 25, 2008, http://www.nytimes.com/2008/07/25/business/worldbusiness/25venture.html?_r=1&scp=11&sq=TNK-BP%20Russia%20Joint%20Venture&st=cse, last visited on June 19, 2009.
(39) Investors pulling out of Russia, BBC News, 22 August 2008, http://news.bbc.co.uk/2/hi/business/7576333.stm, last visited June 19, 2009.
(40) 竹内昭夫, 松尾浩也, 塩野宏編『新法律学辞典(第三版)』有斐閣(1989) 86頁、なお、国際経済法学会平成20年研究大会では、有力な学者から、公法上の「公の秩序」概念は、私法上の「公の秩序」概念と異なるのではないか、という指摘があった。しかし、公法上の「公の秩序」概念がどのようなものであるのか、確認できなかった。
(41) 2008年度財務大臣・経済産業大臣談話、https://www.mof.go.jp/mof/dan200416htm, last visited on June 21, 2009.
(42) 筆者は次の資料を参照した。財務省HP、TCIファンドに対する命令について、2008年5月13日報道発表(http://www.mof.go.jp/jouhou/kokkin/tci.20080513-01.htm, 2009年6月19日接続できず) およびその添付資料1〜4、財務省HP「財務大臣・経済産業大臣談話〜日本政府の対日直接投資促進の姿勢は不変〜」(http://www.mof.go.jp/mof/dan200416.htm, last visited on June 19, 2009)、財務省HP、TCIファンドに対する勧告について、2008年4月16日(http://www.mof.go.jp/jouhou/kokkin/tci20080416-02htm, 2009年6月19日接続できず)、2008年5月16日(http://www.mof.go.jp/jouhou/kokkin/tci20080416-02htm, 2009年6月19日接続できず)。
(43) http://www.jpower.co.jp/annual_rep/ann01000.html, visited on 27 December 2008. なお、http://www.jpower.co.jp/annual_rep/ann01000.html, last visited on May 7, 2009では20.32%の外国人株主がいるとのことである。さらに、「株主、個人が20%を超す」日本経済新聞2009年6月20日3頁によると、Jパワーの外国人(株式)保有比率の下落率は6位で、その比率は16.6%とのことである。
(44) 高橋通敏『安全保障序説』有斐閣(1960) 4頁。

(中央大学法科大学院教授)

論　説　第 1 分科会：私法系

中国独占禁止法の制定・施行
—— 外国企業のビジネスや投資や貿易に与える影響 ——

酒　井　享　平

I　中国独占禁止法の規定内容
　1　主な規制項目
　2　その他総括的規定等
II　中国独占禁止法の運用に振幅を与える要因
　1　独占禁止委員会の設置，運用方針の公表等の遅れ
　2　独占禁止委員会及び各国務院独占禁止法執行機関間の連携が可能か？
　3　中国の経済社会が直面する経済危機（経済成長の種々の歪み・矛盾の顕在化及び近時の世界金融・経済危機の影響）
III　外国企業が中国独占禁止法の運用において中国国内企業に比し不利な扱いを受けることを防止するため又は不利な扱いを受けた場合の対応策
IV　中国独占禁止法の施行後の状況と見通し
　1　中国独占禁止法の施行後の状況
　2　見　通　し

　本稿は，2007年 8 月に公布され，昨年 8 月 1 日施行された中華人民共和国反垄断法（以下「中国独占禁止法」という）の制定・施行が外国企業のビジネス・投資，さらに貿易に与える影響について，昨年11月 1 日㈯日本国際経済法学会研究大会において行った個別報告(1)を基に，当日の討議の内容及びその後の同法の運用状況をも加味すべく若干の補筆・加筆を行ったものである。
　「社会主義競争の展開と保護に関する暫定規定」（1980年）の公布に始まり，「社会主義市場経済体制の建設」が改革目標に掲げられる（1992年）に至り，それ以降これまで「中華人民共和国反不正当競争法」（1993年。以下「反不正当競争法」という）(2)等多くの関連法令が制定されてきたが，中国独占禁止法の制

定・施行をもってこの運動は一応の完成を見たと言うことができるだろう。全国人民代表者会議常務委員会が反不正当競争法を可決すると同時に立法作業が開始されてから実に13年の歳月を要した。[3]

改革開放政策の結果生じた社会主義市場経済の量的・質的な発展の下で、経済特区と農村部との経済的格差の拡大、WTOへの加入（2001年12月）、諸外国からの知的財産権尊重・契約遵守の要請の強まり、固定為替制から変動為替制への移行等の情勢の中で、独占禁止法体系の導入を含む経済関連法制の整備は緊急の課題とされていた。WTO加入等によりつながりを強めた国際社会の中で、中国経済が発展を続けていくためには、公正な取引（fair trade）ルールの確立は不可欠であったことは言うまでもない。

「誰も新しいぶどう酒を古い皮袋に入れはしない」とは、聖書の言葉（マルコ伝）であるが、北京オリンピックを目前にして、チベットの自治を求める動き、四川大地震に揺さぶられた中国が、さらに昨秋来先鋭化したサブプライムローン問題をきっかけとする世界経済の激震に飲み込まれる中で、運用をスタートさせざるを得なかった中国独占禁止法という酒が、数千年にも及ぶ有史時代を誇るとともに、社会主義市場経済を標榜するも、本年天安門事件20周年を迎えた中国で、今後どんな発酵を見せて行くのか？　そして、その制定・施行が外国企業のビジネス・投資さらに貿易にどのような影響を与えるのか、その簡単な素描を試みるのが本稿の目的である。

I　中国独占禁止法の規定内容

1　主な規制項目

中国独占禁止法（中华人民共和国反垄断法）[4]の主な規制項目は、(1)独占協定、(2)市場支配的地位の濫用、(3)事業者集中（企業結合）及び(4)いわゆる行政独占の4つである。このうち、(1)、(2)及び(3)については、EUやドイツの独占禁止法の影響が指摘されている。[5]他方、(4)いわゆる行政独占の規制は、米欧日韓等

資本主義市場経済体制を採る諸国には見られないが，旧社会主義国の独占禁止法制には見られるといわれている(6)。以下，主な規制項目ごとにその概要を述べる（単に条数のみを述べる場合は，「中国独占禁止法」の条数を指す）。

(1) カルテル規制（2章　独占協定）

競争関係にある事業者（中国語では，「経営者」という）間の独占協定（競争を排除・制限する協定・決定・共同行為）の締結は禁止される（13条）。独占協定には，商品の価格・生産量・販売量の制限，販売・購入市場の分割，新技術・新設備・新製品開発の制限，取引の排除及び国務院の独占禁止法執行機関が認定するものが含まれる。

また，取引の相手方との独占協定（再販売価格の決定等）の締結，いわゆる縦のカルテルも，禁止の対象とされることが明定されている（14条）。

しかし，独占協定禁止には適用除外規定が存する（15条）。適用除外の対象となる独占協定の態様としては，①技術改良，新製品の開発研究，②規格の統一又は専門化，③中小企業の経営効率・競争力強化，④エネルギー節約，環境保護，災害救済など公共の利益の実現，⑤不況の緩和，⑥対外貿易・対外経済協力の利益保障のためのもの，⑦法律と国務院が定めるその他のものが定められている。

事業者は，締結した協定が関連市場の競争を深刻に制限しないことを証明し，利益を消費者が享受できるようにしなければならないとされる。

どのような範囲で適用除外が認められるのか，届出制又は事前相談制度，いずれに近い方法で運用されてゆくのかが注目される(7)。

事業者団体による関与を禁止する規定（16条）は，立法作業の最終段階で追加された(8)。

(2) 市場支配的地位の濫用規制（3章　市場支配的地位の濫用）

市場支配的事業者による市場支配的地位の濫用行為禁止（17条）の対象行為は，高価格販売・低価格での商品購入，コスト割れ販売，取引拒絶・制限，抱

合せ販売，差別的取扱い等である。この場合，市場支配的地位は，事業者が関連市場において商品価格，数量，その他取引条件を規制することができる又は他の事業者の関連市場への参入を妨害若しくは影響を及ぼす能力を有する市場における地位を指す。

　事業者が市場支配的地位を認定する際の判定要素としては，市場占有率，関連市場の競争状況，他の事業者の当該事業者に対する取引上の依存程度等が規定され（18条），1事業者が2分の1以上，2事業者が3分の2以上，3事業者が4分の3以上の市場占有率を有する場合，市場支配的地位が推定される（19条。市場支配的地位の推定規定）。

　3章全体としてEU法やドイツ法の影響が指摘されているが，特に19条の推定規定にはドイツ法の影響が認められる。そもそもEU法の市場支配的地位の濫用規制は，ドイツ法の影響の下に制定されたことに留意する必要がある。日本の独占禁止法における不公正な取引方法のうち，市場支配的地位の濫用に含まれない部分に対する規制は中国独占禁止法には含まれないが，反不正当競争法等他の法令によって規制されることもある[9]。

(3)　企業結合規制（4章　事業者集中）

ア　事業者集中の定義

　事業者集中は，①合併，②株式・資産の取得（他の事業者の支配権取得），③契約等（他の事業者の支配権取得又は他の事業者に対する決定的影響）と定義される（20条）。

イ　事業者集中の事前届出（申報）

㋐　届出義務　　国務院の定める届出基準に基づき国務院独占禁止法執行機関に届出であることが義務付けられる（未届出の場合，集中の実施は禁止される）（21条）。

㋑　届出細則

　　a　次のいずれかの場合，届出は不要である（22条）。

①参加事業者が他の事業者の100分の50以上の議決権付き株式又は資産を有する場合。

②非参加事業者が各参加事業者の100分の50以上の議決権付き株式又は資産を有する場合。

※「事業者集中の届出基準に関する国務院の規定」(国务院关于经营者集中申报标准的规定2008年8月3日公布)は，次のとおりその詳細を定めている。なお，本規定の草案に盛り込まれていた中国国内の市場シェア基準は，削除された。

・集中参加事業者の前会計年度の売上額(営業額)が以下の2つの基準をともに満たした場合，事前届出を要する。

①全参加事業者の全世界における売上額の合計が100億人民元又は中国国内の売上額が20億人民元に達する。

②少なくとも二つの事業者の中国国内における売上額がともに4億人民元を超える。

・銀行，保険，証券，先物等の特殊な分野の売上額の計算については，当該分野の実情を考慮し，国務院商務主管部門が国務院の関連部門と共同して具体的に定める。(以上規定3条)

・届出基準を達成しない場合でも，手続に従い収集された事実及び証拠により，事業者集中が競争を排除し，制限する効果を有するか，そのおそれがある場合，国務院商務主管部門は，法に基づき調査する(規定4条)。

b 第一段階の審査 書類，資料を受領した日から30日以内に，第一段階の審査を実施，更に審査を進めるか決定し，書面で事業者へ通知する(25条)。決定前の集中実施を禁止している。

c 第二段階の審査は，次の通り行われる(26条)。

①審査実施決定日から90日以内に審査完了，集中を禁止するかどうかの決定を書面で事業者に通知。

②集中禁止決定をした場合，理由を説明。

③審査期間中の集中実施を禁止。

④次のいずれかの場合，審査期間を延長できる（書面で通知，最長でも60日）。
　　　　ⅰ事業者が同意する場合，ⅱ提出書類・資料が不正確で，更に確認する必要がある場合，ⅲ届出後，関連する状況に重大な変化が生じた場合。
　　　⑤国務院独占禁止法執行機関が，期限経過後も決定を下さない場合，事業者は集中を実施できる。
　ウ　審査の際の考慮要素
　　審査の際考慮する要素は以下のとおりである（27条）。
　　　①集中参加事業者の関連市場におけるシェア（占有率）及び市場に対する規制力
　　　②関連市場の市場集中度
　　　③市場への参入，技術の進歩に対する影響
　　　④消費者と他の事業者に対する影響
　　　⑤国民経済の発展に対する影響
　　　⑥国務院独占禁止法執行機関が市場競争に対する影響を考慮すべきと思料する他の要素
　エ　集中禁止決定
　　事業者の集中が競争を排除，制限する効果を持つか持ち得る場合，集中禁止を決定（28条）。事業者が，当該集中の競争に対する有利な影響が明らかに不利な影響を上回ると証明できる場合又は公共の利益に合致する場合，集中を禁止しない決定を下すことができる。
　オ　条件付加
　　集中を禁止しない場合でも，競争に対する悪影響を減少させる条件の付加を決定できる（29条）。
　カ　公　表
　　集中禁止・条件付加の決定は，速やかに公表しなければならない（30条）。

キ　国家安全審査

　外資が国内企業を集中に参加し，国家の安全に関わる場合，国家安全審査を実施する（31条）。なお，この種の規定は，日米欧の独占禁止法には含まれておらず，別の法律で規定されている。

ク　事業者集中ガイドライン

　2009年1月中国商務部垄断局は，2008年の施行には間に合わなかったが，相次いで，「事業者集中の届出に関する指導意見」（关于经营者集中申报的指导意见），「事業者集中の届出書類に関する指導意見」（关于经营者集中申报文件资料的指导意见）等事業者集中関係のガイドラインを公布，さらに「関連市場の画定に関するガイドライン（草案）」（关于相关市场界定指南）等のガイドライン案を公表，意見を募集した。[10]

　「事業者集中の届出に関する指導意見」の中では，正式な届出に先立って事前相談ができること（1条），届出書や計算書類に加え，「事業者集中に係る関連市場の競争状況に対する影響の説明」等を提出する必要があること（8条）を規定し，「事業者集中の届出書類に関する指導意見」では，19条に亘って関連市場の画定，市場構造，新規参入の状況・見通し，公益等への影響まで含んださらに詳細な情報・資料の提供が義務づけられている。

　「事業者集中に係る関連市場の画定に関するガイドライン（草案）」を含めてガイドライン草案に盛り込まれている考え方は，いわゆる「仮定的独占者（SSNIP）テスト」を含め，おおむね米欧日等の企業結合ガイドラインの考え方が採り入れられているようである。[11]

(4)　いわゆる行政独占の規制（5章　行政権力濫用による競争の排除・制限）

　行政機関と法律，法規の授権により公共事務を管理する機能を有する組織が行政権力を濫用し，次の行為を行うことを禁止している。

・単位又は個人を指定し，指定事業者が提供する商品の取り扱い，購入，使用（32条）

・次の行為による商品の地区間における自由な流通の妨害（33条）
　①他地区の商品に対する差別的な価格設定，②他地区の商品に対する差別的な技術的措置，③特定地区の商品に対する優遇的な行政許可，④検問所の設置等による地区間の商品の入・出の妨害，⑤その他の地区間の商品の自由流通の妨害行為
・差別的な資質の要求，審査・評価基準の設定，情報漏洩等の方法により，他の地区の事業者の当地の入札への参加の排除・制限（34条）。
・当地の事業者に不平等な待遇を採用する等の方法により，他の地区の事業者の当地における投資・支店設置の排除・制限（35条）。
・事業者が独占行為に従事することを強制（36条）。
・競争を排除，制限する内容を含む規定の制定（37条）。

　いわゆる行政独占の規制は，「社会主義市場経済の健全な発展を保障する」とする目的規定と並んで，社会主義市場経済の下での独占禁止法であることを意識させる。社会主義経済下で大きな地位を占めている地方政府などの公的機関による行政独占行為を規制するために特別な規定を置く必要があることは，理解できる。しかし，問題は，本法においては，いわゆる行政独占に対して，上級機関が是正を命じ，関与者・責任者を処分し得る規定が存するだけであり，独占禁止法執行機関が有する独占行為に対する調査権限（51条）の対象にはなっておらず，独占禁止法執行機関は関係上級機関に対し法に基づく処分に関する意見を提出できるに過ぎないことである（黄勇教授）。反不正当競争法にも類似の規定が設けられていたが，十分な運用の実績を上げられなかったとの指摘もある。この規定が乏しい是正スキームの下でどこまで有効性を持って運用されるか，今後の運用を注視する必要がある。

　なお，中央政府や地方政府が不法行為を含む権限濫用や行政指導によって，企業活動に介入することは，我が国を始めとする資本主義市場経済体制を採る諸国においても見られる。不法行為については，どの機関が調査・処分権限を

持つかの問題であり，行政指導等のそれ以外の行為については，行政庁間の権限調整の問題となる。立法段階において，独占禁止法立法支援研究会（注(1)参照）においても，例えば，我が国の公取委と通商産業省（その後経済産業省に名称変更）との間の行政指導と独占禁止法との調整過程が特に中国側の関心を引いた。

2 その他総括的規定等

(1) 法目的・適用範囲等（1章　総則）

ア　立法目的

　独占行為を制止し，市場競争秩序を擁護し，消費者の合法的権益と社会公共の利益を保護し，社会主義市場経済の健全な発展を保障するために，本法を制定する（1条）。[15]

イ　適用範囲

　「中華人民共和国国内」のみならず，「国内の市場競争を排除するか，又は競争を制限する影響力のある「国外の独占行為」に対しても適用する（2条）。いわば米EU日と同様の国際標準ではあるが，外国企業に対する適用の面で重要な規定である。

ウ　独占行為の定義

　事業者の締結した独占協定，事業者による市場支配的地位の濫用，競争を排除もしくは制限する効果を有し，又はそのおそれのある事業者集中を独占行為と定義する（3条）。

エ　国営等の部門

　国営・国家安全・専業専売部門の合法的な事業活動を保護，監督管理と調整規制を実施，消費者利益を守り，技術進歩を促進。当該部門の事業者の義務＝法に基づく経営，支配的地位・専業専売の地位を利用し，消費者の利益に損害を与えてはならない（7条）。

オ 行政機関の義務

行政機関と法律，法規の授権の公共事務を管理する機能を有する組織は，行政権力を濫用してはならず，競争を排除，制限してはならない（8条）。

カ 独占禁止委員会（反垄断委员会）

国務院の下に設立され，競争政策立案，運用基準制定等，独占禁止業務の組織，各執行機関間や産業規制機関との調整，指導に責任を負うが，直接的な法執行は行わない（9条）。

独占禁止委員会の構成は，2008年7月28日付け人事通知によれば，以下の通りである（出所：「国务院办公厅关于国务院反垄断委员会主要职责和组成人员的通知」国办发〔2008〕104号）。

主　任：王岐山　国务院副总理
副主任：陈德铭　商务部部长，张平　发展改革委主任
　　　　周伯华　工商总局局长，毕井泉　国务院副秘书长
委　员：张茅　发展改革委副主任，欧新黔　工业和信息化部副部长

なお，昨年11月1日(土)に行った個別報告の際に，この独占禁止委員会の構成はハイレベルのものであり，実務的な実効性は持ち得ないのではないかとの指摘が参加者からなされたが，筆者は経済政策全般にわたり指導力を持っているかに見える副総理を主任として，独占禁止法の実施を司る三官庁（商務部，発展改革委員会及び工商総局）の代表者が副主任及び委員として参画するこの委員会は，各独占禁止法実施機関の指導・監督・調整を任務としていることを考えると，実効性を持つかも知れず，今後の運用を見てみなければ何ともいえない旨述べた。

キ 国務院独占禁止法執行機関

国務院の定める独占禁止法執行業務担当を担当する機関が独占禁止法の執行業務に責任を負い，業務の必要に基づき，省，自治区，直轄市の人民政府の相応の機関に授権できる（10条）。

国務院独占禁止法執行機関として，商務部（事業者集中・独占禁止委員会の事務），国家発展改革委員会（独占的協定），国家工商行政管理総局（市場支配的地位の濫用行為・行政権力の濫用行為）の3機関が指定されている（それぞれ（　）内の事項を所轄）。各執行機関ごとに主要職務，内部組織及び人員編成が規定されている（いわゆる「三定規定」。各三定規定の公布は，国家工商行政管理総局7月11日，国家発展改革委員会8月21日，商務部8月22日）。

商務部の「三定規定」には，次の事項が含まれている。

・独占禁止（反垄断）局の設置　独占禁止委員会の具体的な作業項目を担当するほか，事業者集中の審査，中国企業の国外における反独占訴訟への応訴活動の指導，多国間の競争政策に基づく国際交流や国際協力の展開を職責とする。

・部門間連席会議発足　国家発展改革委員会と商務部は，関連部門と共同で，海外投資家が中国企業を合併・買収（M&A）する場合の安全審査（国家安全への影響）を担当する。

政策立案及び法執行がこれほど多数の機関に分かれて行われるケースは，他の国の独禁当局についてはあまり見られないものであり，独占禁止委員会の各機関を指導し，調整する役割は特に重要である。中国独占禁止法の執行がこれほど多数の機関により整合性をもって公正かつ効果的に行われてゆくか特に注目される。

(2)　独占被疑行為の調査（6章），法律責任（罰則等）（7章），附則（8章）

ア　独占被疑行為の調査

独占禁止法執行機関は，独占的行為（3条に規定）と疑われる行為について調査を行う。独占行為の嫌疑について，如何なる単位・個人も独占禁止法執行機関に報告（挙報）する権利を有する。独占禁止法執行機関は，報告者の秘密を守らなければならない（6章38条）。

イ　法律責任（罰則等）

(ア) 措置体系図

独占禁止法に規定される禁止行為が行われた場合，独占禁止法執行機関は，各行為について下表（出所：公正取引委員会HP）の措置を採り得る。

表　中国独占禁止法の措置体系

	独占的協定	市場の支配的地位の濫用	企業結合	行政権力の濫用
措置の内容	違法行為の停止命令 違法所得の没収	違法行為の停止命令 違法所得の没収	結合実施の停止命令 様式・資産の処分，営業譲渡等の措置による結合前の状態への復元命令	改善の命令 責任者の処分
制　裁　金	（実施後） 前年度の売上高の1％以上10％以下の制裁金 （実施前） 50万元以下の制裁金 （事業者団体） 50万元以下の制裁金	前年度における売上高の1％以上10％以下	50万元以下	
執行機関等	独占禁止法執行機関	独占禁止法執行機関	国務院独占禁止法執行機関	上級機関 （独占禁止法執行機関は，上級機関に対して処理についての意見提出）
関連条文	第46条	第47条	第48条	第51条

国務院が全人代に提出する前の案では，主要禁止行為に対する罰金（46～48条）は，10万人民元から1000万人民元又は前年度の当該違反関連市場の売上高の10％までとのみ規定され，上限・下限の額と，売上高を基準とする額との優先関係が不明瞭であり，1000万人民元という上限額が働くとすれば十分な制裁力を持ちうるか疑問があったが，公布された法律においては，いずれの場合に率又は額が適用されるかの区分が明瞭化され，独占的協定（実施後）及び市場支配的地位の場合，1000万人民元の上限は働かず，あくまでも売上高の10％が上限とされているので，独占禁止法施行開始段階としては，おおむね妥当な制

裁力が確保されたように思える。独占的協定の場合実施前と実施後が区別されていることも法適用の有効性を高めると評価できる。

(イ) リーニエンシー（以酌情減軽或者免除）　事業者が自主的に独占禁止法執行機関に対し独占協定の締結に係る情況を報告し，重要な証拠を提供した場合，独占禁止法執行機関は，情状を酌量して当該事業者に対する処罰を軽減又は免除できる（46条）。

本条に基づき処罰の軽減・免除が適用される基準・内容については，価格以外の独占協定等に対し権限を有する工商総局が公表した「独占協定の禁止に関する規定草案」において，「需要な証拠」の基準や減免の率（第1位報告者100%免除，第2位50%，第3位30%それぞれ減免）が明記されている[18]。価格に関する独占協定等に対し権限を有する発展改革委の解釈基準等の草案は，本年8月12日公表されたが減免についての具体的規定はない。

(ウ) 罰金額確定の考慮要素　46～48条に定める罰金について，独占禁止法執行機関は，具体的な罰金の金額を確定する際は，違法行為の性質，程度，継続期間等の要素を考慮しなければならない（49条）。

広範な裁量権が与えられていることが注目される。罰金（罰款）は，行政罰の性格を持つものと思われ，ドイツや韓国の独占禁止法と同様の法制であるといえる。一般的に，中国の行政機関には，日本などと比べると行政罰を科す権限が幅広く与えられている。

(エ) 民事責任　事業者が独占行為を実施し，他人に損失をもたらした場合，法に基づき民事責任を負う（50条）。

(オ) 行政独占に対する措置　上級機関が是正を命じる（51条）。直接責任を負う主管人員・その他直接責任者を法に基づき処分し得る。独占禁止法執行機関は，関連の上級機関に法に基づいて処分の意見を提出することができる。別段の規定のある場合は，その規定に従う。

(カ) 審査・調査妨害に対する措置　独占禁止法執行機関の審査・調査に対

して，関連資料・情報の提供の拒否，虚偽の資料・情報の提供，証拠の隠匿，毀損，移動，調査拒絶・妨害等の行為があった場合，独占禁止法執行機関は是正を命じるほか，個人については，通常の場合2万元，情状が重大な場合2万元以上10万元以下の罰金，事業者等については，通常の場合20万元，情状が重大な場合20万元以上100万元以下の罰金に処するほか，犯罪を構成する場合には，法に基づき刑事責任が追及される（52条）。

(キ) 知的財産権の適用除外　事業者が知的財産権に係る法律・行政法規の規定に基づき知的財産権を行使する行為は，本法を適用しない（8章55条）[19]。ただし，事業者が知的財産権を濫用し，競争を排除，制限する行為には，本法を適用する。

(ク) 農業生産者・農村経済組織の行為の適用除外　農業生産者・農村経済組織が農業製品の生産，加工，販売，輸送，貯蔵などの事業活動において実施する連合・協力行為には，本法を適用しない（56条）。

Ⅱ　中国独占禁止法の運用に振幅を与える要因

1　独占禁止委員会の設置，運用方針の公表等の遅れ

　独占禁止委員会の設置や各国務院独占禁止法執行機関の運用方針の公表が施行日前後まで遅れ，具体的な運用方針が速やかに示されなかった点などについて，筆者が国際経済法学会研究大会において報告を行った昨年11月1日(土)までの間に，おおむね次のようなことが新聞等により報じられていた。[20]

① 　中国の独占禁止法（反壟断法）は13年間の検討の末，一昨年8月第10期全国人民代表大会常務委員会第29回会議で可決されたが，自由な市場経済の指針としての役割を果たし得るか，中国国内外から期待と不安の目で見られている。
② 　中国最高裁は，7月30日，各裁判所に対し，独占禁止法を注意深く検討し，法を守るよう指示した。独占禁止法は極めて専門的で，経済問題と法問題が複雑に混じっており，企業や産業に大きな影響を与えるとし，独占禁止法の規定は抽象的で原

則を述べているため，具体的な事件では裁判所が問題に直面するとしている。
③　8月1日施行時点でも独占禁止法のガイドラインは公表されておらず，どう運用されるかは不透明のままである。執行機関は中国国家発展改革委員会，商務部，工商行政管理総局となっており，縦割行政の弊害が懸念される。独占禁止委員会もギリギリまで設立されなかったが，8月1日の施行日当日になって，ようやく設立が発表された。しかし，同委員会の看板は未だに掲げられていない。
④　中国国務院は，8月4日になってようやく事業者集中に係る届出基準等を発表した。[21]
⑤　独占禁止法との隣接領域である反不正当競争法の改正はまだ行われておらず，広範な改正項目について，時間を掛けて検討が進められているようである。[22]

以上のように，中国独占禁止法の関係機関は，その施行に当たって，積極的な姿勢を示しつつも，ゆっくりとスタートした。

2　独占禁止委員会及び各国務院独占禁止法執行機関間の連携が可能か？
(1)　独占禁止法執行機関が複数であることの問題点

独占禁止法施行機関は，日本のGHQ占領下のように多くの人々が独禁（競争）政策に無理解な状況がある中で独占禁止法の運用を行わなければならないような状況を除けば，単一の機関に権限が集中しているよりも，複数の機関に権限が分けられている方が，競争と協調のハーモニーによりダイナミックな独占禁止法の運用がなされ得るとの考えもあり得る。米司法省と連邦取引委員会との関係にその一例が見られるし，日本の公取委と検察当局との間にもそのような関係が生まれつつあるのかも知れない。

また，中国は，広大な国土を持ち，世界一の人口を擁する国家であり，地方分権制度が行き渡っている。独占禁止法の運用においても，複雑な組織形態が必要な理由がそこにある。

連邦制を取っている国々やEUの例を見ると，競争と協調のハーモニーに

よりダイナミックな独占禁止法の運用がなされるために，適度な権限分散（分業）と協力（協業）が大きな成果を上げているように見える。分業による協業，これはアダム・スミスが市場経済のメリットとして挙げた要素である。あまりに重複する権限付与や権限の過度の集中は，良好な結果をもたらさないだろう。

もっとも，米国やドイツの場合，地方の法執行機関は別として，中央政府の独占禁止法の法執行機関がせいぜい二つ（ドイツの独占委員会は，法執行機関ではない。），また，EUとしての法執行機関は一つなのに対し，中国の場合は，中央政府に三つの法執行機関があり，そのほか独占禁止委員会という企画・調整を任務とする機関がある上に，地方政府も執行権限を持つ。三つの法執行機関の間でガイドライン等の策定にバラツキが生じていることも前述したところであり，関係機関の間でダイナミックな競争と協調が繰り広げられるという状況には今のところほど遠いのではないか。

独占禁止委員会が各機関を指導し，調整する役割・責任は特に重要であるが，十分機能するかどうか，中国独占禁止法の執行にも影響を与えかねない問題であり，また，外国企業にとって，関係機関間の不統一が不利益を生じさせないよう，注視する必要がある。独占禁止委員会は，中国独占禁止法の執行を多数の機関が受け持つことによって，整合性のある公正かつ効果的な法運用が行われにくいと判断したときは，勇気をもって権限の一層の集約化の方向で法改正も含めた検討を行うべきであろう。

(2) 国営等の部門の事業活動の保護・行政独占・産業政策

ア 国営企業等非市場経済的分野の存在

国営等の部門に係る規定（7条）をみると，国営企業が支配的な分野では，これら分野における事業活動が消費者利益を守り，技術進歩を促進するとの条件の下に保護されるとされているが，国民経済全体に市場経済のメリットが及ぶためには，これらの分野の民営化さえ必要かもしれない。また，市場取引が支配的な分野では，独占禁止法の適用が有効性を持たなければならない。地方

政府などの公的機関・国営企業・公営企業が市場メカニズムを害する行動を採るときには，それを排除しなければならないが，5章のいわゆる行政独占の規制権限が独占禁止法施行機関には認められていない。このような規制権限の脱落は，市場経済を採用し，独占禁止法を導入する意義を著しく減殺してしまう危険性もある。産業政策への偏重が以上のような傾向に拍車を掛けてしまえば最悪である。

イ　産業政策と競争政策

　中華人民共和国は，人民民主主義独裁の社会主義国家であることが憲法第1条に規定され[23]，社会主義市場経済の健全な発展を促進するため，この法律を制定する旨が，独占禁止法（1条）に記載されている。したがって，中国独占禁止法の解釈においては，競争政策も産業政策も社会主義市場経済の理念の下に位置づけられなければならないはずである。日本のいわゆる「産業政策」の手法の中に参考になる部分が仮にあったにしても，その弊害面も考慮すると，そのまま役立つとはにわかには思えない。

　産業政策と競争政策との関係については，独占禁止法立法支援研究会においても，何度か取り上げられた。中国側参加者には，後発的な市場経済国である日本のいわゆる「産業政策」がやはり後発的な市場経済国である中国の市場経済においても参考になるのではないかとの期待があることが感じられた。同研究会において，日本側参加者は，日本のいわゆる「産業政策」については，a．第2次世界大戦中の軍国主義時代の経済統制の流れを汲むものであるとの指摘もあること，b．産業界からの反発もみられたこと，c．市場経済の健全な発展のためには，日本のいわゆる「産業政策」には，マイナス面もあったことを指摘した。また，仮に「産業政策」なるものを導入するとした場合，3つの条件（①政府は経済の各部分に生じている機能障害に関し，正確な情報を持っている，②政府は個々の機能障害に対して，効果的（effective）・効率的（efficient）な処置を加えるだけの行政的権限を持っている，③政府は採用した処置の間接的・長期的影響を正し

く見抜く能力を備えている⁽²⁴⁾）が必要であることを指摘した。

ウ　行政不服審査・行政訴訟や民事・刑事訴訟における公正な手続の保証（二審制，裁判官の非独立性等の問題）

　中国の裁判所は，最高法院・地方各級法院（基層法院・中級法院及び高級法院）などから構成され，四級二審制を採り⁽²⁵⁾，裁判官の独立性は保証されていないなどと聞くと，独占禁止法執行機関により独占禁止法違反に対し採られた措置に不服を申し立てたり，独占禁止法違反の被害に遭い損害賠償請求の手続を採ろうとしたりするときに，果たして適正な手続が保証されるのか，我が国の三権分立の司法制度に慣れたものからすると不安なしとしない。

　「人民法院は独立して裁判を行う」と法院組織法4条や民事訴訟法6条は規定しているが，これは法院の独立であって，合議体や裁判官の独立を意味するのではない。裁判が重大な問題に関わるときには廷長・院長に指示を請い，重大で，判断の難しい事件については院長が裁判委員会（院長主宰）の討議，決定に付し，裁判官と合議体は廷長・院長の意見を尊重し，裁判委員会の決定に服さなければならない。裁判委員会は，院長が主宰者で，決定においては，民主集中制が行われる。裁判官の質とレベルの向上を待たなければならないというのが中国の現状に適応するとの見方もある⁽²⁶⁾。中国は，人民民主主義独裁の社会主義国家であり（1条），その国家機構は，民主集中制の原則を実行する（3条）と憲法にも規定されており⁽²⁷⁾，三権分立の制度は採用されていない。独占禁止法違反事案に関し，どのような裁判が実際に行われるか，とりあえず見守るほかない。

3　中国の経済社会が直面する経済危機（経済成長の種々の歪み・矛盾の顕在化及び近時の世界金融・経済危機の影響）

　現在，昨年秋深刻化したサブプライムローンの破綻以降，民主主義の重い制約とは縁のない共産党主導の幹部10人での即時対応が中国の良好な経済政策の

パフォーマンスをもたらしている旨の記事が本年5月下旬新聞紙面を賑わせた。[28]確かに，中央計画経済システムの名残をとどめ，経済政策の権限が分散していない中国の経済政策の遂行が，財政金融政策等経済政策の立案が議会審議を経なければならず，野党ばかりでなく，与党内の論議をも十分尽くさなければ実施できない米欧日等の資本主義市場経済諸国の経済政策の遂行に比べスピードの面で勝っているという認識が生ずるのはもっともなことだと思う。

しかし，今後，落ち込んだ経済が再び成長軌道に乗って行く段階では，健全な市場経済の発展には不可欠であると考えられる国民各層の政治参加，企業の自主的な経営の確立，司法手続の改善等（三権分立への多少の歩み寄り）が遅れれば，成長の桎梏ともなりかねない。[29]

他方で，世界経済全体の成長がスローダウンする今こそ，適切な資源やCO_2排出権の先進国と発展途上国との間の再配分がなされやすいという面もある。中国が，日米欧等資本主義市場経済諸国との協力関係を維持しつつ，市場・政治への参加システムを改善し，独占禁止法の運用等経済諸法の運用を軌道に乗せ，資源・環境の制約下の政策課題を前進させる手だてを講じるならば，現在世界最大の外貨保有国であり，CO_2排出量において世界1位の米国にほとんど並び，現在なおプラスの成長を続けようとしている中国経済が引き起こす米欧日等資本主義市場経済諸国との摩擦は，少なくて済むであろう。

Ⅲ　外国企業が中国独占禁止法の運用において中国国内企業に比し不利な扱いを受けることを防止するため又は不利な扱いを受けた場合の対応策

(1)　中国の独禁当局と日米欧等の独禁当局間の定期協議・独禁協定締結

予防的には，中国独占禁止法の立法過程においては，日米欧の各国が立法支援の活動を行ってきたことを踏まえ，中国の独禁当局が日米欧等の独禁当局と定期協議・独禁協定締結等を通じ，緊密な連携を図ることによって，外国企業の活動が不当な制約を受けないようなスキームを形成していくことが重要であ

る。本年2月4日公正取引委員会松山事務総長が，中国競争関連当局幹部訪日研修について，JICAの協力の下，中国競争当局の局長・副局長クラスの幹部職員を招き，独占禁止法と競争政策に関する研修を2月9日～18日東京及び札幌において実施，幹部レベルでの意見交換も予定している旨述べた上で，昨年の中国独占禁止法の施行を踏まえ，今後は意見交換等を通じて，一層踏み込んだ協力関係の構築を図っていきたいと結んだこと[30]は，新たなスキルの形成に期待を抱かせる。

(2) 外国企業による中国独禁当局へのPR，事情説明

我が国企業を含む外国企業による中国独禁等局へのPR，事情説明等も不可欠であろう。もっとも，後述するように，事業者集中の審査で提出を求められるデータの膨大さ・労力を考えると，その努力は並大抵ではない。

(3) 中国独占禁止法等に基づく行政不服審査・行政訴訟の提起

不利な扱いを実際に受けた場合の対応としては，中国独占禁止法等に基づく行政不服審査・行政訴訟の提起があり得るが，二審制，裁判官の非独立性等により，所期の結果を得られないことも想定される。その場合には，WTO等への通報・提訴等も視野に入れなければならない。

(4) WTO等への通報・提訴等

かつて，米国が日本の流通の閉鎖性（その中には独占禁止法の運用に関係するもも含まれていた。）について，GATTの場に持ち込む動きを見せたこともあったと記憶している。独占禁止法の外国企業に対する適用又は内国企業に対する不適用に関し，WTO加盟国である中国に対し，WTO提訴をするという選択肢も十分あり得る[31]。

中国の独禁当局に対しては，独占禁止法の運用において内外企業を差別的に取り扱わないこと，競争政策的な判断基準に従って事案の処理の判断を行うことを望みたい。このことは，社会主義市場経済の理念を必ずしも否定するということではないし，当該理念に基づいて競争政策上のプライオリティを設定す

ることも，否定しない。幸いなことに，中国の独禁当局は，内外企業を差別的に取り扱うことはない旨再三表明している。

Ⅳ 中国独占禁止法の施行後の状況と見通し

1 中国独占禁止法の施行後の状況

昨年，中国独占禁止法の施行時から11月１日(土)までの間，おおむね次のようなことが新聞等により報じられていた。[32]

① 事業者集中規制については BHP Billiton の Rio Tinto 買収が取り上げられるのではないかと報じられている。中国独占禁止法は，国内の市場競争を排除するか，又は競争を制限する影響力のある「国外の独占行為」に対しても適用され得る。BHP Billiton は７月初め（独占禁止法施行前？）に商務部に届出を行ったと報じられている。中国の鉄鋼業界では，鉄鉱石は現在３社の独占となっており，このうち２社が合併すれば，大きな影響を受ける可能性があるとされていた。[33]

② 中国で独占禁止法が施行されたのを受け，北京のIT（情報技術）関連企業４社が国家品質管理検査検疫総局による傘下企業の商品認証システムへの加入強制は，独占禁止法上の行政独占に当たるとして，同局を提訴した。北京の第一中級人民法院（地裁）は９月４日，本件を却下した。訴えの期限が切れていることと行政手続法の規定を理由にしている。原告側弁護士は，現在も強制加入が続いており，期限切れではなく，控訴するとしている。

③ マイクロソフト社の独占禁止法違反に係る調査申請を正式受理（「法制日報」等）北京市の董正偉弁護士は2008年７月31日に商務部，工商総局，発改委３者に対し，マイクロソフト社の独占禁止法違反に関する調査申請と罰金10億ドルを求める意見書を提出。８月21日発改委価格監督司が調査申請を正式受理した旨の通知を同委から受け取っている。同弁護士は政府の迅速な対応について「商務部や発改委などの積極的な姿勢は独占禁止法の徹底に役立ち，中国の企業や人民による反独占運動を鼓舞するもの」と高く評価している。[34]

④ 2008年７月32日付け日本経済新聞は，「企業側は同法に抵触する恐れがある行為を相次いでとりやめ始めた。メーカーは販売店に対し価格拘束と疑われる行為を中

止し，業界同士の会合も慎重に行うよう改めた。スーパーはメーカーなどに対する優越的地位の乱用を疑われそうな行為をやめている。」と報じている。
⑤　2008年9月18日，コカ・コーラは，中国を代表するジュースメーカーである中国匯源果汁集団有限公司（特定のジュースでは，40％ものシェアを有するといわれている。）を約24億ドルで買収する旨発表，中国独占禁止法の規定に基づき商務部に事業者集中の届出を行った。

その後現在に至るまで，商務部独占禁止局は，事業者集中の届出に関して，以下の三つの決定を行っている。

(1)　インベブのAB社買収を条件付きで承認する決定[35]

商務部は，昨年9月インベブからの届出を受け，審査した結果，インベブのアンハイザー・ブッシュ（AB社）買収が中国のビール市場の競争原理を排除又は制限することはないと判断した。ただし，市場への影響を考慮して承認に条件を付した。AB社の青島ビールへの出資比率とインベブの珠江ビールへの出資比率をそれぞれ現行の27％，28.56％に維持するとともに，華潤雪花ビールと北京燕京ビールへの出資を禁止した。また，インベブの筆頭株主の持ち株比率の変更や筆頭株主の変更があった場合は，商務部に報告することを義務付けた。

(2)　コカ・コーラによる匯源果汁の買収を禁止する決定[36]

2008年11月20日商務部は，本件について正式に立件，審査を開始した。コカコーラによる匯源果汁の買収は，競争を排除し，制限する効果を有し，中国における果汁飲料市場の有効な競争と果汁産業の健全な発展に対して不利な影響を与えることになる（"美汁源"と"匯源"という果汁の有力ブランドが結合することは，果汁市場における支配力（控制力）を明らかに強め，炭酸飲料市場において既に有している支配的地位を及ぼし，集中することは果汁飲料市場への新規参入ハードルを明らかに高める。集中により国内の中小果汁企業の生存空間は狭められ，国内企業が果汁飲料市場において競争に参加，自己革新する能力を抑制する)。集中参加事業者は，

競争に対する集中の有利な影響が明らかに不利な影響より大きいか，社会公共利益に沿うものであることを証明できる十分な証拠を提供しておらず，また，定められた期間内に，不利な影響を減少する実行可能な改善措置を提出しなかったことに鑑み，この事業者集中を禁止する旨決定した。

(3) 日本の三菱レイヨンによるルーサイトインターナショナル（Lucite）買収について制限的条件を附加した上で承認する決定。[37]

昨年12月商務部は，一次審査を開始，本年2月20日に競争上問題ありとして，二次審査に入った。MMAの市場で合弁後のシェアが64％に達し[38]，2，3位よりはるかに高く支配的地位にあることが問題とされ，商務部は改善措置の検討を求め，提出された提案に基づいて修正協議した結果，本年4月24日商務部は，以下の条件で本件を承認した。

①能力除去　中国Luciteは5年間，生産能力の50％を第三者に原価（製造コスト＋管理費，利益なし）で供給する。原価は独立した監査人の監査を受ける。（買収後6ヶ月以内に行う。正当な事情があれば，さらに6ヶ月延長。）期間内にこれが出来ない場合は，商務部は独立した受託者を指名，中国Luciteを第三者に売却させる。

②上記期間中の扱い　上記の期間中は，中国Luciteは三菱レイヨンからは独立した管理体制で運営する。その間，両社は価格や顧客について情報交換しない。この約束に反した場合，25万〜50万元の罰金を課す。

③5年間の新事業禁止

商務部は，(2)の禁止決定の公告において，届出事業者が証拠や改善措置を提出しなかったことを決定の理由としており，今回の集中が「競争を排除し，制限する効果を有する」という結論を出すのに必要な関連市場シェア及び市場支配力の経済分析過程と具体的な関連データを詳しくは説明していないが，この点日米欧の独禁当局に比べると審査上の負担が届出事業者に転嫁されているのではないかと思わせる。しかし，商務部が，有力ブランドが結合することによ

る市場支配力が果汁市場への新規参入や中小事業者の競争力の抑制効果を重視していることは明らかであり，一定の説明責任を果たしているようにもとれる。

(1)及び(2)の決定では，条件付き承認ということなので，集中参加事業者が粘り強く，情報提供し，交渉する姿勢が必要とも思われる。もっとも，(3)の決定で付与された条件は，5年間はほとんど結合関係が禁止されているのに近いようにも見える。

結果的に，外国企業の取得が審査の対象になったことは，「外国投資者の国内企業買収に関する規定」によっては，規制できなかった事業者集中を規制し得るようになったことを意味しているのかも知れないが，ことさらに外国企業と国内企業を差別的に扱っているということには，必ずしもならないだろう。現状では，まだ存在する外国企業と中国企業の経済力の差が反映されているだけのことかも知れない。いずれにしても，注視する必要があるし，中国市場に影響するM&Aを企画する外国企業は，相応の説明・資料提供交渉が必要となる場合があることを，覚悟しておく必要がある。

2 見通し

(1) 中国の経済社会が現在直面する困難な状況の中で，試行錯誤を繰り返しながらも中国独占禁止法及びWTOルールが中国官民そして内外企業の共通の取引ルールとして次第に認識されて行くことを期待する。外国企業は，中国市場もこのような国際ルールの適用の場であること，そしてこれらの分野における中国に固有なルールが存在することをも十分認識し，それを踏まえて，社内体制を整えて行動する必要がある。

(2) 資源制約や環境問題，政治的な参加の拡大，さらに現在世界経済が直面する金融市場を中心とする経済危機等の諸問題を克服すれば，超市場経済大国となることも夢ではないかも知れない。しかし，その際，米欧日等資本主義市場経済諸国の関係機関との連携の下に，中国独占禁止法及びWTOルールが

適切に運用されることは，不可欠の条件である。なお，中国においても，資源制約や環境問題（大気・水・土壌の汚染，地球温暖化＝CO_2の排出削減等の政策遂行において，独占禁止法の運用を中心とする競争政策が一定の役割を果たし得る(39)ことは留意すべきである。

(3) 郷鎮企業，経済特区，株式市場等市場経済形成に見せた活力や中国政府職員とディスカッションした際彼らが見せた多様な見解・知識レベルの急速な進歩・欧米の競争政策当局との討議の際感じるのに似た雰囲気を思い浮かべるとき，中国がより徹底した市場経済体制を作り上げることには多くの困難があるにしても不可能であると断定することはできない。

(1) このような報告を行った背景としては，独立行政法人国際協力機構（JICA）と中国商務部が2004年11月にスタートさせた「経済法・企業法整備プロジェクト」（注(9)，注(30)も参照）の一環として，北京において開催された独占禁止法立法支援研究会（以下本文も含め「独占禁止法立法支援研究会」という）等に，筆者も専門家の一人として8回に亘って参加したことがある。その際の議論の一端については，拙稿「中国経済法・企業法整備プロジェクト 独占禁止法立法支援研究会に参加して」（公正取引 No.661 2005.11）参照。
(2) そのほか，例えば，価格法，その関連規定「価格独占行為の制止に関する暫定規定」（価格カルテル，再販売価格維持行為，不当廉売，差別価格等を規制対象），さらに「外国投資者の国内企業買収に関する規定」など（森・濱田松本法律事務所 射手矢好雄・石本茂彦「中国ビジネス必携2009」ジェトロ（日本貿易振興機構）等参照）。
(3) 全国人民代表大会常務委員会法制工作委員会編・安建主編「中華人民共和国反垄断法釈義」法律出版社2007.10参照。独占禁止法の制定に多年を要したということで想起されるのは，最初の法案策定から8年余りを要したドイツの競争制限禁止法の制定である（拙稿「ベルリンからみた競争政策[2]」（公正取引 No.452 1988.6）参照）。
(4) 中国独占禁止法の原文は，http://www.gov.cn/flfg/2007-08/30/content_732591.htm 参照。日本語訳については，公正取引委員会訳（公正取引 No.685 2007.11），JETRO訳（http://www.jetro.go.jp/world/asia/cn/law/pdf/invest_030.pdf）等も参照した。
(5) 中国独占禁止法と欧米日本などの独占禁止法との異同については，松下満雄「中国独占禁止法についてのコメント」（公正取引 No.685 2007.11），川島富士雄「中国独占禁止法の執行体制と施行後の動向」（公正取引 No.700 2009.2）等参照。川島富士雄「中国独占禁止法～執行体制・実施規定・具体的事例～[上][中][下]」（国際商事法務 Vol.37，No.3・No.6，No.7，2009）は，中国独占禁止法の執行体制等について詳しい。

(6) 中国におけるいわゆる行政独占規制については，陳乾勇「中国における『行政独占』規制の実態」（国際商事法務 Vol.37, No.1, 2009）を，旧社会主義国等におけるいわゆる行政独占規制については，陳乾勇「競争法による『行政独占』規制の手続と実態～中国・ロシア・ウクライナの比較～」（国際商事法務 Vol.36, No.12, 2008）を参照。

(7) 価格に関する独占協定は発展改革委員会，それ以外は工商総局が担当するということで，前掲川島注(5)論文（国際商事法務 Vol.37, No.3・No.6, 2009）によれば，事務処理細則・ガイドラインは調整等に手間取っているようで，未だに完備していないとのことである。筆者は，「届出制で適用除外をチェックするのは，行政コストがかかる。事前相談制度で独占禁止法の適用を除外するか否かを明らかにする方法を模索した方がよいのではないか」と累次の独占禁止法立法支援研究会等でアドバイスしてきた。

(8) 2007年夏に発表された国内業界団体が特定の食品の価格固定を援助しているという報告が事業者団体を対象とする規定を追加する契機となったとの指摘がある（ネイサンG. ブッシュ・内藤裕史「中国独占禁止法の施行と今後の課題」（国際商事法務 Vol.36, No.9, 2008））。

(9) 注(2)に挙げた法令のほか，例えば小売業者販売促進行為の管理規則（「零售商促销行为管理办法」2006年6月9日商務部，発展改革委，公安部，税務総局，工商総局第18号令として公布，同年10月15日施行）及び小売業者供給業者公平取引管理弁法（「零售商供应商公平交易管理办法」2006年10月13日商務部，国家発展改革委員会，公安部，税務総局，工商総局第17号令として公布，同年11月15日施行）にも，日本の不公正な取引方法に該当する行為（18号令は虚偽表示，17号令は取引上優越した地位の濫用）が含まれている。松下満雄教授が前掲論文（注(5)）において取引上優越した地位の濫用規制の必要性を指摘されているが，2005年末17号令及び18号令の立案の段階で，中国経済法・企業法整備プロジェクト 市場流通法サブプロジェクト第2回研究会が開催され，日本型の取引上優越した地位の濫用規制の中国における流通規制に導入する案について検討した際，私を含む日本側専門家は，①契約法（民・商法）に基づく契約遵守の取引社会を作ることがまず必要であること，②もし日本型の優越的地位の濫用規制を導入することを検討するのであれば，そのような必要性が経済実態に顕在化しているかの確認が必要であることを指摘した。各企業の独立心，主体的な権利意識が市場経済の運営に当たっては重要だと考えたからであるが，17号令が公布されることになった背景には，当時，商品供給業者への商品代金を滞納しながら事業を拡大し大儲けをする小売業者も少なからず存在し，Price Smart（普尓斯馬特）事件等被害を受けた納入業者により引き起こされた直接行動が深刻な社会問題になっていたことが挙げられる。このような悪質な小売業者の違法行為を規制するため，商務部は，2006年9月から，公安部，税務総局，工商総局などの部門と共同して，小売業者の詐欺行為の取締りを行うとともに17号令を公布したのである（金杜法律月報2006年10月No.6＆11月No.7 http://Kingandwood.com 参照）。

(10) 商務部独断局が相次いで公表した各ガイドライン及び草案の原文は，商務部反独断局

http://fldj.mofcom.gov.cn/aarticle/zcfb/zcfb.html を参照。その概要及び解説は，山田香織「中国独占禁止法〜企業結合ガイドラインから読み取れる法運用の見通しと日本企業への影響〜」（国際商事法務 Vol.37, No.4, 2009）及び前掲川島注(5)論文（国際商事法務 Vol.37, No.6, 2009）を参照。

(11)　前掲川島注(5)論文（国際商事法務 Vol.37, No.6, 2009 P.792）は，「関連市場の画定」において，米欧日では明確に扱われていない「技術革新市場」や「地方性法規の存在による小さな地理的市場」に言及されていることを指摘している。独占禁止法立法支援研究会等で，企業結合審査については，市場の状況に応じた運用が必要であることを筆者は指摘した。国際貿易（特に輸入）が活発であるか，技術革新が活発で市場が流動的であるか等の要因をよく考慮に入れて審査するべきであると述べた。また，「小さな地理的市場」について，我が国の経験（我が国の企業結合審査においても，小売業や中央卸売市場などの場合，地域的な市場を重視する企業結合審査がかつては行われていたことを筆者は思い出す。地方の企業結合事例の審査では，こまかい県や市町村の取引分野性を重視しすぎており，企業結合参加事業者に過大な資料の提供を求めていた印象を筆者は持っている）に基づき，「いつでも他の地域からの参入が期待されるような場合に，小さな市場の競争制限の可能性を過大評価してはならない。もっとも，全く問題が生じ得ないというわけではないから，申告や一般からの意見に常に耳を傾け得るようにしておく必要はある。」旨アドバイスしたことがある。さらに，法的手続を採る場合に比べ事前相談を受け付ける場合のメリットも指摘し，併せて，事前相談のデメリットである密室性を打破するため透明性の確保が必要であることも指摘した。事前相談については，我が国の制度を参考にしていることは，たくさんの情報を提供しているところから見て間違いはないが，ドイツの企業結合審査においても，事前相談は可能であることが明示されていたことはつけ加えておく。

(12)　黄勇対外経済貿易大学法学院教授の論説の中国語原文は，次のとおり。「尽管対行政垄断在法律規制上存在着很大的缺陥，甚至我有時候説它是无牙歯的老虎，因為原来在行政垄断的査処上徹底排除了反垄断執法机构的執法权，但是終審時加上了一个執法机关的建議权，这是小小的進歩。」（「如何看待反垄断法出台的現実意義」《南方周末》2007-9-6）。

(13)　前掲陳乾勇「中国における『行政独占』規制の実態」参照。

(14)　我が国の官製談合防止法においても，入札談合に関与した発注機関の職員に対する調査・訴追等の権限は公取委には与えられておらず，発注機関の権限である。我が国のいわゆる行政独占に関する研究としては，陳乾勇・鈴木満「我が国における『行政独占』規制の実態」（国際商事法務 Vol.37, No.1, 2009）がある。また，EC 条約 3, 10, 81 条は，加盟国に競争ルールの効力をなくすかも知れない措置の導入・適用をしないことを要求しているとの指摘もある。

(15)　中華人民共和国憲法第15条は，次のように規定している。「国家は，社会主義市場経済を実施する。国家は，経済立法を強化し，マクロ的調整を十全なものとする。」（『ア

ジア憲法集［第2版］』明石書店，2007年所収「5　中華人民共和国」解説・訳小田美佐子）なお，1993年第2次改正以前の1982年憲法には，「国家は，社会主義的公有制を基礎として，計画経済を実施する。国家は，経済計画の総合的均衡と市場調節の補助的作用を通じて，国民経済のつり合いのとれた発展を保証する。」（薫成美編著・西村幸次郎監訳『中国憲法概論』成文堂，1986年初版第2刷）と規定されていた。

(16) 公正取引委員会のHP（7章46，47，48，51各条）世界の競争法　中華人民共和国 http://www.jftc.go.jp/worldcom/html/country/china2.html）より引用　ただし，この表では，罰金（罰款）を制裁金と表記している。

(17) 前掲拙稿40～47頁参照。

(18) 前掲川島注(5)論文（国際商事法務 Vol.37, No.6, P.792, 793, No.7 P.955, 2009）。

(19) 我が国の独占禁止法21条は知的財産権の権利の行使と認められる行為には適用しないと規定しているが，一般に，本条は本来当然のことを確認したものに過ぎない確認的適用除外であると理解されているので，このような規定を置くことの意味はあまりないようにも思えるが，知的財産権の侵害を防止することが課題となっている中国において，このような規定を置き，併せて知的財産権の濫用は規制され得ることを明確に規定しておくことの意義はある。

(20) 新京報，人民日報，新華社，法制日報等のHPを参照した。

(21) 2009年1月中国商務部垄断局が複数の事業者集中に関するガイドライン（案）を公表したことは，前述のとおり（85頁参照）。

(22) 中国の現行「反不正当競争法」には，11の禁止行為類型のうち，虚偽公告，不当廉売，抱き合わせ販売，不当景品，入札談合といった日本の独占禁止法の不公正な取引方法などに該当する行為類型5つが含まれ，中国独占禁止法と重複し得る部分があり，独占禁止法との役割分担を明確化する必要がある。

(23) 前掲注(15)『アジア憲法集［第2版］』によれば，憲法第1条は，「中華人民共和国は，労働者階級の指導する，労農同盟を基礎とした人民民主主義独裁の社会主義国家である。」と規定している。

(24) 伊藤元重・清野一治・奥野正寛・鈴村興太郎『産業政策の経済分析』東京大学出版会，1988年。

(25) 小嶋明美『現代中国の民事裁判』成文堂，2006年，119頁参照。

(26) 小嶋明美『現代中国の民事裁判』成文堂，2006年，68，69頁参照。

(27) 前掲注(15)『アジア憲法集［第2版］』参照。

(28) 2009年5月24日(日)朝日新聞朝刊「世界変動マネーの模索[1]」。

(29) 中国経済が現在直面している諸問題については，例えば関志雄「中国研究報告　日本経済研究センター」2009年4月9日付け日本経済新聞経済教室参照。

(30) 公正取引委員会では，この中国競争当局に対する技術協力は以前から実施してきたところで，例えば，平成10年から10年間にわたって，一般の職員に対する訪日研修を毎年実施，平成17年には，幹部クラスの研修を実施（累積約100名に実施）したほか，中国

国内で行う独占禁止法に関する研究会やセミナーなど（筆者注：独占禁止法立法支援研究会等を指す。）へ，当委員会の職員や日本国内における経済法の研究者を講師として派遣，こうした技術協力活動を通じて，日中の競争当局は密接な関係を構築してきたと理解している（http://www.jftc.go.jp/teirei/h21/kaikenkiroku090204.html 参照）。

(31) 本年6月24日付朝刊各紙によれば，米・EUは「鉱物輸出の制限（関税・数量）」を理由としてWTOに提訴したと報じている。なお，独占禁止法立法支援研究会においても，輸出カルテルや輸出数量制限がWTO違反に問われかねないことは，指摘してきたところである。

(32) 新京報，人民日報，新華社，法制日報等のHPを参照した。

(33) 2008年11月25日シドニー発ロイターよれば，英・豪系資源大手BHPビリトンは，同業リオ・ティントに対する買収提案を撤回すると発表した。市場環境の悪化に加え，欧州委員会が買収認可の条件として鉄鉱石・石炭事業双方の売却を求めたことが理由。これを受け，本件について審査中であったEU，中国，日本等の独禁当局は審査を中断した。

(34) 2008-08-26配信 http://www.recordchina.co.jp/group/g23209.html。

(35) 2008-11-18 2008年第95号公告（商務部公告英博公司収購AB公司案反垄断審査的決定）中国商務部は2008年11月18日ベルギーのビール大手インベブによる米同業のABの買収を条件付きで承認したと発表した。中国が「独占禁止法」に基づき審査した初のM&A案件。両社は08年7月インベブが1株70米ドルでABの全発行株式を買収することで合意。両社は中国事業をともに展開しており，インベブは中国の高級ビール市場で最大のシェアを持つABのバドワイザーブランドを手中に収めることになった。両社の2007年の中国での売上高はインベブが57億6400万元，ABが44億9000万元であり，国務院が定める届出基準に達した（2008年11月19日配信 http://www.recordchina.co.jp/group.php?groupid=25990）。

(36) 2009-03-18中华人民共和国商务部公告2009年第22号 http://www.mofcom.gov.cn/aarticle/b/c/200903/20090306108617.html。

(37) 2009-04-24中华人民共和国商务部公告2009年第28号。

(38) 中国ではLuciteが上海にACH法MMAモノマー10万トンのプラントを稼動させている。また，三菱レイヨンの100％子会社の恵州恵菱化成有限公司が広東省恵州市大亜湾経済技術開発区で2006年12月に直酸法MMAモノマー7万トンで生産を開始したが，2万トンの増強を決めている（knak.cocolog-nifty.com/blog/2009/04/lucite-internat.html 参照）。

(39) 拙稿「競争政策・競争法は，環境問題の解決にいかに貢献できるか？——平成14年度公正取引委員会委託調査報告書「環境等に関して生ずる市場の外部性の問題と競争政策—理論的・実証的研究の枠組みの検討—」」公正取引 No.639・No.640参照。

（首都大学東京法科大学院教授）

論　説　第2分科会：公法系

ガット・WTOにおける最恵国待遇原則と一般特恵制度の関係

小 寺 智 史

Ⅰ　はじめに
Ⅱ　ガットにおけるMFNとGSPの関係
　1　GSPの成立
　2　ガット体制におけるGSPの性質
　3　特恵に対するコンディショナリティ
Ⅲ　WTOにおけるMFNとGSPの関係
　1　ガットからWTOへの移行
　2　EC特恵事件
Ⅳ　おわりに

Ⅰ　はじめに

　WTOの基本原則である最恵国待遇原則（以下，MFN）に対しては，WTO諸協定上，様々な例外が設けられているが，そのなかでも一般特恵制度（以下，GSP）はその形成過程からして，他の例外とは異なる特別の地位を占めている。GSPはガット時代の南北対立を背景として成立し，先進国と途上国との間の発展格差を是正し，加盟国間の実質的平等を達成するための象徴的事例として捉えられてきた。その反面，MFNは加盟国間の格差の維持・拡大に寄与することが批判され，両者は原理的対立を内在するものとして把握されてきた。このような経緯から，MFNとGSPの関係は，ガット・WTOという多数国間条約レジームにおける南北問題及び「開発」の位置づけを示す指標としての意

義を有しているといえる。

　本稿は，MFN と GSP の関係という観点から，現在の WTO 体制における南北問題の位相の一側面を明らかにすることを目的とするものである。特に，現在のドーハ・ラウンドの停滞は，WTO における開発の位置づけを不透明なものとしている。そのような文脈のなかで，本稿は MFN と GSP の関係という古典的な問題に，WTO 成立以降の動向を踏まえたうえで改めて検討を加えるものである。

　以下ではまず，ガットにおける MFN と GSP の関係について概観する（Ⅱ）。続いて，WTO 成立以後の変容を指摘した後，近年，両者の関係に関してはじめて判断が下された「EC 特恵事件」を取り上げる（Ⅲ）。結論では，同事件の評価を中心に，MFN と GSP の関係という問題が指し示す WTO 体制における「開発レジーム」の位置づけについて検討を加える（Ⅳ）。

Ⅱ　ガットにおける MFN と GSP の関係

　GSP はガットに導入されて以降，その法的地位が次第に確立していくことになるが，しかし他方で，ガットの基本原則である MFN との関係は不明確なままであった。両者の関係は特に，ガットにおける GSP の位置づけ及び特恵に対するコンディショナリティの問題として現れることになる。

1　GSP の成立

　GSP がガットに導入されたのは，1960年代の脱植民地化の文脈においてである[2]。政治的独立を達成した新興諸国は，諸国間の発展格差が既存の国際経済秩序の構造に由来するものであると捉え，新国際経済秩序（以下，NIEO[3]）の樹立を試みるに至る。戦後，IMF と世界銀行と共に国際経済秩序の一翼を担っていたガットも，途上国の厳しい批判の対象となった。

　特に途上国によって批判されたのが，ガットの基本原則である相互主義と

MFNである。途上国は，この両原則がいずれも，諸国間の事実上の格差を捨象する絶対的・形式的平等に立脚するものであり，先進国―途上国間の発展格差を維持・拡大するものであると批判した。さらに途上国は，形式的平等にとってかわるものとして実質的平等を主張し，事実上の格差を積極的に法的考慮に取り込み，国際社会の弱者に対して有利な待遇を認めることで「結果・果実の平等」を確立する必要性を強調した。

相互主義については，1964年にGATT第4部が採択され，先進国―途上国間に相互主義が適用されないことが規定された（GATT36条8項）。他方，MFNに関しては，途上国のみに特恵を認めるためのGSPのあり方が模索され，まず1971年にウェーバーによって10年の期限つきで認められた後，1979年にはいわゆる「授権条項」によって，ガットにおけるGSPの法的地位が永続的に確立された。授権条項は以下のように規定し，MFNからの逸脱を認めると同時にその要件を定めている。

1．加盟国は，一般協定第1条の規定にかかわらず，異なるかつ一層有利な待遇を，他の加盟国に与えることなしに開発途上国に与えることができる。
2．1の規定は，次のものに適用する。
 (a) 先進加盟国が開発途上国を原産地とする産品に対し，一般特恵制度（注3）に従って与える特恵関税待遇
  （注3：「開発途上国の利益となる一般的，非相互主義的かつ無差別（non-discriminatory）の特恵制度」の設立に関する1971年6月25日の締約国団の決定に定められているような一般特恵制度）
  （中略）
3．この文書に基づいて与えられる，異なるかつ一層有利な待遇は，
 (a) 開発途上国の貿易を容易なものとし，かつ促進するように，及び他の加盟国の貿易に対して障害または不当な困難をもたらさないように策定されなければならない。
  （中略）

(b) 先進加盟国による開発途上国に与えられる場合には，開発途上国の開発上，資金上及び貿易上のニーズ（development, financial and trade needs）に積極的に応じるように策定され，かつ，必要な場合には修正されなければならない。

（後略）

　以上のように，授権条項によってガットにおける法的地位が確立したGSPであるが，MFNとの関係という問題は，ガット体制におけるGSPの性質及び特恵に対するコンディショナリティをめぐって実際に具体化した。

2　ガット体制におけるGSPの性質

　まず，ガット体制におけるGSPの性質に関して，GSPはガットの基本原則であるMFNからの一時的な例外にすぎないのか，それともガット体制において自律的な制度を構成するものであるのか，という2つの対立する見解が表明された。[8]

　一方では，GSPはあくまでもMFNに対する一時的な例外にすぎず，途上国はいずれGSPを卒業し，MFNを基軸とするリベラルな国際経済秩序へと回帰するものである，との見解が示された。例えば，GSPを，すべての自由貿易の拡大を基本目的とするMFNに対する「整合的例外」として捉える見解[9]や，途上国がリベラルな世界秩序に適合するための「アファーマティブ・アクション」とみなす見解などはその典型である。[10]

　それら見解はGSPを，MFNを基本原則とする一般制度の階層性に服せしめるものであるが，その根拠となったのが授権条項中のいわゆる「卒業条項」の存在である。授権条項第7項は，開発途上国は，自国の経済の漸進的な発達及び貿易状況の改善に応じて，「一般協定に基づく権利及び義務の枠組みに更に十分に参加することを期待する」と規定し，発展段階の向上に応じて，途上国がいずれ一般協定の枠組みへと回帰することを予定している。このような見解は，MFNを基本原則とするガット体制の一元的構成を前提とするものであ

り，そこで GSP は同体制のなかで例外として下位に位置づけられている。

他方で，GSP が，ガットにおいて先進国—途上国間に妥当する自律的な法制度を構成し，MFN と並存するものであると捉える見解も存在した。ガットの二元的構成を前提とする見解は主に，一部の「開発の国際法」[11]論者によって展開されたものである。[12]同論者たちは，実質的平等の発現を「規範の二重性 (dualité des normes)」[13]として概念化する過程で，MFN と GSP とを同一の権威を有するものと捉え，[14]さらに GSP がガットという多数国間条約レジームにおいて，先進国間を規律する MFN と並行的なレジームを形成するものであると主張した。[15]同見解は，GSP を一種の「自己完結的制度 (self-contained regime)」[16]と位置づけるものと捉えられうるが，その背景としては，次の2つの点を指摘することができる。

第1に，開発の国際法と NIEO との連動性である。開発の国際法とは，発展格差の是正を目的に「国際法の精力的な見直し」[17]を試みるものであったが，NIEO との連動によって同論は，既存の秩序に対する対抗言説としての性質を帯び，[18]それが GSP の性質決定に関する議論に影響を及ぼしたとみなすことができる。

第2に，先進国—途上国間の独自の紛争処理手続の存在である。1966年4月5日に締約国団によって採択された「23条に関する手続」[19]（以下，1966年手続）は，先進国—途上国間に生じる紛争について一般制度とは異なり，事務局長によるあっせん，パネル設置の自動化，各手続段階の期限の設定及び集団的行動の可能性を規定するものであった。この点，先進国—途上国間の紛争に限定した独自の手続がガット時代に存在していたということも，[20]GSP を原則レベルのみならず，手続レベルにおいても一般制度と区別される，一種の自己完結的制度とみなす見解の背景として指摘することができよう。

3　特恵に対するコンディショナリティ

　他方で，MFN と GSP の関係が実際に問題となったのは，特恵に対するコンディショナリティの付与に関してである。GSP においては，特恵対象品目の選択は特恵供与国である先進国の完全な裁量に委ねられるが，問題となるのは，特恵受益国の選択についても先進国の裁量が認められるのか，という点である。つまり，ある途上国に対してだけ特恵を与えることができるのか，それともある途上国に対する特恵は他のすべての途上国にも MFN を通じて均霑するのか，という問題として現れた。この点，米国は1976年の GSP の供与を開始して以降，受益国の選定について規定を設けており，EC も1980年代後半以降，GSP 受益国の選別基準を導入したが[21]，それら基準によって特恵を受ける途上国とそれ以外の途上国との間に区別が設定されることになり，GSP に対しても MFN が適用されるのか否か，という問題がコンディショナリティとの関連で提起されることになる。

Ⅲ　WTO における MFN と GSP の関係

　上述のように，MFN と GSP の関係という問題は，ガット体制における GSP の性質と特恵に対するコンディショナリティをめぐって展開された。しかしガット時代にそれら問題について判断が示されることはなく，それら議論が実際の解釈において有する意義については依然として不明確なままであった。他方で，ガットから WTO へと移行することで，MFN と GSP の関係を取り囲む状況は変容し，さらにパネル・上級委員会によってはじめて司法的判断が下されることになる。

1　ガットから WTO への移行

　1986年に開始されたウルグアイ・ラウンドの結果，1995年にガットは WTO へと移行することになったが，それと並行して，MFN と GSP の関係をめぐ

る状況は大きく変容した。

　第1に,南北対立の図式の変容である。1980年代のラテン・アメリカ諸国の債務危機などによって途上国全体の力が脆弱化すると同時に,旧ソ連の崩壊は経済自由主義への対抗理念の消滅をもたらした。また,ウルグアイ・ラウンド交渉でも明らかなように,農業などイシューごとに先進国と途上国の連合が形成され,ガット時代にみられた途上国の団結性が失われることになった。さらにNIEOの頓挫によって,開発の国際法に対する関心は低下し,規範の二重性についても「時代遅れ」とみなされるようになる。

　第2に,ウルグアイ・ラウンドにおける一括受諾方式の採用により,WTO体制の一体性が確保されることになった。その結果,WTO諸協定中の「特別かつ異なる待遇（Special and Differential Treatment, S&DT）」規定も経過規定や原則規定など,途上国が一刻も早くWTO体制に順応する手段としての意義が強調されるに至った。さらに,ガット時代にはその法的地位が不明確であった授権条項も,「その他ガットの締約国団が行った決定」（1994年GATT 1条(b)(iv)）として,1994年GATTの一部として取り込まれることになった。

　第3に,WTOでは紛争処理手続の「司法化」が進み,ガット時代に曖昧であったMFNとGSPの関係という問題について,パネル・上級委員会による法的判断が下される制度的基盤が整った。また,WTOでは,東京ラウンド以降の「フォーラム・ショッピング」として批判された協定ごとの紛争処理手続が一元化され,先進国―途上国間の紛争を処理することを目的に設立された1966年手続もその実質的意義を失い,一般手続に吸収された。

2　EC特恵事件

　このような変容のなかで,MFNとGSPの関係について,はじめてパネル・上級委員会の判断が示されたのが「EC特恵事件」である。同事件は,麻薬対策など一定の要件を充足するとECが判断した途上国に対して,他の途

上国よりも一層有利な特恵待遇を認める EC の特恵制度が，MFN を定める GATT 1 条 1 項に違反し，授権条項などによっても正当化されえないとインドが申し立てたものである。

(1) 当事国の主張　　MFN と GSP の関係という問題にとって特に興味深いのが，立証責任及び GSP への MFN 適合可能性に関する両当事国の主張である。インドは，授権条項は GATT 1 条 1 項の「例外」であり，積極的抗弁として援用されるものである，よって，インドとしては本件で問題となっている EC の措置が，GATT 1 条 1 項の *prima facie* な違反を立証するだけで十分であると主張した。[29] それに対して EC は，授権条項はウェーバーではなく *sui generis* な決定であり，WTO 協定の基本的な趣旨及び目的のひとつである S&DT 実現のための主要な手段である[30]，よって，授権条項は，積極的抗弁としてではなく「自律的権利」としてみなされるべきであるとの立場をとった[31]。EC によれば，授権条項は GATT 1 条 1 項と並列的に存在する「自律的制度（self-standing regime）」[32]であり，MFN（GATT 1 条 1 項）の適用は完全に排除される。また，立証責任についても，申立国であるインドが，本件制度と授権条項第 3 項(c)の諸条件と適合しないことを立証しなければならないと主張した[33]。

すなわち，ガット時代に曖昧であった GSP の地位及び特恵に対するコンディショナリティの付与という 2 つの問題が，立証責任及び授権条項対象措置への MFN 適用可能性という主題を通じて争われることになった。

(2) パネル・上級委員会報告　　では，このような見解の対立に直面したパネル・上級委員会はどのような判断を下したのであろうか。

パネルはまず，授権条項の WTO 諸協定上の「法的機能」を，20 条など他の例外規定と同一視し，GATT 1 条 1 項の「例外」として性質決定した[34]。そのうえで，立証責任に関しては，インドの主張を全面的に受け入れ，本件制度が授権条項と適合していることの立証責任を EC に負わせた[35]。また，MFN の適用可能性について，授権条項は GATT 1 条 1 項の適用を排除しないと判断

し，その結果，本件で問題となっている EC の制度が GATT 1 条 1 項に違反し，かつ授権条項第 2 項(a)の「無差別性（non-discriminatory）」にも反するため，同違反を授権条項によって正当化することはできないと結論づけた。つまり，パネルは，授権条項（GSP）が GATT 1 条 1 項（MFN）の「例外」であるということ，GSP についても MFN が適用されるということ，及び授権条項中の無差別性の基準により，およそすべての場合において，途上国に対し区別なく同一の特恵関税を付与しなければならないと判断した。

上記のパネル判断に対して，EC は，授権条項を例外として性質決定する際，パネルが授権条項の内容，文脈，趣旨及び目的を検討しておらず，とりわけ授権条項が開発の国際法の基本原則である S&DT の最も具体的，包括的かつ重要な適用であるという事実を考慮していないと主張した。そのうえで，GSP が途上国のための「特別なレジーム」であり，MFN の適用を排除するものであることを改めて強調した。

上級委員会はこのような EC の主張に対して，パネルと同様，授権条項を GATT 1 条 1 項の「例外」として性質決定した。また，趣旨及び目的に関して，WTO の目的は例外規定のもとでの措置を通じて追求されうるものであり，授権条項を例外として性質決定することは，異なる一層有利な待遇を与えるまたは受け取る加盟国の権利をまったく損なうものではない，と指摘した。さらに GATT 1 条 1 項の適用可能性についても，授権条項がその適用を排除しないというパネル判断を支持した。

より重要な点は，授権条項適合性に関する上級委員会の判断である。すなわち，パネルが授権条項第 2 項(a)の無差別性の要件を，一定の場合を除き「すべての途上国」と解したのに対して，上級委員会は第 3 項の要件を満たす限りにおいて，途上国のニーズに応じた異なる取り扱いを認め，①関税特恵が対応すべきニーズが「開発上，資金上及び貿易上」のものに限られ，かつそれが「客観的」な基準にしたがって評価されなければならない，②特恵待遇と途上国の

ニーズが改善されることの蓋然性との間に,十分な連関(sufficient nexus)が存在しなければならない,という2つの判断基準を示した[43]。

つまり上級委員会は,これら2つの基準を満たし,かつこのニーズを有するすべての受益国が利用可能である限りにおいて,仮にすべての途上国に同一の特恵が与えられていないとしても,第2項(a)の無差別性要件に反しないと判断した。EC特恵事件において上級委員会は上記2つの基準の適合性判断に踏み入ることなく,ECの特恵制度が第2項(a)の無差別性要件に反すると認定した[44]が,同判断は,途上国の間にニーズに応じて区別を設けることを認めるものであり,きわめて重要な意義を有するものであると評価することができよう[45]。

Ⅳ　おわりに

これまでガット・WTOにおけるMFNとGSPの関係という問題について概観してきたが,その結果,ガット時代に曖昧であった問題,すなわちガット体制におけるGSPの地位及び先進国によるコンディショナリティ付与の妥当性という2つの問題について,近年の「EC特恵事件」で判断が下されたという経緯を確認することができたと思われる。最後に以上の検討をふまえたうえで,MFNとGSPの関係が指し示す現在のWTO体制における「開発レジーム[46]」の位相について指摘し,本稿を締めくくりたい。

第1に,開発レジームの構成の変容である。WTOにおいては,後発途上国問題が示すように[47],もはや先進国対途上国という単純な二項対立の図式で南北問題を捉えることはできない[48]。この点,EC特恵事件において,GSPがMFNの例外であると主張したのが途上国のインドであり,自律的制度であると主張したのがECであったという一種の逆転現象は示唆的である。ガット時代,GSPと対置されるMFNは,諸国間の不均等発展を媒介するものとして途上国によって批判され,その結果,授権条項を法的基礎とするGSPが導入された。さらに,授権条項中の無差別原則は,途上国間に区別を設けないという意

味において，途上国グループを強化する機能を果たしていたといえる。しかし，途上国間の発展格差の拡大に伴い，すべての途上国に同一の待遇を付与することはかえって，途上国カテゴリー内部の不均等発展を促進することにつながってしまう。このことは開発の国際法論者たちが明確に意識していたことであるが[49]，EC特恵事件での上級委員会の判断は，開発レジームを構成する途上国の多様なニーズを法的に承認するものであり，現代国際法の「各々の状況に応じた法（droit situational）[50]」という特徴を反映するものであるといえる[51]。

　第2に，開発レジームの共通目的である「開発」という価値の不確定性である。WTO体制における開発レジームは，「規範」としての開発という価値と，それを実施する「規則」としてのS&DT規定によって構成される，WTO諸協定に横断的なレジームである[52]。この点，同レジームの「規範」である開発について，EC特恵事件では，ガット時代のコンディショナリティを通じた先進国による開発観の一方的強制はもはや認められず，パネル・上級委員会による司法的判断の対象となることが示された。このことは，「規則」であるS&DT規定が実効的に機能していないという現在の状況をふまえたとき，法の解釈を通じた加盟国間の力の格差是正という観点からは望ましいものと評価することができる[54]。しかし同時に，開発レジームさらにはWTOというレジーム全体において，保護に値する開発とは何か，という問題は残されたままである。例えば，上級委員会が提示した2つの基準について，保護されるべき途上国のニーズとは何か，またはそのニーズの改善と十分な連関を有する措置とは何か，ということはいまだ明らかではない[55]。さらに，それら判断の際に用いられる客観的基準について，上級委員会はWTO外部のレジームを参照することを示唆しているが[56]，当該レジームに途上国が実質的に参加することができない場合には，先進国による開発観の押しつけという問題が再び生じることになるだろう。

　EC特恵事件では上記基準が実際に適用されることはなかったが，今後，類

似の事例に関して判断が求められる際，WTO 体制において保護に値する開発とは何か，という問題が提起されることになろう。さらに，いかなる基準によって誰が途上国の間に線引きを行うのか，という途上国の同定問題も改めて顕在化すると思われる。このことは，現在の WTO の開発レジームが，先進国／途上国，または MFN／GSP という二元的構成をはるかに超える，多元的な様相を呈するものであることを示している。MFN と GSP の関係という古典的問題は，現在の WTO 体制における開発レジーム，さらには WTO を超えて，現在の南北問題の動態的，政治的性質を表す一指標であり続けている。

(1) 村瀬信也「最恵国条項論(2・完)」『国際法外交雑誌』72巻5号（1974年）83-87頁；同「特恵制度の展開と多辺的最恵国待遇」『立教法学』15号（1976年）63-68頁（いずれも，同『国際法の経済的基礎』（有斐閣，2001年）に所収）；佐分晴夫「GATT と発展途上国」『国際法外交雑誌』82巻2号（1983年）54頁。

(2) GSP の成立・展開過程については多くの先行研究が存在するが，さしあたり以下を参照。村瀬「特恵制度の展開と多辺的最恵国待遇」前掲注(1)45頁以下；佐分「GATT と発展途上国」前掲注(1)48頁以下；ロバート・E・ヒュデック（小森編訳）『ガットと途上国』（信山社，1992年）61頁以下；大竹宏枝「GATT／WTO 体制の下での一般特恵制度1・2・3」『貿易と関税』2000年12月号，68-83頁，2001年1月号，118-125頁，2001年2月号，67-91頁；A. Yusef, *Legal Aspects of Trade Preferences for Developing States: A Study in the Influence of Development Needs on the Evolution of International Law* (The Hague: Martinus Nijhoff Publishers, 1982); J. C. S. Arnau, *The Generalized System of Preferences and the World Trade Organization* (London: Cameron May, 2002).

(3) 新国際経済秩序については，位田隆一「新国際経済秩序の法的構造―国家の経済的権利義務憲章を素材として」『法学と政治学の現代的展開』（有斐閣，1982年）371-398頁；同「新国際経済秩序の機構的インプリメンテーション―平等参加権と国際農業開発基金」『岡山大学法学会雑誌』29巻1号（1982年）55-114頁；M. Bettati, *Le Nouvel Ordre Economique International*, 2e éd. (Paris: PUF, 1985).

(4) 実質的平等観念が成立した経緯については次を参照。位田隆一「国際経済機構における実質的平等の主張―国連貿易開発会議の成立(1)(2・完)」『法学論叢』96巻3号（1974年）34-63頁，97巻3号（1975年）63-103頁。

(5) 我が国では，実質的平等という概念に「結果・果実の平等」だけではなく，様々な意味が付与されている点に注意する必要がある。拙稿「国家平等原則の概念枠組み―日本国際法学における展開」『法学新報』116巻3・4号（近刊予定）。

(6) BISD 8S/24.
(7) BISD 26S/203. 以下の訳出は本稿の理解に必要な限りにとどめている。また，本稿での授権条項の訳については，一般的に次のものに依拠しているが，必要に応じて変更を加えている。『東京ラウンド関係協定集』（日本関税協会，1980年）416-421頁。
(8) 以下の点について詳しくは，拙稿「現代国際法における規範の差異化―国際法規範相互の関係について（1）（2・完）」『法学新報』115巻1・2号（2008年）104-111頁，115巻3・4号（2008年）186-188頁，参照。
(9) T. M. Franck, *The Power of Legitimacy Among Nations* (New York: Oxford University Press, 1990), p.144; T. M. Franck, *Fairness in International Law and Institutions* (Oxford: Clarendon Press, 1995), p.39.
(10) R. H. Jackson, *Quasi-States: Sovereignty, International Relations and the Third World* (Cambridge: Cambridge University Press, 1990), pp.134-135.
(11) 開発の国際法についてはさしあたり以下を参照。M. Flory, *Droit international du développement* (Paris: PUF, 1977); A. Pellet, *Le droit international du développement* (Paris: PUF, 1978)（アラン・ペレ（小谷ほか訳）『開発国際法』文庫クセジュ（白水社，1989年）; M. Bennouna, *Droit international du développement: Tiers monde et interpellation du droit international* (Paris: Berger-Leverault, 1983); G. Feuer et H. Cassan, *Droit international du développement*, 2e éd. (Paris: Dalloz, 1991)；位田隆一「開発の国際法における発展途上国の法的地位―国家の平等と発展の不平等」『法学論叢』116巻1-6号（1985年）605-647頁；同「『開発の国際法』理論―フランス国際法学の一端」『日仏法学』16号（1989年）47-73頁；高島忠義『開発の国際法』（慶應通信，1995年）；伊藤一頼「『開発の国際法』の再検討―新たな理論枠組みを構築するために」『本郷法政紀要』12号（2003年）1-42頁。
(12) ただし，開発の国際法論の内部は多様な見解及び論者によって構成されており，安易な単純化は厳に慎む必要がある。同論内部の多様性については次を参照。西海真樹「『開発の国際法』論争―南北経済関係における国際法の役割と限界」『法学と政治学の諸相』（成文堂，1990年）147-196頁。
(13) 西海真樹「『開発の国際法』における補償的不平等観念―二重規範論をてがかりとして」『熊本法学』53号（1987年）33-92頁；同「開発の国際法における『規範の多重性』論」『世界法年報』12号（1992年）2-16頁。
(14) G. Feuer, "Les principes fondamentaux dans le droit international du développement", en *Pays en voie de développement et transformation du droit international* (Paris: Pedone, 1974), p.225.
(15) G. L. de Lacharrière, "Aspects récents du classement de développement des Etats sur le droit international", *A.F.D.I.*, Tome-13, 1967, p.704; G. L. de Lacharrière, "L'influence de l'inégalité de développement des États sur le droit international", *R.C.A.D.I.*, Tome-139, 1973-II, p.253.

(16) 国際法上の「自己完結的制度」概念についてはさしあたり，山本良「国際法上の『自己完結的制度』に関する一考察」『国際法外交雑誌』93巻2号（1994年）32-67頁；*Fragmentation of International Law, Report of the Study Group of the International Law Commission Finalized by Martti Koskenniemi*, 13 April 2006 (A/CN. 4/L. 682), pp.65-101. なお，ILC 報告書が示すように，国際法(学)上の「自己完結的制度」という概念の多義性には注意する必要がある。同報告書は，自己完結的制度という場合，①特別の二次規則の束，②「システム」や「サブシステム」と称されうる，一般法とは異なる方法で特定の問題を扱う一次規則と二次規則の全体，さらにより広義の③特別の解釈上・行政上の規則や技術が適用される領域全体，という3つが存在すると指摘している。同報告書が述べるように，それら3つは相互に関連しており明確に区別することはできないが，本稿で「自己完結的制度」という場合，主に②と③の意味で用いている。

(17) M. Flory, *supra* note (11), p.31.

(18) 柳赫秀「WTO と途上国―途上国の『体制内化』の経緯と意義・下-Ⅰ」『貿易と関税』2000年7月号，52-53頁；同「途上国の開発政策と通商問題― WTO における途上国の法的位相の変化を中心に」『日本国際経済法学会年報』9号（2000年）134-137頁；拙稿「現代国際法における規範の差異化(1)」前掲注(8)109-111頁。

(19) BISD 14S/18. 拙稿「ガット・WTO 紛争処理制度における手続規範の多重性」『中央大学大学院研究年報（法学研究科篇）』36号（2006年）6-11頁。

(20) しかし，1966年手続が実際に用いられた事例はほとんど存在しない。World Trade Organization, *Guide to GATT Law and Practice*, Vol.II (Geneva: World Trade Organization, 1995), p.765. また，同手続は，GSP に関する紛争に限定されないことから，GSP を自己完結的制度と捉える主張とは無関係であるとの反論も予期される。しかし，同手続は，開発の国際法における「規範の二重性」論の手続的発現として捉えられており，その意味において，MFN・相互主義を機軸とする先進国レジームと GSP・非相互主義を機軸とする途上国レジームという，ガット体制の二元的構想の一部をなしていたといえる。1966年手続およびその後の紛争処理手続における途上国関連規定を，ガットにおける規範の二重性の手続的発現として捉える見解については次を参照。T. Flory, "Les accords du Tokyo Round du G.A.T.T. et la réforme des procédures de règlement des différends dans le système commercial interétatique", *R.G.D.I.P.*, Tome-86, 1982 (2), pp.247-248.

(21) 大竹「GATT／WTO 体制の下での一般特恵制度・3」前掲注(2)90-91頁。

(22) この点，ギ・フェの次のようないささか自嘲気味の告白は，彼が代表的な開発の国際法論者であるがゆえに一層印象的である。「人生の一部分すべてをその研究に費やしてきた開発の国際法。今ではもはや誰もそれについて語ろうとはしない。」G. Feuer, "Intervention", en *Les Nations Unies et le développement social international*, Cinquièmes rencontres internationales de l'institut d'études politiques d'Aix-en-Provence (Paris: Pedone, 1996), p.123.

⑳ このような見解は、開発の国際法が誕生したフランスでもみてとることができる。例えば、セルジュ・シュールは2000年のフランス国際法学会において、現在、補償的不平等観念あるいは二重基準などは、「時代遅れのようにみなされ、歴史、それも法の歴史というよりもむしろイデオロギーの歴史に属するもののように思われる」と述べている。S. Sur, "Les phénomènes de mode en droit international", en *Le droit international et le temps*, SFDI, Colloque de Paris (Paris: Pedone, 2001), p.54. ただし、筆者はシュールの見解に必ずしも与するものではない。

㉔ 柳「WTOと途上国・下Ⅰ」前掲注⑱651-53頁；箭内彰子「『特別かつ異なる待遇』の機能とその変化―WTO協定における開発途上国優遇措置」今泉慎也編『国際ルール形成と開発途上国―グローバル化する経済法制改革』（アジア経済研究所、2007年）65-66頁；F. J. Garcia, "Beyond Special and Differential Treatment", *Boston College International and Comparative Law Review*, Vol.27, No.2, 2004, pp.296-297.

㉕ ただし、1966年手続はWTO諸協定中、一般手続と並列的に存在し続けている（DSU 3条12項）。両者の実質的な違いは、1966年手続では途上国が申立国である場合、DSU第5条のあっせん手続が自動的に開始されるという点である。D. Palmeter and P. C. Mavroidis, *Dispute Settlement in the World Trade Organization: Practice and Procedure* (the Hague: Kluwer Law International, 1999), p.101.

㉖ 拙稿「ガット・WTO紛争処理制度における手続規範の多重性」前掲注⑲13-14頁。実際、WTO設立以降、1966年手続がこれまで利用された事例は存在しない。World Trade Organization, "Implementation of Special and Differential Treatment Provisions in WTO Agreements and Decisions", 25 October 2000 (WT/COMTD/W/77), p.72.

㉗ European Communities ― Conditions for the Granting of Tariff Preferences to Developing Countries（パネル報告2003年12月1日WT/DS246/R、上級委員会報告2004年4月7日WT/DS246/AB/R）。EC特恵事件については既に多くの先行研究が存在するが、さしあたり、川島富士雄「ECの途上国に対する関税特恵の付与条件（GSP）事件」『ガット・WTOの紛争処理に関する調査：調査報告書ⅩⅤ』（公正貿易センター、2005年）213-251頁、参照。またそれ以降の論考として、例えば次を参照。P. M. Gerhart and A. S. Kella, "Power and Preferences: Developing Countries and the Role of the WTO Appellate Body", *North Carolina Journal of International Law and Commercial Regulation*, Vol.30, No.3, 2005, pp.515-576; N. B. dos Santos, R. Farias and R. Cunha, "Generalized System of Preferences in General Agreement on Tariffs and Trade/World Trade Organization: History and Current Issues", *J.W.T.*, Vol.39, No.4, 2005, pp.637-656; G. Shaffer and Y. Apea, "Institutional Choice in the Generalized System of Preferences Case: Who Decides the Conditions for Trade Preferences? The Law and Politics of Rights", *J.W.T.*, Vol.39, No.6, 2005, pp.977-1008. C. Vadcar, "Le traitement spécial et préférentiel. Plaidoyer contre les systèmes de préférences généralisées", *J.D.I.*, Avril-Mai-Juin 2005, pp.315-339; M. Irish, "GSP Tariffs and Conditionality: A Comment on *EC-Preferences*", *J.W.T.*, Vol.41, No.4, 2007, pp.683-698; S. Switzer, "Environmental Protection and the Generalized System of Preferences: A Legal and Appropriate Linkage?", *I.C.L.Q.*, Vol.57, 2008, pp. 113-147.

(28) 同事件当時、EC の「麻薬の生産及び取引を撲滅するための特別制度」の対象国であったのは12カ国（ボリビア、コロンビア、コスタリカ、エクアドル、エルサルバドル、グアテマラ、ホンジュラス、ニカラグア、パキスタン、パナマ、ペルー、ベネズエラ）である。なお同事件の背景として、申立国であるインドが同リストから除外されていたのに対して、「テロとの戦い」への支持を理由としてパキスタンが含まれていたことが指摘されている。S. Switzer, *supra* note (27), pp.124-125.

(29) WT/DS246/R, paras.7.24-7.28.

(30) *Ibid.*, paras.4.301, 7.29.

(31) *Ibid.*, para.7.30.

(32) *Ibid.*, paras.4.42, 4.149. このような授権条項の性質に関する EC の主張が、前述の開発の国際法論者たちによる「自己完結的制度」の主張と同一のものか否かという点についてはより慎重な分析を要する。確かに両者の主張の構成は一見、同一のように思われるが、しかし、EC の主張が立証責任に関する訴訟戦略上の考慮に基づいているのに対して、開発の国際法論者たちの場合、それが個別の条文の解釈を超えた、より象徴的・「規範」的次元にとどまっていたという相違に留意する必要がある。もっとも、このような相違が顕在化したのは、南北問題の図式の変容や WTO 紛争処理手続の司法化といった、ガットから WTO への移行に伴う変容においてであり、両者の類似／相違は、結論で示すように、WTO における「開発レジーム」の位相を示すうえで示唆的である。

(33) *Ibid.*, para.7.30.

(34) *Ibid.*, para.7.31-7.39.

(35) *Ibid.*, para.7.42.

(36) *Ibid.*, para.7.46.

(37) *Ibid.*, para.7.60, 7.177.

(38) WT/DS246/AB/R, paras.9-17.

(39) *Ibid.*, para.85.

(40) *Ibid.*, para.90.

(41) *Ibid.*, paras.94-98.

(42) *Ibid.*, paras.100-103. ただし、立証責任について、パネルが「提起（raise）」と「立証（prove）」の双方の責任を EC に負わせたのに対し、上級委員会はパネル設置要請の際、EC の措置が違反しているとされる授権条項中の義務の特定、及び当該主張を根拠づける書面の提出が要求されていたとして、「提起」責任の一部をインドに負わせている。*Ibid.*, paras.104-118.

⑷3 *Ibid.*, paras.163-165.
⑷4 *Ibid.*, paras.177-189.
⑷5 同事件後，ECは新たな特恵制度に移行することになるが，その概要及び評価については，S. Switzer, *supra* note (27), pp.133-147; L. Bartels, "The WTO Legality of the EU's GSP+Arrangement", *J.I.E.L.*, Vol.10, No.4, 2007, pp.869-886.
⑷6 WTO体制は複数の下位レジームから構成される「入れ子構造」をなしており，S&DT諸規定を法的基礎とする開発レジームはそのひとつとして捉えられる。小寺彰『WTO体制の法構造』(東京大学出版会，2000年) 61-86頁。レジームの複合性については，山本吉宣『国際レジームとガバナンス』(有斐閣，2008年) 第5章，参照。
⑷7 濱田太郎「WTOにおける後発途上国問題―二重規範論の再検討」『日本国際経済法学会年報』16号 (2007年) 89-111頁。
⑷8 位田隆一「国際貿易体制と発展途上国」『国際問題』483号 (1998年) 59-60頁。
⑷9 例えば，ラシャリエールは「産業化の段階が著しく異なる諸国からの産品に対して同一の待遇を与える場合，低開発国として画一的に区分される諸国のなかで，最も力の強いものが特恵制度のあらゆる利益を独占することになるだろう」と述べ，「途上国」内に下位カテゴリーを設ける必要性を主張していた。G. L. de Lacharrière, "L'influence de l'inégalité de développement des États sur le droit international", *supra* note (15), p.239.
⑸0 P.-M. Dupuy, *Droit international public*, 8e éd. (Paris: Dalloz, 2006), p.711；位田「開発の国際法における発展途上国の法的地位」前掲注⑾619頁。さらに上級委員会による判断は，規範の二重性から多重性への移行の一層の深化ともみなすことができる。西海「開発の国際法における『規範の多重性』論」前掲注⒀5-7頁。
⑸1 他方で，ニーズに応じて途上国間に区別を認めることは，途上国内部の分断を一層促進し，先進諸国との交渉力を弱める可能性にも留意する必要がある。N. B. dos Santos, R. Farias and R. Cunha, *supra* note (27), p.660.
⑸2 A. Alavi, *Legalization of Development in the WTO: Between Law and Politics* (The Hague: Kluwer Law International, 2009), pp.54-59. レジーム論における「規範」と「規則（ルール）」との関係については，山本『国際レジームとガバナンス』前掲注⑷6 44-48頁，参照。
⑸3 A, Alavi, *supra* note (52), pp.153-187.
⑸4 P. M. Gerhart and A. S Kella, *supra* note (27), pp.562-572. この点，積極的に「開発」「公正」という価値をWTO諸協定の解釈に取り込む必要性を説くものとして，A. H. Qureshi, *Interpreting WTO Agreements: Problems and Perspectives* (Cambridge: Cambridge University Press, 2006), chapter 5.
⑸5 川島「ECの途上国に対する関税特恵の付与条件（GSP）事件」前掲注⑵7240-247頁。
⑸6 WT/DS246/AB/R, para.163.

【付記】
　本稿は，2008年11月1日に開催された日本国際経済法学会での報告に基づくものである。報告の際のみならず，その後も様々なコメントを頂いた。また同報告に先立ち，柳赫秀教授，荒木一郎教授をはじめとする国際経済法研究会の各員から貴重なご意見を頂いた。ここに記して感謝申し上げたい。

（中央大学大学院法学研究科博士後期課程）

論　説　第2分科会：公法系

信義誠実則の表象としての GATT XX 条柱書
―― ブラジル・再生タイヤの輸入事件を素材に ――

小　林　献　一

Ⅰ　はじめに
Ⅱ　米国―エビ事件以前のXX条柱書の解釈
　1　GATT 時代の XX 条柱書
　2　米国―ガソリン事件
　3　米国―エビ事件
Ⅲ　ブラジル―再生タイヤの輸入に関連する措置事件
　1　上級委員会の判断
　2　判例変更？
Ⅳ　結語――タイヤ輸入禁止とメルコスール除外の関係性
　1　メルコスール除外申立に関するパネル・上級委員会の判断
　2　個別措置としてのメルコスール除外

Ⅰ　はじめに

　自由貿易を環境といった他の価値より優先することに暗黙の合意が存在していた GATT 時代と異なり，現在の WTO においては，自由貿易，環境，食品衛生，安全基準といった全く別の価値相互の複雑なトレード・オフを行うことが余儀なくされている。自由貿易促進という価値秩序の統一的構造が認められなくなった WTO のなかで，GATT XX 条柱書は「信義誠実則」の表象としてどのように解釈されるべきであるのか。これが本稿のテーマである。
　本来，「信義誠実則」は同則が適用されるシステム内の価値範型や構造範型を踏まえて解釈されるべきところ，WTO においては，自由貿易，環境，食品

衛生といった特定の価値範型や構造範型に依拠するかたちで，「信義誠実則」を定義することは不可能になっている。では，WTO の「信義誠実則」の根拠はどこにもとめるべきなのか。もはや特定の価値範型や構造範型が機能し得ない以上，「信義誠実則」の根拠はハーバーマスのいう手続的正義，すなわち法の形式性に含まれる道徳的内容である手続それ自体に求めざるを得ないのではないのか。[1]

　従来，上級委員会によって展開されてきたXX条柱書解釈における「適用プロセス」の適正性の重視は，まさにハーバーマスの手続的正義の考え方に沿った形で，WTO の「信義誠実則」を解釈してきたと整理することができる。現代法学的に言い換えれば，上級委員会による「適用プロセス」の重視は，現代の法理論・実務の動き，すなわち法システム全体について強制的な規制・裁定というハードな側面よりも，利害を異にするアクターが公正な手続のもとで自主的に行動調整をするというソフトな側面に重点を移行させる傾向に沿ったものと評価できるであろう。

　しかしながら，ブラジル—再生タイヤの輸入に関連する措置事件（ブラジル—タイヤ事件）において，上級委員会は「適用プロセス」を重視する従来の解釈基準から「180度Ｕターン」をし，柱書の解釈基準，とりわけ差別の恣意性・正当性を例外措置の「目的に照らして」判断することを表明した。「目的」の評価・比較には，不可避的に特定の価値範型の存在が前提となる。このため，WTO における特定の価値範型の喪失を踏まえた従来の判例では，「信義誠実則」（すなわちXX条柱書）の適用に際して，措置の目的を捨象し，適用プロセスの適正性のみを解釈基準としてきたと考えられる。本稿では，措置の適用プロセスに焦点を当てた従来のXX条柱書解釈の重要性を念頭におきつつ，XX条柱書の審査基準に「目的」基準を持ち込んだブラジル—タイヤ事件上級委員会決定を批判的に検証する。

　以下では，まず米国—エビ及びエビ製品の輸入禁止事件（米国—エビ事件）以

前のXX条柱書の解釈を，続いてブラジル―タイヤ事件上級委のそれをそれぞれ確認する。これらの作業を通じて，本稿ではブラジル―タイヤ事件上級委は柱書解釈に関する判例変更をおこなったと解すことが合理的であるとの結論を得たうえで，最後に，その判例変更のもたらす効果を批判的に検証する。

II 米国――エビ事件以前のXX条柱書の解釈

本節では米国―エビ事件以前のXX条柱書の解釈を概観する。まず，GATT時代のパネルによるXX条柱書の解釈を踏まえて，米国―ガソリン基準事件（米国―ガソリン事件）上級委が柱書解釈において採用した二段階アプローチの意義を確認する。そのうえで米国―エビ事件上級委によって，措置の目的を各号で，措置の適用を柱書でそれぞれ判断するという解釈が確立されたことの意義をみてゆくこととしたい。

1 GATT時代のXX条柱書

GATT時代にXX条による正当化を扱ったケース（特に(b)項及び(g)項ケース）には，以下の三つの傾向がみられる。すなわち，①一般例外の適用をなるべく最小限にとどめようとする傾向，②XX条各項の要件を厳格に解す傾向，そして③柱書については判断を下さない傾向である。特に，柱書について判断した事案は2件のみ，かつ2件とも柱書に関する解釈基準は表面的な内容にとどまるものであった。すなわち，米国―カナダ産マグロ輸入制限事件においては，当該措置が公開されていることのみを理由に「偽装された」貿易制限に該当しないと判示され[2]，また米国―自動車部品事件においては，申立国以外のすべての国からの輸入が適用対象となっていることから，「恣意的な若しくは正当と認められない差別」には該当しないとされている[3]。このようにGATT時代のパネル決定においては，WTO設立後に上級委員会が確立したXX条柱書の判断基準と比較すると極めて緩やかな基準が示されている[4]。

2　米国—ガソリン事件

(1) 二段階アプローチの登場　米国—ガソリン事件においてパネルは，GATTパネルの解釈を踏襲し，XX条柱書ではなく同条(g)項に基づいて，当該措置をGATT違反と認定した。これに対して，同上級委員会は当該措置がXX条(g)項の要件を満たすとしたうえで，「GATT XX条の正当化の保護（justifying protection）を受けるためには，当該措置はXX条に列挙されている—(a)項から(j)項までの—それぞれの例外のいずれかに該当するのみではなく，XX条の冒頭の節（opening clauses）により課されている要件も充足しなければならない」と判示した。「二段階（two-tiered）」アプローチの登場である。

XX条の構造に基づいて二段階アプローチを採用することを示したのちに，同上級委員会は柱書の審査枠組を提示する。まず上級委員会は，①柱書の機能をXX条の濫用を防止するためと設定したうえで，②柱書の審査対象を当該措置及びその内容ではなく，同措置が適用される「方法」（the manner）とすることを規定する。そのうえで，③柱書の判断基準について「合理性」という概念を採用することを明らかにしている。とりわけ，②柱書の審査対象については，「柱書は，その明示的な規定により，当該措置若しくはその具体的な内容それ自体ではなく，むしろ同措置が適用される『方法（manner）』を扱っている」とした。このように上級委員会はWTO初のXX条ケースにおいて，柱書の適用対象を，措置それ自体ではなく，措置の適用の「方法」に限定したのである。

(2) XX条柱書解釈における「適用プロセス」の重視　上級委員会の二段階アプローチは「措置及びその内容」と「措置の適用の方法」を峻別することにより，GATTパネルが軽視しがちであった措置の「適用プロセス」の正当性を重視するという積極的な機能を果たした。前述のとおり，柱書に関するGATTパネルの判断が表層的なものにとどまっていたのに対して，米国—ガソリン事件上級委員会（さらには，後述の米国—エビ事件上級委員会）は，措置を適用するに当たって，十分な協議を他の加盟国とおこなったか等，措置の「適

用プロセス」を検証することにより，その正当性を判断したのである。

　上級委員会によるXX条柱書解釈における「適用プロセス」の正当性の重視は，現代の法理論・実務の動き，すなわち法システム全体について強制的な規制・裁定というハードな側面よりも，利害を異にするアクターが公正な手続のもとで自主的に行動調整をするというソフトな側面に重点を移行させる傾向にも沿ったものとして，高く評価されるべきであろう。例えば，ハーバーマスは妥当な規範的価値の獲得は，理性的で能動的な主体がコミュニケーションの適正な手続を踏んで合意に至ることによって可能となるとしている。XX条柱書解釈における「適用プロセス」の正当性の重視も，例外措置発動国に対して，被発動国との協議を通じた合意を促すことにより，紛争解決を促す効果があると考えられる。実際に後述する米国—エビ及びエビ製品の輸入禁止事件21.5条パネル（米国—エビ事件21.5条パネル）では，履行措置として米国政府が実施したところの，被発動国と合意に至るための努力を通じて，紛争の多くの部分が解決していることが確認されている。もちろん，このような「適用プロセス」重視の要請は，協議前置主義をとっているDSUの原理・原則とも一致することは改めて指摘するまでもないであろう。

3　米国—エビ事件

　米国—エビ事件において，米国は措置の適用の方法が「正当」か否かを判断するためには，政策の「目的」を勘案すべきとの主張を展開したのに対して，上級委員会はこれを退けている。本節においては，ブラジル—タイヤ事件の検討において，措置の政策「目的」と措置の「適用の方法」の関係が重要なポイントとなることを踏まえ，米国—エビ事件における米国の主張とそれに対する上級委員会の判断を確認し，若干のコメントを述べることとする。

　(1)　米国の主張と上級委員会の判断　　米国は本件上訴意見書の中で「コンテキストとして，XX条例外措置の目的が正当化に十分な合理性を提供してい

る場合には，当該差別は『正当と認められない』差別には当てはまらない。例えば，ある措置がXX条(g)項の有限天然資源の保護を目的として導入された場合，同事実は，資源保護というゴールが当該差別を正当化するか否かの判断に影響する[15]」と主張する。そのうえで，「ある措置が『正当と認められない差別』か否かの評価は，XX条例外措置の政策目的と関連する。保護主義的な理由ではなく，XX条例外措置の政策と正当に関係した合理的な理由に基づいた差別である場合には，当該措置はXX条例外の濫用とはみなされない[16]」との議論を展開している。これに対して上級委員会は，「米国の主張は認めらない。当該措置の政策ゴールは，XX条柱書の基準のもとでの合理性若しくは正当性を付与されえない。当該措置の政策目的の正当性，さらには，その目的と当該措置及びそのデザインと構造の関係は，XX条(g)項において検証している。仮に米国の議論を受け入れると，柱書によって規定されている基準を損なうことになる[17]」として，政策目的の正当性は(g)項において判断をしており，柱書の判断対象足りえないとの整理を行っている。

　上級委員会は，二段階アプローチの第一段階にあたるXX条各項（本件においては(g)項）のテストをクリアするために，例外措置の効果と政策目的との間に合理的な関係があることを要求している。それゆえ，「政策目的」はXX条(g)項においてすでに分析されているという上級委員会の整理が正しいことは明らかである。柱書は，例外措置の「目的」やその個々の規定の効果を評価するのではなく，その「適用」において生じる差別が「恣意的」か「正当と認められないもの」であるかを判断するというのが，米国—エビ事件上級委員会の整理である[18]。

(2) 政策目的を考慮しない「正当性」？　　しかしながら，S. Gainesは，「政策目的はXX条柱書の求める合理性若しくは正当性を付与しえない」という上級委員会の判断について，「例外措置の政策目的が差別の正当化の基準点（reference point）たりえなければ，なにが基準点になりうるのか」と批判して

いる。さらに，S. Gaines は「恣意性ないしは非正当性を評価するのに，政策目的以外の基準（criteria）を想像することは難しいし，上級委員会はその他の基準をなんら提示していない。いかなる差別も，事実上（ipso facto），貿易の権利を恣意的ないしは不当に侵害すると主張もしくはほのめかすことは，単にGATT のテキストに反するのみではなく，差別のなかにも措置の適用において望ましいものがあるという現実にも反する」と主張している。S. Gaines の批判は一面，非常に説得的と思われる。実際，同上級委員会も参照しているB. Cheng は，以下のように述べている。

「合理的かつ bona fide な権利行使とは，権利の目的に照らして適切かつ必要であることである。同時にそれは『当時国間で公正かつ衡平』であり，かつ想定される義務に照らして不公正な便宜をもたらすように解釈されてはならない。権利の合理的な行使は義務と両立できるとみなされる。しかし，協定から生じる他の加盟国の利益を損なうような方法での権利の行使は，合理的ではなく，協定に基づく義務のbona fide な行使と整合的でない，さらには協定違反だとみなされる。」（強調点：引用者）

このように B. Cheng は，「措置の適用」が合理的になされているか判断するメルクマールを，権利の「目的」に照らして適切かつ必要であることとしている。ここでいう「権利」とはXX条柱書の文脈では「例外措置」を行使する権利を指す。このため，B. Cheng の定義をXX条にひきつけて言い換えるならば，「XX条例外措置の合理的かつ bona fide な権利行使とは，同措置を行使する権利の目的に照らして適切かつ必要であることである」となる。

「措置の目的」に照らして，柱書の要件である「恣意性」若しくは「正当性」を判断するという考え方は，「均衡線の位置はケース毎に異なる」という上級委員会の判断とも親和的である。まさに上級委員会自身が「問題となっている措置の種類と形は様々であるから均衡線も移動する」と述べているとおり，

目的を含む措置の内容により均衡線が引かれる位置が影響されるのであれば，均衡線を判断するメルクマールである「恣意性」若しくは「正当性」を判断する際には，「措置の目的」を勘案することは当然とも考えられる。

(3)「措置の目的」を勘案しない恣意性・正当性の判断　それでは，そもそも「措置の目的」を勘案しないで適用プロセスの「恣意性」及び「正当性」を判断することが可能であろうか？　可能である，否，むしろ不可欠であるというのが，筆者の見解であり，かつ従来の上級委員会が示してきた指針であると思われる。上級委員会が柱書の要件として求めている適用プロセスの適正性は，米国—エビ事件において示されたとおり，当該措置（米国—エビ事件ではエビの禁輸措置）により損害を蒙ることが予想される他国への説明責任・協議責任である。説明責任・協議責任が適正に果たされたか否かは，当該措置の内容・目的とは全く関係なく，判断することができる。これは，後述のとおり，米国—エビ事件の履行パネル・上級委員会により確認されている。

さらに，WTO協定の対象範囲が大幅に拡大され，システム内部で優越する特定の価値範型が存在しえなくなったことから，WTOシステムの「信義誠実則」であるXX条柱書を適用する際には，価値中立的な正当性の根拠，すなわち「適用プロセス」自体の正当性が必要となったことは既述のとおりである。このような適用プロセスの出自を考えると，「適用プロセス」を判断する際に，「目的」という価値範型・構造範型と密接に関連する概念を紛れ込ませると，かえって信義誠実則自体の正当性を揺るがしかねない。このように，上級委員会が「措置の目的」を柱書のテストにおいて検討することを否定したのは，正当な判断であったと考えられる。

Ⅲ　ブラジル—再生タイヤの輸入に関連する措置事件[23]

1　上級委員会の判断

しかしながら，XX条柱書解釈について，ブラジル—タイヤ上級委員会は従

来の先例から180度のUターンをみせる。すなわち，「恣意的な若しくは正当と認められない差別」は，当該措置の目的との関係から判断されなければならないとするECの主張を認め，メルコスール除外により輸入されている中古タイヤの「量」が限定的であることを理由にタイヤ輸入禁止はXX条柱書の要件を充足するとしたパネル判断を退けた。そのうえで上級委員会はメルコスール除外がタイヤ輸入禁止の正当な目的と無関係であり，いかに程度が小さいとはいえ当該目的に反するので，差別の正当化事由たり得ないと認定している[24]。以下，ECの主張と上級委員会の見解を概観する。

ECは上訴意見書において，「恣意的な若しくは正当と認められない差別」は，当該措置の目的（the objectives of the measure at issue）との関係から判断されなければならないと主張している[25]。まず，「恣意性」に関するパネル判断に対しては，当該措置が「恣意的」かどうかは単独では（in isolation）判断できず，当該措置の目的を勘案するべきであり，目的に照らして，当該措置が合理的で，予見可能性を有する場合にはじめて，「恣意的」ではないとされると主張する[26]。そのうえで，当該措置の目的が人間の生命および健康の保護であるにもかかわらず，メルコスール除外は同目的を減殺する可能性を有しているとして，「恣意的な差別」に該当すると主張している[27]。

これに対して上級委員会はECの主張を認め，「差別が恣意的または正当と認められないものであるかの評価は，当該措置の目的に照らしてなされる」と判示している。なお，左記判断を行うにあたり，米国—エビ事件の上級委員会報告書が措置の運用を「恣意的な差別」と認定した際の根拠として，当該措置の適用に関する一側面がウミガメ保護という目的と合致しないことをあげていることが指摘されている[28]。そのうえで，上級委員会は左記判断基準を本件に当てはめ，タイヤ輸入禁止の正当な目的とメルコスール仲裁決定に関連性が存在しないことを理由に，同決定による差別は恣意的でかつ正当と認められない差別に該当すると判示した[29]。

2 判例変更？

 ブラジル―タイヤ事件において，上級委員会は判例変更を行ったとみなすべきであろうか？ 左記の問いに答えるために，米国―エビ事件上級委員会自身がXX条柱書の正当性を「措置の目的」に照らして判断していたとするブラジル―タイヤ事件上級委員会による評価を，米国―エビ事件21.5条パネルにおける上級委員会の判断を参考にしながら，批判的に検証する。

 (1) 米国―エビ事件上級委員会決定との整合性　川瀬は「柱書の要件の意味内容は，あくまでもそれぞれの局面で適用される各号の変数としてのみ決まる」との米国―エビ事件上級委員会を引きつつ，上級委員会は「政策目的を含む各号の内容に照らして柱書を解釈するように求めた」と整理している。そのうえで，各号の政策目的は「個別措置の政策目的」に具現化されているため，個別措置の政策目的を考慮せずに，各号の政策目的（さらにはそれに照らした柱書の要件）を勘案することは「不可能にして無意味である」としている。米国―エビ事件上級委員会における柱書の解釈に関するS. Gainesの指摘[31]，すなわち「恣意性」や「正当性」を判断するには，例外措置自体の「目的」との関係性を検討せざるを得ないという主張とも，同じ方向性にある議論と理解することができる。

 次に，米国―エビ事件上級委員会との連続性について，川瀬は「米国―エビ事件上級委員会のメッセージは，措置の目的が当該措置の適用を検討する柱書の解釈・適用に無関係であるというよりも，措置の目的が各号適合的である事実は特段柱書適合性を予断するものではなく，後者はそれ自体として別個に適合性を判断されるべきであると述べたものと理解できる」としている[32]。

 しかしながら，米国―エビ事件上級委員会が「当該措置の政策ゴールは，XX条柱書の基準のもとでの合理性若しくは正当性を付与されえない」と明確に述べたうえで，その直後で「当該措置の政策目的の正当性，さらには，その目的と当該措置及びそのデザインと構造の関係は，XX条(g)項において検証してい

る。仮に米国の議論を受け入れると，柱書によって規定されている基準を損なうことになる」とわざわざ確認まで行っていることも考え合わせると，措置の目的が柱書の解釈・適用を「予断しない」というよりも，むしろ上級委員会には両者を明確に切り離す意図があったからと解するのが妥当と考えられる。

(2) 米国―エビ事件上級委員会における XX 条柱書の審査基準　仮に米国―エビ事件上級委員会が XX 条柱書の解釈から「措置の目的」を排除することを意図していたと解すと，川瀬も指摘しているとおり，ブラジル―タイヤ事件上級委員会の以下の指摘，すなわち「米国―エビ事件において，上級委員会が当該措置の実施が正当と認められない差別に該当すると結論づけた理由のひとつが『ウミガメを保護し保存するという公表された目的と調和させることは困難』ということであった」という評価を，どのように解するかが問題となる。米国―エビ事件上級委員会は，以下のとおり，述べている。

> 本紛争がパネル及び上級委員会で争われていた時点では（中略）米国において採用された方法と同一の方法によって捕獲されたエビが，米国によって認証されていない国の海域において捕獲されたという理由だけで，米国市場から排除されてきた。もたらされた状況（resulting situation）はウミガメを保護し保存するという公表された目的と調和させることは困難である。

本稿では，上記の記述及び履行パネルにおける上級委員会の判断を踏まえ，以下のとおり，ウミガメの保護という「措置の目的」を，米国―エビ事件上級委員会が柱書違反を認定した理由とみなすことは適切ではないとの立場をとる。すなわち，仮にブラジル―タイヤ事件上級委員会の指摘どおり，措置の目的（ウミガメの保存）との整合性が柱書違反を認定した「理由」であったとすれば，履行パネルにおいても「（履行措置を通じて）もたらされた状況」が「措置の目的」と調和していることが求められてしかるべきであろう。しかしながら実際は，「（履行措置を通じて）もたらされた状況」は履行前と同様に「措置の目的」

と調和していなかったにもかかわらず、上級委員会は履行措置によって米国の例外措置はXX条柱書に適合しているとの決定を下している。以下に詳しく見たい。

米国が履行措置の一環として改正した修正版ガイドラインは、規制の対象となっているオター・トロール網について、以下のとおり、評価している。「標準的なオター・トロール網（standard otter trawl nets）がウミガメの生息する海域においてエビ漁業者によって使用された場合、ウミガメは不可避的に捕獲され水死する。TEDs使用の義務付け以外に、効率性において同じ程度に、ウミガメの捕獲と水死を最小化しうる方法若しくは一連の方法は存在しないと、現在、国務省は認識している。」このように修正版ガイドラインは、トロール網へのTEDsの義務付けをウミガメの保護に必要な条件と強く推定していた。このため米国の履行措置、すなわち修正版ガイドラインをつうじてもたらされた状況は、他の加盟国がTEDsを採用せざるを得ないという点ではなんら変化はなく、「措置の目的」と調和しているともいい難いものであった。さらに、履行パネルにおいて上級委員会は米国の履行措置を通じて「もたらされた状況」の変更ではなく、むしろ修正版ガイドラインによってもたらされた「措置の適用における十分な柔軟性（sufficient flexibility in the application of the measure）」を理由に、米国の履行措置は柱書の要件を充足していると判断している。このように、米国—エビ事件上級委員会が米国の措置が柱書の要件を充たさないと判断したのは、「もたらされた状況」が「措置の目的」と調和していなかったからではなく、米国が当該措置の適用において、状況の異なる他の加盟国に同一のレジームを強制していたからと解するのが自然であろう。

(3) ブラジル—タイヤ事件への当てはめ　このように米国—エビ事件上級委員会が「措置の適用の方法」として検証したのは、「措置の目的」ではなく、「差別」的な扱いを受ける他の加盟国との事前協議の有無や経済的負担への配慮が行われたか否かという、例外措置を適用する際の「方法」もしくは「手

続」であった。仮にこの判断に沿って，ブラジル―タイヤ事件においても柱書テストを行うのであれば，タイヤ輸入禁止のXX条柱書との整合性を審査する際には，メルコスール除外という別の例外措置を検討するのではなく，タイヤ輸入禁止自体の「適用の方法」，すなわち，タイヤ輸入禁止を実施する際に，ECと事前協議を実施したか，また禁輸によりECが蒙るであろう損害が考慮されていたか等を検討すべきであったと思われる。言い方を換えると，ブラジル―タイヤ事件のパネル及び上級委員会は，タイヤ輸入禁止についてXX条の適合性が議論されているにもかかわらず，XX条柱書の審査対象を別の措置，すなわちメルコスール除外とした。このXX条の審査対象のねじれが，ブラジル―タイヤ事件上級委員会がXX条柱書の適合性評価に「措置の目的」を持ち込む契機となったと解される。最後に，このXX条審査対象のねじれの問題について論じ，結語に代えたい。

Ⅳ　結語――タイヤ輸入禁止とメルコスール除外の関係性

　J. Pauwelynは，本件対象措置をパネル・上級委員会がひとつとみなしたのに対して，ふたつとみなすべきであったと指摘している。すなわち，「本件はひとつの（統合された）措置（禁輸＋除外）のみが関連するのか，二つの措置か（XI条違反の禁輸とI条違反の除外）かという問題に戻る。個人的には，後者のアプローチがより適切だと考えている」としたうえで，その理由について「メルコスール除外はXI条もしくはXX条とはなんらの関係もない（取引の許可はXI条違反を構成しないし，ブラジルもメルコスール除外が健康に関連するとは一度も議論していない）。むしろ，メルコスール除外はI条の問題となる別の措置として検証されるべきであり，上級委員会は最恵国待遇違反がXXⅣ条によって正当化されうるかについて確認するべきである。XX条はメルコスールの問題からは外すべきである」と主張している。[40]

1 メルコスール除外申立に関するパネル・上級委員会の判断

　実際，EC はパネル申立において，タイヤ輸入禁止については GATT XI 条違反を[41]，メルコスール除外については同 XIII 条及び I 条違反を[42]，それぞれ別個に申し立てている。しかしながらパネルは，以下のとおり，訴訟経済を働かせてメルコスール除外の協定整合性を判断しなかった。まずパネルは，メルコスール除外の「法的根拠（legal bases）」はタイヤ輸入禁止に法的根拠を付与しているまさにその規定（the very regulations）であるとする。そのうえで，タイヤ輸入禁止についてはすでに XI 条 1 項に違反し，XX 条(b)項及び(d)項によっては正当化されないと認定していると確認する。このため，タイヤ輸入禁止との関係においてのみ存在しうるメルコスール除外に関する EC の申立を検証する必要はないとして，訴訟経済を理由にメルコスール除外の GATT 整合性に関する判断を下さなかった[43]。

　他方，この問題に関して，上級委員会は以下のような整理をしている。すなわち，EC のメルコスール除外に関する上訴申立は，メルコスール除外の存在にもかかわらず，タイヤ輸入禁止が XX 条柱書の要件を充足するとしたパネル判断を，仮に上級委員会が支持した場合，という条件付きのものであった。しかしながら，上級委員会は上記パネル判断を棄却したため，メルコスール除外に関する EC の条件付申立については検討しないとしている。但し，上級委員会は「メルコスール除外は I 条 1 項及び XIII 条 1 項に違反するとの EC の申立を扱うことがパネルには適切であっただろう」として，訴訟経済を理由に判断を下さなかったパネルの対応を批判している[44]。

2 個別措置としてのメルコスール除外

　タイヤ輸入禁止とメルコスール除外は，以下のふたつの理由から，ひとつの措置としてではなく，ふたつの措置として別個に判断すべきであったと考えられる。まず，米国―ガソリン事件及び米国―エビ輸入禁止措置事件において示

されてきた二段階アプローチ，特に，「措置とその目的」と「措置の適用の方法」を峻別することによって「適用プロセス」の適正性を重視する立場を堅持するために，タイヤ輸入禁止とメルコスール除外を区別して検証すべきであったと考えられる。上述のとおり，例外措置の「適用プロセス」自体を措置の「目的」と切り離して判断するXX条柱書の解釈基準は，強制的な規制というハードな側面よりも，当事者が公正な手続のもとで行動調整をするソフトな側面に重点を移行させる現代の法理論・実務の動きに沿ったものとして，高く評価されるべきであるし，また今後も尊重されることがXX条関連紛争の早期解決にも有効な手段であると思われる。このため，上級委員会はタイヤ輸入禁止の「適用の方法」の分析対象を，あくまでもタイヤ輸入禁止を実施する際の「方法」や「手続」，すなわち，実施の際のECをはじめとした他のWTO加盟国との協議・交渉プロセスそのものに限定すべきであった。そのうえでメルコスール除外については，ECが別の申立を行っていたという事実も踏まえ，別の措置として区別して判断すべきであったと考えられる。

　また，地域経済統合（RTA）とWTOの規律競合・抵触という観点からも，二つの措置は個別に判断することが適切であったと考えられる。本件において上級委員会は，メルコスール除外がRTAに則った国際仲裁裁判手続の判断の結果であったにもかかわらず，同除外措置の存在そのものを理由にタイヤ輸入禁止はXX条柱書の要件を充足しないと判断している。他方，GATT XXIV条は，「協定の当事国間の経済の一層密接な統合を発展させて貿易の自由を増大することが望ましいことを認め」，RTAを締結することにより生じる最恵国待遇違反を含むGATT違反を例外として認めている。同条はRTAを「関税その他の制限的通商規則を……実質上のすべての貿易について……廃止すること」と定義している。本件タイヤ輸入禁止が「制限的通商規則」であることを踏まえると，メルコスール除外はむしろXXIV条の趣旨に沿った措置であったといえる。その結論の適否については紙幅の関係もありここでは論じないが，

少なくとも XXIV 条の解釈を経ずに,メルコスール除外を理由にタイヤ輸入禁止は XX 条によって正当化されないとした上級委員会の判断のプロセスには問題が残るといえよう。

(1) 村上淳一『ドイツ現代法の基層』東京大学出版会,1990年,86頁参照。
(2) GATT Panel Report, *United States — Prohibition of Imports of Tuna and Tuna Products from Canada,* adopted on 22 February 1982, BISD 29S/91.
(3) GATT Panel Report, *United States — Imports of Certain Automotive Spring Assemblies,* May 26, 1983, BISD 30S/107.
(4) GATT 時代の XX 条関連ケースの概要については,Committee on Trade and Environment, *GATT/WTO Dispute Settlement Practice Relating to GATT Article XX, Paragraphs (b), (d) and (g),* WT/CTE/W/203, 8 March 2002. 及び松下,清水,中川編『ケースブック ガット・WTO法』有斐閣,2000年(以下,松下(2000))を参照。
(5) Appellate Body Report, *United States — Standards for Reformulated and Conventional Gasoline,* WT/DS2/AB/R, 29 April 1996. (hereinafter, *US — Gasoline* Appellate Body Report),小寺彰「米国のガソリン基準」,松下(2000)所収,240頁,小寺彰「米国のガソリン基準に関するパネル報告及び上級委員会報告」㈶国際貿易投資研究所『ガット・WTOの紛争処理に関する調査 調査報告書Ⅶ』1997年,140頁所収,川瀬剛志「ガソリンケース再考—その『貿易と環境』問題における意義」『貿易と関税』1998年1月号等を参照。
(6) *US — Gasoline* Appellate Body Report, *supra* note 5, at 22.
(7) *Id.*
(8) *Id.*
(9) *Id.*
(10) 田中成明「転換期の法思想と法学」田中成明他編『岩波講座 現代の法15現代法学の思想と方法』1997年,8頁,参照。
(11) ハーバーマスは,法の妥当性を討議による人々の合意の上に基礎づけ,「およそ可能なすべての当事者が実践的討議の参加者として合意する場合にのみ,その規範は,妥当性を主張することができる」と述べている(ハーバーマス:三島憲一他訳『道徳意識とコミュニケーション的行為』岩波書店,1991年,108頁)。その他,裁判外紛争処理(ADR)の観点からハーバーマスの手続的正義論を論じたものとして,佐藤岩夫「裁判・討議・公共圏」棚瀬孝雄編著『紛争処理と合意』ミネルヴァ書房,1996年,141頁所収参照。
(12) Appellate Body Report, *United States — Import Prohibition of Certain Shrimp and Shrimp Products, Recourse to Article 21.5 of the DSU by Malaysia,* WT/DS58/AB/RW, October 22, 2001. (hereinafter, *US — Shrimp (21.5)* Appellate Body Report)

(13) 紛争解決に係る規則及び手続に関する了解第 4 条等。
(14) Appellate Body Report, *United States—Import Prohibition of Certain Shrimp and Shrimp Products*, WT/DS58/AB/R, 12 October 1998. (hereinafter *US—Shrimp* Appellate Body Report)
(15) *United States Appellant's Submission for United States—Import Prohibition of Certain Shrimp and Shrimp Products*, ¶ 28.
(16) *US—Shrimp* Appellate Body Report, *supra* note 14, ¶ 53.
(17) *Id.,* ¶ 149.
(18) Sanford Gaines, The WTO's Reading of the GATT Article XX Chapeau: A Disguised Restriction on Environmental Measures, 22 *U. Pa. J. Int'l Econ. L.* 739, 2001, at 775. (hereinafter S. Gaines (2001)), at 777-8.
(19) *Id.,* at 778.
(20) *US—Shrimp* Appellate Body Report, *supra* note 14, ¶ 158.
(21) *Id.,* FN156., B. Cheng, *General Principles of Law as applied by International Courts and Tribunals,* at 125.
(22) *US—Shrimp* Appellate Body Report, *supra* note 14, ¶ 159.
(23) Appellate Body Report, *Brazil—Measures Affecting Imports of Retreated Tyres*, WT/DS332/AB/R, 3 December 2007. (hereinafter, *Brazil-Tyres* Appellate Body Report), 川瀬剛志「ブラジルの再生タイヤの輸入に関連する措置」㈶国際貿易投資研究所『WTO パネル・上級委員会報告書に関する調査研究報告書』2008年 3 月, 143頁以下所収（以下，川瀬（2008））を参照。
(24) *Brazil—Tyres* Appellate Body Report, *supra* note 23, ¶ 227-228.
(25) *EC's Appellant's Submission for Brazil—Measures Affecting Imports of Retreated Tyres,* ¶ 309.
(26) *Id.,* ¶ 321.
(27) *Id.,* ¶ 323.
(28) *Brazil—Tyres* Appellate Body Report, *supra* note 23, ¶ 227.
(29) *Id.* ¶ 228.
(30) 川瀬（2008），192頁。
(31) S. Gaines (2001), *supra* note 18, at 778.
(32) 川瀬（2008），194頁。
(33) *US—Shrimp* Appellate Body Report, *supra* note 14, ¶ 149.
(34) 川瀬（2008），194頁。
(35) *Brazil—Tyres* Appellate Body Report, *supra* note 23, ¶ 227.
(36) *US—Shrimp* Appellate Body Report, *supra* note 14, ¶ 165.
(37) 64 Fed. Reg. 36, 946, July 8, 1999.
(38) S. Gaines (2001), *supra* note 18, at 794.

(39) *US − Shrimp (21.5)* Appellate Body Report, *supra note* 12, ¶144.
(40) Posted of Joost Pauwelyn to International Economic Law and Policy Blog, December 05, 2007 at 05:37 AM.
(41) Panel Report, *Brazil − Measures Affecting Imports of Retreated Tyres,* WT/DS332/R, 12 June 2007, ¶7.148, ¶3.1 and ¶7.1.
(42) *Id.,* ¶7.448.
(43) *Id.,* ¶7.453-7.455.

タイヤ輸入禁止とメルコスール除外をひとつの措置とみなすことについては，S. Cho も「メルコスール除外は原措置（健康上の理由に基づく輸入禁止）から分けることはできないし（すべきでもない），少なくとも本件においては，柱書テストのもとで扱われるべきであり，Ⅰ条及びXXⅣ条のもとで扱われるべきではない」として支持している。Posted of Sungjoon Cho to International Economic Law and Policy Blog, December 05, 2007 at 09:22 PM.

(44) なお，上級委員会がパネル判断を適切ではないとしたのは，メルコスール諸国を除外しているにも関わらずタイヤ輸入禁止は柱書の要件を充足するとパネルが判断した結果，メルコスール除外が GATT 整合的と認められる可能性が発生したため，メルコスール除外自体をⅠ条1項及びXⅢ条1項違反とする EC の申立をパネルは判断すべきであったと指摘しているに過ぎない点には留意が必要であろう。

【付記】
　本稿に述べられている見解は執筆者個人の責任で発表するものであり，経済産業省としての見解を示すものではない。
　（経済産業省通商機構部参事官補佐・（独）経済産業研究所コンサルティングフェロー）

論　説　自由論題

EU と WTO における遺伝子組換え産品に関する規制
―― EU の事前承認制度の特徴と WTO 法の展開 ――

内　記　香　子

Ⅰ　はじめに
Ⅱ　EU の「マルチレベル，マルチアクター」ガバナンスと法的問題点
　1　事前承認制度の概要
　2　検　　討
Ⅲ　「リスク」「科学的不確実性」と SPS 協定第 5 条 7 項
　1　「科学的不確実性」とは何か
　2　EU における「科学的不確実性」の射程
　3　WTO における「科学的証拠の不十分性」の射程
Ⅳ　結びにかえて――不確実性の逆説

Ⅰ　はじめに

　2006 年 9 月に EC・遺伝子組換え産品規制事件の WTO パネル報告が出されて[1]から約 3 年の時が過ぎたが，EU における遺伝子組換え体（GMO）やそれを使用した食品等（GM 製品）の輸入・流通に関する制度への関心は高く，欧米では多くの研究書・論文が発表されている。EU では，GMO を域内に輸入し，流通させるためには事前に承認（authorization）を得なければならないという「事前承認制度」を設けている。GMO の事前承認制度自体はめずらしいもの[2]ではなく，例えば日本も「カルタヘナ法」において同様の事前承認制度を有し[3]ている。しかし EU の事前承認制度が関心をよんでいる理由は，その承認の意思決定プロセスの複雑さにある。承認が得られなければ，その不承認の決定

がWTOの衛生植物検疫措置の適用に関する協定（以下，「SPS協定」）に整合的なのかどうかをめぐって，再び国際的紛争に発展するおそれもある。

2003年に米国・カナダ・アルゼンチンが申立国となってWTOに提起したEC・遺伝子組換え産品規制事件では，EUレベルにおいて申請に対する承認を遅らせる「一般的モラトリアム」（"general EC moratorium"）と，承認を得た後にEU加盟国が個別にGMOの使用及び販売を緊急に停止する「セーフガード措置」の二つの異なるレベルの措置が扱われた。(4) モラトリアムが解除され，承認が2004年に再開されてからは，ペースは遅いものの承認が得られたGMOは（2008年末までに）17ある。(5) 他方で，承認後に加盟国が個別にセーフガード措置を発動するケースはいまだ続いており，予断を許さない状況にある。EUの新制度はどのような点において特異なのか，またそのWTO整合性が問われる可能性はどれくらいあるのか，国際社会の関心は高い。

EUの制度の特徴は，GMOの承認をめぐるEUレベルと加盟国レベルの判断(6)（承認審査の過程でおこる見解の対立のほか，上述のとおり承認後に加盟国がセーフガード措置をとることで見解の対立が生じることもある）がどのように調整されるのか，という「マルチレベル」と評される場面に加えて，科学的知見を提出するEUの専門機関や「公衆（public）」の意見をどのように取り込むのかという，「マルチアクター」と評される場面も存在しているところにある。この「マルチレベル，マルチアクター」(7)の意思決定プロセスは，GMOの安全性を「科学的」に判断する場面と「政治的」な考慮をくわえる場面を制度化したものであり，それらがどのように調整されているのか，という点が興味深い論点となっている。(8) ひるがえって，EUにおける決定がWTO・SPS協定に整合的かどうかが仮に問題になるとすれば，それは専らSPS協定における科学的証拠に基づいた措置をとる義務との整合性の点においてである。とりわけGMOという産品のもつ健康と環境に与える影響の不確実性の点から，一定の条件の下で暫定措置をとることを認めるSPS協定第5条7項との関係が問題となりうる

が，WTO 紛争解決におけるこの条文の解釈も，事例ごとに発展している段階にあるのが現状である。⁽⁹⁾

　本稿は，WTO 紛争後の GMO をめぐる EU と WTO の規制の現状を分析し，どのような潜在的な対立があるのか検討するものである。本稿の構成は次のとおりである。次章では，EU の新しい承認制度の特徴を紹介し，意思決定プロセスにおけるどのような点が承認審査の判断に影響する可能性があるのか，承認・不承認の決定を左右する要因について検討する。とりわけ，多様なアクターの見解がどのように反映されて決定を左右するのかという問題と，科学的根拠以外の「その他の要因」はどのように考慮されるのかという問題に注目する。続くⅢでは，「科学的不確実性（scientific uncertainty）」と言われる場面を，EU 法と WTO 法がそれぞれどのように規律しているかを検討し，両者の異同について考察する。

Ⅱ　EUの「マルチレベル，マルチアクター」ガバナンスと法的問題点

　EC・遺伝子組換え産品規制事件という WTO 紛争の期間（すなわち2003年5月に米国・カナダ・アルゼンチンによって WTO 協議要請がなされて，2006年9月に WTO パネル報告が発出されるまでの間）は，EU 内での新しい承認体制への移行時期と重なっていた。すなわち，2001年4月に施行された「GMO の意図的な環境放出に関する指令（Directive 2001/18）」（以下，「環境放出指令」とする）⁽¹⁰⁾と，2003年8月に施行された「遺伝子組換え食品及び飼料に関する規則（Regulation 1829/2003）」（以下，「食品・飼料規則」とする）⁽¹¹⁾の採択である（なお，本稿ではラベリング等その他の GMO 関連の EU の制度については扱わない）。WTO 紛争で問題とされた，1999年からとられていた EU レベルのモラトリアムと，99年前後に始まった EU 加盟国によるセーフガード措置は，旧制度に対する加盟国の不満の結果もたらされたものであった。そのため，旧制度を改変して新制度を確立することが，承認再開の条件となっていたという政治的背景があった。⁽¹²⁾

1990年代から施行されていたGMO関連の主要な制度として，旧環境放出指令[13]と新規食品規則[14]があった。旧環境放出指令については，リスク評価の内容・基準の不明確さが問題点として指摘されていた[15]。さらに，特に加盟国の不満の多かった新規食品規則については，食品ではない「飼料」が適用範囲に含まれていなかったことや，ラベリングの義務が徹底してないという問題があり[16]，新しい食品・飼料規則ではその点が改善された。また新規食品規則には，既存の食品とGM食品に「実質的同等性（substantially equivalence）」があればそのGM食品の流通が認められるという規定があり，これがGM食品の安全性を評価する抜け穴になっているという批判があった[17]。この規定は新規則にはもう存在しない。

2000年代に成立した二つの新制度——改正された環境放出指令と食品・飼料規則——は，適用範囲と目的においてそれぞれに次のような特徴がある。まず，環境放出指令の適用範囲には，GMOを市場に流通させる目的以外の目的で（拡散防止措置をとらずに）意図的に放出（deliberate release）する場合（すなわち実験や調査目的）[18]と，GMO（但しGMOが最終製品に含まれている場合に限られる）を市場に流通させる場合（すなわち商業目的）の二つが含まれている[19]。他方，食品・飼料規則は，GMOを食用（あるいは飼料）として利用する場合に特化されている。具体的には，(a)GMOを食用で用いる場合（GMOs for food use），(b)GMOが食品に含まれる場合（food containing or consisting of GMOs），ならびに(c)食品がGMOから製造されたり食品の原材料がGMOである場合（しかしGMOは最終製品の中には存在しない）（food produced from or containing ingredients produced from GMOs）とされる[20]。従って，この二つの制度の適用範囲は重なることになる。すなわち，環境放出指令におけるGMOを市場に流通させる場合は，食品・飼料規則の適用範囲である(a)と(b)と重なる[21]。

目的については，環境放出指令では予防原則を明記し，加盟国間の法規則を調和させて人の健康及び環境を保護することとしている。食品・飼料規則は，

「人の生活・健康，動物の健康と福祉，環境ならびに消費者の利益（protection of human life and health, animal health and welfare, environment and consumer interests）の保護を高いレベルで確保すること」とし，目的が広い。後者の目的の広さがどのように同規則の適用に影響するのかという点も関心がもたれている論点である。

1　事前承認制度の概要

「マルチレベル，マルチアクター」ガバナンスとは，まずEUレベルと加盟国レベルという異なる二つのレベルの権限関係があること，さらに，EU機関，加盟国当局，欧州食品安全機関（European Food Safety Authority, 以下「EFSA」とする）と「公衆」という多様なアクターが関係していることを指している。以下では，GMOの承認をめぐるEUのガバナンスにどのような特徴があるかをみていく。とりわけ，①多様なアクターが承認の意思決定プロセスにどのように参加しているのか，②GMOの安全性を判断するにあたって科学的根拠とその他の要因はどのように考慮されるのか，の二点に注目して検討する。

EFSAとは，2003年5月にEC規則178/2002を法的根拠として活動を開始した専門機関である。EFSAの設立前は，リスク評価を行う委員会が欧州委員会内に設置されていたが，EFSAが同規則によって「食料と食品安全に関する欧州の立法及び政策に関する科学的助言及び科学的・技術的な支援を行う」役目を担うこととされた。EFSA運営委員会（Management Board）の14人のメンバーは，理事会が（欧州議会と協議の上で）指名し，加盟国との結びつきが少なく政治的に独立性が高いと言われている。リスク評価を行うEFSAは，リスク管理を行う欧州委員会と，役割を明確に区別されることになった。GMOの承認については，主に食品・飼料規則においてEFSAの関与が定められている。

(1) 申請からその評価まで　環境放出指令と食品・飼料規則のいずれの制度においても、まずは申請者（産業）が各制度で要求されるリスク評価を行うが、このことは、申請者（産業）がリスク評価を行い安全性についての立証責任を負うことを意味している。そして、食品・飼料規則では申請 (application) として、環境放出指令では通報 (notification) の中で、加盟国当局に承認申請を行う。しかし、その申請に対する評価プロセスは、それぞれの制度に次のような特徴がある。

　まず食品・飼料規則においては、EFSAに申請がそのまま通知され、EFSAが中心となって申請を承認要件に従って評価し、6ヶ月以内に「意見 (opinion)」を提示しなければならない。この段階でEFSAには加盟国当局との協力関係も求められ、加盟国当局に安全性評価・環境影響評価等を依頼する場合もある。また、申請内容について欧州委員会や他の加盟国に通知したり、「公衆」に対する情報公開などの役目も負う。EFSAの意見は欧州委員会・全加盟国・申請者に提示される。欧州委員会はこの意見を受けて提案を作成、EUレベルでの決定プロセスに移る（後述(2)）。また、この段階において「公衆」はEFSAの意見にコメントして欧州委員会に提出できるとされているが、欧州委員会におけるそのコメントの扱いについては規定されていない。

　他方で環境放出指令においては、申請者からの通報内容を評価する加盟国当局の権限が大きく、当局が申請を評価し、その評価報告書 (assessment report) の中で市場流通に同意するかどうかについての結論を示すことになっている。この評価報告書に対して、欧州委員会と他の加盟国がコメントをしたり反対意見を表明したりする機会があるが、報告書の発出から105日以内に、欧州委員会と他の加盟国は結論について合意に達するよう議論するとされている。この段階で反対意見の表明が出された場合、あるいは評価報告書が流通に同意していない場合には、欧州委員会を通じて関連ある科学委員会 (Scientific Committees) に助言を求めることとなっているが、関係機関の間で合意に至らない場

合には，EUレベルの承認・不承認の決定に移行することになる（後述(2)）。

なお，公衆への情報公開は欧州委員会の役目となっており，申請者からの通報の要約と加盟国からの評価報告書が公衆に公開されることとなっている。後者について公衆は30日以内にコメントすることが可能であり，コメントは欧州委員会から加盟国当局に通知される(39)。

(2) EUレベルでの承認・不承認の決定　　上述のとおり申請に対する評価プロセスは，食品・飼料規則と環境放出指令ではそれぞれに制度上の特性があるが，EUレベルの決定手続に移った後は欧州委員会の提案をもとに意思決定が進行し，同じようなプロセスを経る。

まず食品・飼料規則では，欧州委員会がEFSAの意見を受けて3ヶ月以内に承認の提案（draft decision）を作成するが，その際，EFSAの意見に必ずしも従う必要はなく，「意見を考慮して」提案を作成するとされているだけである。但し，その意見と異なる提案を作成する場合には説明（an explanation for the differences）が求められる(40)。また欧州委員会は，「その他の正当な関連要因」（other legitimate factors relevant to the matter under consideration）を考慮して提案を行うとされている(41)。

欧州委員会の提案は次のようなEUレベルの意思決定プロセスを経る(42)。いわゆる「コミトロジー手続(43)」である。まず提案は，規制委員会（Regulatory Committee）という加盟国代表によって構成される（欧州委員会が議長を務める）委員会に提出される。そこで特定多数決にかけられ，規制委員会の意見が欧州委員会の提案と一致しない場合（あるいは規制委員会から意見が出されない場合），欧州委員会は，理事会に正式に提案を提出しなければならない。そこでまた特定多数決にかかるが，そこで採択も否決もされない場合は，欧州委員会は独自の提案をEUの措置として決定することができる。つまりそこには，理事会内で委員会の提案を否決するという立場が大勢を占めている場合には，欧州委員会はその大勢に反する決定を行わないが，採択も否決もされないという加

盟国間で大勢を占める立場が明確でない場合には，欧州委員会の提案が優先される，という考え方がある。(44) なお，理事会が否決した場合，欧州委員会は提案を再検討しなければならず，改案あるいは新規の提案を提出することになる。

他方，環境放出指令においては，前述のとおり，申請を受けた加盟国当局の評価に欧州委員会あるいは他の加盟国当局が反対した場合にEUレベルでの承認決定に移行する。(45) そこでの決定は，上述の食品・飼料規則と同じように，コミトロジー手続によってなされる。

2 検 討

(1) 多様なアクターの見解が承認の意思決定プロセスにどのように影響するのか　まず，加盟国の意思の反映という観点からは次のようなことが言える。環境放出指令においては，申請を受けた加盟国当局の評価権限が大きい。しかし加盟国当局は，申請者からの通報を受けた後，直ちに他の加盟国と欧州委員会にそのことを通知しなければならないとされている。(46) つまり，流通に同意するかどうか加盟国が結論を評価報告書で出す前に，他の加盟国と欧州委員会も状況を知らされることとなっており，それによって加盟国間の見解の調整を早くから促して，見解の不一致によるEUレベルへの意思決定の移行をできるだけ回避しようとする制度設計の意図があるという。(47)

この点，食品・飼料規則においては，加盟国ではなくEFSAが中心的役割を担う。承認・不承認の提案を行う欧州委員会はEFSAの見解に必ずしも従う必要はないが，(48) 従わない場合には欧州委員会に説明が求められていることから，EFSAの見解に事実上の拘束力があるという評価もある。(49) 実際に，EFSAはすべてのケースにおいて承認に肯定的な科学的知見を示しており，欧州委員会もそれにすべて従って承認を認める提案をしてきている。つまり，（リスク評価をする）EFSAの科学的知見が（リスク管理をする）欧州委員会の提案の方向性を事実上決めているとも言える。(50)

さらに加盟国の意思の反映という点からは、コミトロジー手続という意思決定の意味も考える必要がある。モラトリアムが終了したことのサインとして、2004年5月に遺伝子組換えトウモロコシBt11に承認が下りたケースでは、理事会が特定多数決によって欧州委員会の提案を採択も否決もできなかったために欧州委員会の提案が通り、承認が下りた、というものであった[51]。つまり、理事会（すなわち加盟国側）が科学的知見に基づいて承認を与えようとした欧州委員会の提案に、同意することもなくまた否決もしないという大勢が不明の状態において、欧州委員会の決定に委ねられた結果なのである。このことは、加盟国間の見解の不一致が加盟国の政治的意思の反映を妨げていることを示しており、GMOの承認がそれだけ難しい問題であることを意味している[52]。続く、遺伝子組換えトウモロコシNK603[53]、ナタネGT73[54]の承認審査においても、同じ意思決定の結果によって承認が得られている。GMOの承認再開は、加盟国間の見解の不一致という状況を利用した形で始まったとも言える。他方で、Ⅲ2でみるように、加盟国のセーフガード措置の妥当性を判断する場合のコミトロジー手続においては、措置の撤廃を提案する欧州委員会案が理事会で否決されるという結果となっており、加盟国の反対の姿勢が強く現れている。この場面では、加盟国の政治的意思が明確に反映されていると言えるが、結果としてGMOの通商が滞ることとなり域外の輸出国との軋轢を生むこととなる。

他方、EUの制度に特徴的な「公衆」の関与については、食品・飼料規則においては、情報公開のほか、EFSAの見解にコメントをすることが可能である。但し、前述のとおり、欧州委員会がそれをどのように扱うかは明確ではない。環境放出指令においても状況は似ており、申請書の要約の公開を受けることと、加盟国による評価報告書が市場流通に肯定的な場合にそれにコメントできることとなっているが、そのコメントの取り扱いについての規定はない。したがって、公衆の関与はあまり大きくはないと言えるであろう[55]。

(2) 科学的根拠以外の「その他の要因」はどのように考慮されるのか　　科

学的根拠以外の要因はどのように考慮するようになっているか、という問題については、次のようにまとめられる。まず、食品・飼料規則と環境放出指令では共に、(上記の概要では説明しなかったが) 倫理に関する問題について、欧州委員会が、それ自身の発議において、あるいは加盟国からの要請に基づいて、「科学と新技術の倫理に関する欧州グループ (European Groups on Ethics in Science and New Technologies)」等と協議することができるとされている。しかしこの点を除いては、食品・飼料規則の方が科学的根拠以外の要因について明確な規定を置いている。すなわち、欧州委員会は提案を行うにあたって「その他の正当な関連要因 (other legitimate factors relevant to the matter under consideration)」を考慮するとなっている点である。このような文言が同規則に入っている理由としては、同規則の目的が前述のとおり「人の生活・健康、動物の健康と福祉、環境ならびに消費者の利益」となっており、環境放出指令よりも幅広いことが指摘できる。またこのような姿勢は、前文32において「場合によっては、科学的なリスク評価のみが、リスク管理による決定が基づくべきすべての情報を提供するものではない」とも記されていることにも現れている。

しかし、「その他の正当な関連要因」とは具体的に何なのか同規則には明記されていない。なお、EFSA の法的根拠となっている EC 規則178/2002の前文19によれば、「正当に考慮されるべきその他の要因 (other factors relevant to the matter under consideration should legitimately be taken into account)」の例として、「社会的、経済的、伝統的、倫理的、環境上の要因、ならびに管理の実効性 (societal, economic, traditional, ethical and environmental factors and the feasibility of controls)」が挙げられている。「その他の正当な要因」はコーデックス委員会においても議論されたことがあり、どのような要因を国際基準の採択にあたって考慮すべきかが検討されたことがあったが、明確な結論には至っていない。

論者の中でも、「その他の要因」が実際に考慮される可能性があるのかどう

か疑わしいという見解が示されている。食品・飼料規則において承認の「要件」を規定する第4条1項によれば，「(a)人，動物の健康あるいは環境に悪影響を及ぼすもの，(b)消費者に誤解を与えるもの，(c)消費者にとって通常の消費において栄養上の不利益となるために代替される食品と異なるもの(60)」には承認が与えられないとされている。これが承認・不承認の「要件」であるとすれば，ここに「その他の要因」がどれくらい関係してくるのか明確ではないうえ，こうした要件を離れた承認・不承認の決定が許容されるか疑問であるという見解が示されている(61)。さらに次章で検討するように，現行のEU法における科学的証拠を重視するアプローチを考慮すれば，「その他の要因」の機能はあまり明確でないと言えよう。

　以上，現行のEUの事前承認制度において，GMOの承認を否定する可能性のある要因について検討してきた。これらの要因が，承認否定の方向に積極的に機能する可能性は今のところ少なく，SPS協定の科学的根拠を要求するルールに対する抵触を懸念する必要は小さいようである。このほか，事前承認の制度には，承認後に（事後的に）暫定的に輸入を禁止することを許容する規定がある。その場合にも，SPS協定上の科学的な根拠を求めるルールとの整合性が問題となる可能性がある。SPS協定上の主要な規定としては，第5条1項（リスク評価の義務）と7項（科学的証拠が不十分な場合に暫定措置をとることができる権利）があるが，GMOに特有な「科学的不確実性」をめぐって，第5条7項の暫定措置として事後的に輸入禁止措置をとることが認められるかどうかが問題となる可能性が高い。次章では，この「科学的不確実性」の問題について検討する。

III 「リスク」「科学的不確実性」とSPS協定第5条7項

1 「科学的不確実性」とは何か

「リスク（危険性）」と「科学的不確実性」の定義は，論者によって表現に違いがあるが，本稿では次のように理解することとする(62)。すなわち，リスクとは健康等への悪影響（detrimental effects, negative impacts）が存在することが確かであることを意味する一方で，「科学的不確実性」（あるいは不確かなリスク [uncertain risks]）とは，通常のリスク評価の方法によってリスクを算定するのが（因果関係が複雑であったり，長期的な影響を測るのが困難であったりするために）不可能である事態を指す(63)。こうした理解はしばしばみられるところであり，例えば日本の国際環境法の文献においても，「科学的不確実性」とはリスクの評価において「いかなる好ましくない結果をもたらすのか，どの程度の蓋然性でかかる結果が生じるのかについて科学が100％の証拠を提示できない状況」と表現されている(64)。

「科学的不確実性」が存在する場合に予防原則に基づいて予防的措置をとる，ということが国際社会において一般的に認められていることは間違いないとしても，どのような場合に予防的措置をとることができるのかというより詳細なルールは，各条約の規定解釈や判例によって構築されるものである。とりわけ，各国が「科学的不確実性」ゆえに個別の通商措置をとる場合には，それが根拠のない保護主義的な措置でないかをめぐって紛争になりやすい。したがって本章の関心は，どのような証拠をもって「科学的不確実性」が存在するとするか，にある。特に「科学的不確実性」が存在すると認められる射程(65)が，EU法とWTO法上でどのように異なるかを検討する。

EUでは，「予防原則に関する欧州委員会コミュニケーション」（以下，「欧州委員会コミュニケーション」(66)）において「科学的不確実性」に関し次のような言及がある。すなわち，「科学的不確実性」は予防原則を援用する要因の一つで

あるとされたうえで,「科学的不確実性は,通常,科学的方法の5つの特質から生じる。すなわち,選択される変数,行われる測定方法,とられるサンプル,利用されるモデル及び使用される因果関係である。科学的不確実性はまた,現在あるデータ又はいくつかの関連するデータがないことに関する論争からも生じる」という(67)。しかしこの言及は,どのような証拠でもって「科学的不確実性」が存在するとするのか,具体的な指針を示すものではないため,下記では欧州司法裁判所の判例を検討することとする(68)。

他方,WTOのSPS協定上は「科学的不確実性」や「予防原則」という文言は存在しないので,SPS協定第5条7項の文言である「関連する科学的証拠が不十分な場合」(69),すなわち「科学的証拠の不十分性」という概念が用いられることになる。この問題がEC・遺伝子組換え産品規制事件で取り上げられたのは,EU加盟国による,(承認されたGMOに対する)個別のセーフガード措置をめぐってであった(70)。本章ではその中でも,北オーストリアにおけるGMO栽培を禁止する措置をめぐる紛争を取り上げて,「科学的不確実性」について考察する。オーストリアは,遺伝子組換えトウモロコシ(T25及びMON810)に対してセーフガード措置をとっており,それはWTOパネル報告書が2006年9月に発出された後も維持され,解決が長引いている。なお,遺伝子組換えトウモロコシMON810については,ハンガリー,ギリシャ及びフランスも(WTO紛争後に)セーフガード措置をとっている(71)。

なお,「科学的不確実性」と「予防原則」という概念における,事前承認制度とセーフガード措置の位置づけをまとめておくと次のようになろう。事前承認制度は,「科学的不確実性」が存在するために予防原則に基づいてとられる措置であると理解される。すなわち,「調査(リスク評価)が行われていない(ゆえに科学的に不確実な)場合(したがって,リスク評価を行う事前審査手続を設定するとともに,その間の活動を停止することが必要となる)」(72)と説明される。GMOをはじめ,食品や新規化学物質の使用における事前承認制度がこのケースにあ

たる。さらにこれとは別に,「科学的不確実性」のために予防原則に基づいた措置がとられるケースとして,「調査（リスク評価）の結果なお科学的不確実性が残る場合」(括弧内筆者) がある。その典型例は,地球環境問題であるとされるが, GMO をめぐる EU 加盟国の個別のセーフガード措置も, この後者の場合にあたるであろう。すなわち, リスク評価がなされて一度は承認されたものの, 再びリスク評価がなされて「科学的不確実性」が確認されるケースである。

2　EUにおける「科学的不確実性」の射程

まず「科学的不確実性」と EU 加盟国の個別のセーフガード措置の要件がどのような関係にあるかをみていくこととする。オーストリアのセーフガード措置は, 北オーストリアにおける GMO フリーの農業生産の保護を目的に, 旧環境放出指令に基づいてとられた措置である。旧指令は, 第16条において「人の健康又は環境に対するリスクを構成するという正当な理由（justifiable reasons)」があることを条件に, セーフガード措置をとることを認めていた。改正された環境放出指令も第23条でセーフガード措置（safeguard clause) をとることを認めている。しかし, 要件が旧指令よりも詳細になっている点が特徴的である。すなわち第23条1項によれば, ①新規のあるいは追加的な情報（new or additional information made available) 又は, 現在の情報の再評価の結果（reassessment of existing information) として, ②人の健康又は環境にリスクがあるという詳細な根拠（detailed grounds) がある場合とされる。同じように, 食品・飼料規則第34条にも緊急措置（emergency measures) を認める規定があり, それによれば「人の健康, 動物の健康, あるいは環境への重大なリスクが明白な場合（it is evident that... a serious risk to human health, animal health or the environment), 又は EFSA の意見に基づく場合に（in the light of an opinion of the Authority) 緊急措置がとれるとされている。改正後もリスクの存在に対する明確な科学的な証拠が要求される。

セーフガード措置がとられた場合，加盟国は速やかに欧州委員会に通知し，欧州委員会が，同措置が認められるかどうかについて判断する。欧州委員会は，植物科学委員会（Scientific Committee for Plants; SCP）に意見を求めることも(74)できる。欧州委員会が提案（セーフガード措置の認容あるいは撤廃の提案）を行っ(75)た後は，コミトロジー手続（前述Ⅱ1(2)）によって決定がなされる。

WTO紛争で問題となっていたセーフガード措置8件について，2005年6月，欧州委員会は措置の撤廃をまとめて提案したが，コミトロジー手続においてすべてが理事会で否決されるという投票結果となった。つまり，セーフガード措(76)置に科学的根拠がないとして欧州委員会が撤廃を提案しても，それに対する加盟国の反対が強いという傾向がみられる。その後欧州委員会は，遺伝子組換えトウモロコシ（T25及びMON810）の使用に関するオーストリアのセーフガード措置について，「食用及び飼料用」と「栽培用」とに分けて措置の認容・撤廃を検討することとした。前者については，欧州委員会は措置を撤廃すること(77)を提案しそれは決定されている。他方，加盟国の合意が得にくい「栽培用」の(78)使用については引き続きEFSAの意見を求めて検討することとしていた。2008年末に出されたEFSAの科学的見解を受けて欧州委員会は，この「栽培用」についても措置の撤廃を提案したが，2009年3月2日の理事会決定において否決される結果となった。したがって，2009年4月現在もオーストリアの(79)セーフガード措置は続いている。

さらにオーストリアは2003年に，上述の環境放出指令におけるセーフガード措置のほかに，EC条約第95条5項に基づく国内措置をとった。EC条約第95条に基づく場合はデロゲーション（逸脱措置）と言われ，これもセーフガード措置に類似して，より厳しい国内規制の採用が認められる法的根拠である。第95条5項は次のように規定する。すなわち，「理事会または委員会によって調和措置が採択された後に，構成国が調和措置の採択後に当該構成国に特別な問題が生じたという理由で，環境保護または労働環境に関する新しい科学的根拠

に基づく国内規定の導入が必要と判断する場合には，導入の理由と共に当該規定を委員会に通知しなければならない。」ここでは，「新しい科学的根拠」という要件のほかに，「加盟国に特別な問題が生じたという理由（on grounds of a problem specific to that Member State)」が要求されている点に特徴がある。

オーストリアは，（調和措置である）環境放出指令からの逸脱措置として，北オーストリアにおける GMO 栽培を禁止する国内法令案を欧州委員会に通知した。しかし，委員会がこの逸脱措置を承認しない決定を下したため，オーストリアがその取消を求めて訴訟を提起したのが，オーストリア対欧州委員会事件である。この事件の判決は2007年に欧州司法裁判所から出された。裁判所は，第95条5項に基づく国内措置の適法性は「加盟国によって提示される科学的証拠の評価に密接に関係する」と述べた上で，オーストリアに「通常でないあるいは特有の（unusual or unique）エコシステムの存在」を証明する科学的証拠はないと EFSA が見解を示していたことに基づき，第95条5項にいう特別な問題の存在を示すような新しい科学的証拠はない，と判断したのである。

このようにセーフガード措置（あるいは EC 条約第95条の逸脱措置）の法的要件をみてみると，これらの措置は，「科学的不確実性」が存在する場合にとられる措置というよりも，明確なリスクが存在する場合（「科学的不確実性」ではなくリスクの「確実性」がある場合であって，予防原則の適用がない場合）にとることができる措置のようである。

それではこれまでの EU の判例法上，セーフガード措置とはどのような法的性格を持つものと理解されているのだろうか。それは，セーフガード措置によって被害を被った遺伝子組換え作物の開発企業が，措置の取消を求めて争った，モンサント事件で議論された。本件は，イタリア政府による遺伝子組換えトウモロコシに対するセーフガード措置につき，モンサント社が取消訴訟を国内で提起したものである。このイタリアのセーフガード措置は，現在の食品・飼料規則成立前の新規食品規則第12条1項に基づいてとられたものであり，条

文は，現在の環境放出指令の第23条の要件とほぼ同じであった。

欧州司法裁判所の先決的判決は，「セーフガード条項に基づいてとられた暫定措置は，科学的に検証されていない単なる予想に基づいた，リスクに対する仮定的なアプローチ（a purely hypothetical approach）に依拠してとられてはならない」こと[88]，「セーフガード措置は，各ケースの特定の状況に応じて，可能な限り完全に近いリスク評価に基づいた場合にのみ，とることができる（only if they are based on a risk assessment which is as complete as possible）」こと[89]，「リスク評価の結果は，一般的な性質のものであってはならず，特定のリスク（specific risk）の存在を示す証拠に基づくものでなければならない」こと[90]等を指摘する。その一方で，「セーフガード条項は予防原則を表したもの（specific expression to the precautionary principle）と理解されなければならず，同条項の適用条件は予防原則を十分に考慮して解釈され」[91]，「予防原則はセーフガード措置につながる意思決定プロセスの不可欠な一部（integral part）である」[92]とされる。予防原則に基づいたセーフガード措置は，利用可能な科学データの不十分さのために（inadequate nature of the available scientific data），完全なリスク評価ができないとしても，とることができる措置であるとされる[93]。

つまり，EU加盟国が暫定的にとることのできるセーフガード措置は，予防原則を体現したものであるが，仮定的なリスクに基づいてとることはできず，リスク評価に基づかなければならないとされている。GMO関連の事件ではないが，予防原則と科学的不確実性について論じたEUの著名な判決としてファイザー事件があり[94]，モンサント事件もこの判決に沿っているとみることができる[95]。本件は，飼料への添加物に関する指令（Directive 70/524）に関して，ファイザー社が生産していた家畜の成長促進目的の抗生剤に対し，それが人の健康を害する可能性があるという理由でデンマークが1998年に使用を禁止，セーフガード措置をとったことに端を発する。それを受けて，同社の抗生剤は理事会の決定により承認が取り消されることとなり[96]，ファイザー社がその理事会決

定の取消訴訟を提起したものである。

　欧州第一審裁判所（Court of First Instance）は次のように述べている。すなわち成長促進剤として同抗生剤を使用することについて、「人の健康に対するリスクにつき科学的不確実性がある場合には、共同体機関は予防原則に従って、これらリスクが明確になることを待つことなく保護措置をとることができ」、「予防原則が適用される事態、すなわち科学的不確実性がある場合には、現実的なリスクや悪影響の重大性に関する決定的な科学的証拠を提示するようなリスク評価を求められることはない」とした。しかしその一方で、予防的措置はリスクに対する単なる「仮定的なアプローチ」に基づいてはとられてはならないと述べ、「仮定的なアプローチ」にならないためにも、科学的に立証不可能な「ゼロ・リスク」（ゼロ・リスクとは危険性が全くない絶対安全のことを指す）を追求してはならないことを示唆している。さらに「決定的な科学的証拠（conclusive scientific evidence）によってリスクの現実性が十分に証明されていない（not been fully demonstrated）としても、リスクの存在がその当時利用可能な科学データによって十分に裏づけられていなければならない（adequately backed up by the scientific data available）」とされているのである。

　この判決から導かれる、「科学的不確実性」に基づいて予防的措置をとることが認められる射程とは、仮定的なリスクに基づいてはならないが、（決定的な科学的証拠はなくとも）リスクの存在がその当時の利用可能な科学データによって十分に裏づけられていればよい、というものになろう（なお EU においては、リスク評価に加えて「比例原則」によっても予防的措置の採用が制約されるというルールがあるが、本稿では省略する）。EU 法の研究者の中には、こうした EU の予防原則の理解は、1998年の WTO の EC・ホルモン牛肉規制事件に影響を受けたものであると指摘する見解がある。例えば、J. Scott は、仮定的なリスク（hypothetical risk）に基づいてはならないとする欧州司法裁判所の見解は、ホルモン牛肉規制事件において上級委員会が「理論的に常に存在する不確実性は、

SPS協定第5条において評価されるリスクには含まれない。なぜなら，科学的には，絶対的な確実性をもって健康への悪影響がないとは言えないからである」，と判断したことに影響を受けたものであるとみている。確かに，WTOにおいてもEUにおいても，そうした理論的で仮定的なリスクに基づいて予防的措置をとってはならない，というところで制限が課されている点は共通していると言えるだろう。

しかし他方で，「仮定的なリスク」と「利用可能な科学データによって十分に裏づけられているリスク」とは，どの程度違うものなのか，また後者と「リスクの確実性」との間にはどの程度の幅があるのか，明確ではないという評価もある。また，そもそも「科学的不確実性」の中で予防原則に基づいた措置を採用するうえで，判例の傾向はリスクの存在を強調しすぎているのではないかという評価もある。この点は欧州委員会コミュニケーションも同様の傾向があるとされる。結局，判例では予防原則が（明確性を追求するために）やや形式的に用いられているとの見解もあり，予防原則の持つ柔軟な趣旨が損なわれているという評価もある。

もっとも，こうした判例法上の「科学的不確実性」の射程の問題が，現行のGMOをめぐるセーフガード措置（あるいはEC条約上の逸脱措置）の法的要件の解釈適用の際にどの程度反映されるかは明確ではない。現行の，科学的証拠を要求する厳格な法的要件に照らせば，「科学的不確実性」を議論する余地は既に文言上，認められていないということにもなる。

3 WTOにおける「科学的証拠の不十分性」の射程

それでは，こうしたEU法上の理解は，WTO法上の理解とどの程度異なっているだろうか。前述のとおり，WTO法においては「科学的不確実性」という概念は存在せず，代わりに，SPS協定第5条7項に「科学的証拠の不十分性」という概念が存在している。この概念は，日本・農作物検疫事件において

扱われた。上級委員会は,「不確実性」があることと証拠が「不十分」であることは区別されなければならないとしたうえで,「不十分」とは,利用可能な科学的証拠によって,定性的にも定量的にも,第5条1項で求められる十分なリスク評価 (adequate assessment of risks) が行えないことである,と述べたことはよく知られている。[112]

続いて,第5条7項の適用条件はEC・遺伝子組換え産品規制事件で議論され,前述のとおり,EU加盟国による個別のセーフガード措置をめぐって,それらが7項を根拠にとられたものとして許容されるかが争点となった。パネルは,一般論として第5条1項と7項の違いについて,上述の日本・農作物検疫事件の上級委員会の判断を踏まえて,次のような指摘をしている。すなわち,第5条7項はリスク評価に基づくことを要求しているが,それは1項で要求される (附属書A・4に定義される) リスク評価とは性質上異なるものである,と。[113]

しかし,パネルの具体的な第5条7項の適用は,論者に懸念を抱かせるものであった。例えば,遺伝子組換えトウモロコシT25に対するオーストリアによるセーフガード措置について,それが「関連する科学的証拠が不十分な場合」においてとられたものなのかどうかを検討した際,パネルは次のような判断をしたのである。すなわち,5条1項で要求される (附属書A・4に定義される) リスク評価が既に存在しているので (すなわち,植物科学委員会が遺伝子組換えトウモロコシT25を承認したときの見解と,オーストリアの措置を同委員会がレビューしたときの見解)[114],本件は「関連する科学的証拠が不十分な場合」にあたらないとするものである。[115] オーストリアは,植物科学委員会によるオリジナルのリスク評価ではなく,独自の研究に基づき,セーフガード措置をとったと主張していた。[116] その理由として,オリジナルのリスク評価では,現実的な条件の下で遺伝子組換えトウモロコシT25のリスクが評価されておらず,環境上敏感な場所を保護するという観点から,除草剤耐性作物が従来のトウモロコシと共存した場合の影響を長期的に評価する視点が欠けている,という点を挙げていた。[117] 確か

にこのオーストリアの研究は，パネルが判断したとおり，第5条1項にいうリスク評価にはあたらないかもしれないが，第5条7項上の措置をとる根拠にはならないだろうか。しかしパネルでは，上述のとおり，植物科学委員会による，もとのリスク評価が存在しているので，本件は第5条7項にいう「関連する科学的証拠が不十分な場合」にはあたらないとされてしまったのである。

こうしたパネルの判断については，リスク評価が一度行われてしまえば「関連する科学的証拠が不十分な場合」にあたらないという考え方を示しており，それは妥当ではないという論者の批判がある。さらに，本件のように一度行われたリスク評価が様々な科学的な理由で後に適切でなかったとされることも考えられ，(オーストリアによれば) 本件はもとのリスク評価は適切な条件の下で行われていなかったケースなのである。オリジナルのリスク評価の不適切さを指摘するものであれば，それが「関連する科学的証拠が不十分な場合」を示しているとして，第5条7項に基づいた暫定的な措置をとることはできないのだろうか。

その一方で，EUレベルのリスク評価である植物科学委員会の見解において遺伝子組換えトウモロコシT25のリスクが認められていない以上，オーストリア政府独自のリスク評価を尊重することはWTOパネルにとってそもそも政治的に困難であった，とパネルの判断を評価する論者もいる。確かに，(遺伝子組換えトウモロコシT25の安全性に問題なしとする) EUレベルのリスク評価を否定することは，パネルには政治的に難しいことではあろう。しかし，リスク評価が存在していればそれに基づかなければならず，第5条7項にいう「関連する科学的証拠が不十分な場合」にあたらないというのも不適当であろう。

その後，EC・ホルモン牛肉規制事件の後継事件である，米国／カナダ・譲許停止継続事件においても「科学的証拠の不十分性」の概念が扱われた。本件では，ホルモン牛肉規制事件においてホルモン牛肉の禁輸措置が協定違反とされたことを受けて，EUが新指令（Directive 2003/74/EC）を採択し，5つのホ

ルモンに関して第5条7項に基づいて暫定的な禁輸措置を再度とったものである。上級委員会はまず,「不十分性」を一般論として次のように説明している。すなわち,科学的証拠の欠乏のためにリスクの存在に関して十分に客観的な結論（sufficiently objective conclusion）に至らない状態である,と[123]。別の表現としては,第5条7項が想定している事態は,リスクの存在を示唆している証拠がいくらかはあるが（some evidentiary basis indicating the possible existence of a risk），リスク評価を行うには十分ではない状態をいうとされる[124]。上級委員会は繰り返し,関連する科学的情報が,少なくとも,リスクを示唆していること（indicating a risk）が暫定措置をとることの条件であることを強調しており[125]，これは,単なる理論的で仮定的なリスクの存在ではなくて,しかしリスク評価を行うには十分ではない科学的証拠しか存在しない事態であり,ここに第5条7項が機能する範囲が示されているとみることができる。これは,先のファイザー事件における欧州司法裁判所の指摘,すなわち「（決定的な科学的証拠によって十分にリスクの現実性が証明されていないとしても）リスクの存在がその当時利用可能な科学データによって十分に裏づけられていなければならない[126]」という事態に類似している。WTOが想定している「不十分性」の概念と,EUにおける「不確実性」の概念は,もはや大きな違いはないかのようにも見えるのである。

米国／カナダ・譲許停止継続事件においては,同事件のパネルの第5条7項の判断が上級委員会によって覆される結果となった。米国とカナダは,コーデックス委員会における食品中の動物用医薬品の最大残留基準値に関する国際基準作成の根拠となった,JECFA（Joint FAO/WHO Expert Committee on Food Additives; FAO/WHO合同食品添加物専門家委員会）によるリスク評価を,科学的証拠の「十分性」の根拠として挙げていた。争点は,当初はJECFAのリスク評価が示すように「十分」にあった（ように見えた）科学的証拠が,後に新たな科学的知見が得られて第5条7項にいう「関連する科学的証拠が不十分な

場合」に状況が変化したかどうか，であった。もとのリスク評価の適切さの再検討という意味では，前述の遺伝子組換えトウモロコシT25のオーストリアによるセーフガード措置のケースに類似している。この点，本件の上級委員会は，先の遺伝子組換え産品規制事件のパネルとは異なった見解を示している[127]。次のとおり，リスク評価が前に一度なされていたとしても第5条7項にいう「関連する科学的証拠が不十分な場合」にあてはまるケースがあるとされている。

　上級委員会はまず，関連する科学的証拠は当初から変わらず「十分」なままであるとしたパネルの解釈は誤りであるとした。すなわち，思春期前の子どもに対するホルモンの影響について，リスク評価を行うのに十分な科学的証拠がないというEUの主張に関して[128]，パネルがそれでもまだ十分に客観的な評価が可能という判断を下した点が誤りであり，パネルはEUの研究がどのように問題のホルモンが健康への悪影響をもたらすとしているのか，より深く探求すべきであったと指摘した[129]。パネルがそもそも，科学的証拠が変わらずに「十分」であるとした背景には，十分な証拠が不十分な状態に変化するためには，従前の知識や重大な根拠を疑問視するような「臨界を越えた大量の（critical mass）」新しい証拠が必要であるという考えがあった。他方で上級委員会は，証拠が不十分な状態に変わるためにはそのようなパラダイム・シフトは要らないとした[130]。新しい科学的発展によって，十分に客観的な評価が可能であることに疑問をなげかけられる程度の変化でよいとされたのである[131]。

　以上，WTOの判例動向をみてきたが，予防アプローチをとるにはリスクの存在を示唆する，仮定を超えたなんらかの証拠が求められる点において，WTO法における「科学的証拠の不十分性」の射程はEU法と類似していることが確認できた[132]。但し，この射程の問題は，WTOでは正面から扱われたことはなく，むしろ不十分性の概念で問題となってきたのは，科学の発展によってかつてのリスク評価が適切でなかったとされる場合があり得るか，その場合第5条7項上の証拠が不十分のケースとして扱えるか，という問題であった。も

しかすると,米国／カナダ・譲許停止継続事件は初めて第5条7項上の暫定的措置の採用が認められたかもしれないケースであった。健康と環境への悪影響について漸進的に科学的理解を得ていくプロセスが「不十分性」の概念の中で認められ,このことは,同概念がある程度の柔軟性をもった形で確立されていく途上であることを示しているとも言える。

Ⅳ 結びにかえて——不確実性の逆説

「不確実性」あるいは「不十分性」の概念について,EU法とWTO法における理解をみてきたが,これについては,より柔軟なアプローチを求める論者もいる。例えば,理論的にしか存在しないリスクであっても第5条7項に基づいて暫定的措置をとることを認めるべきである,という主張である[133]。しかし,WTOの「不十分性」の概念においても,またEUの「不確実性」の概念においても,科学的証拠から完全に距離を置くような考え方は,今のところ許容されていない。本稿でみてきたように,WTOにおいても,EUにおいても,予防的な措置をとるためにはリスクの存在の裏づけが要求されており,結局は(程度は小さくとも)科学的証拠の役割が常に立ち現れてくる[134]。

「不確実性の逆説(uncertainty paradox)[135]」という言葉がある。予防原則,あるいはSPS協定第5条7項のような予防的なアプローチは,科学的証拠を十分に求めることが難しい状況が存在するということが理解されたうえで現れてきた考えであるのにかかわらず,実際に予防原則に基づいた措置をとろうとすると,リスクの存在についての何らかの証拠が求められる。つまり,不確実性の中に確実性を求めてしまうという逆説的な傾向のことである。その原因としては,EUにおいては,政策的に,EU法のWTO法(SPS協定)への整合性を考慮してそうした傾向が現れているという指摘がある[136]。また,科学の専門家の問題として,リスク評価を担うEFSAが不確実性に正面から向き合った分析を行わないでそれを避ける傾向,すなわち不確実性に対する不寛容さ

（uncertainty intolerance）がある[137]，という指摘もある。あるいは，EUとWTOに共通した問題として，法律家が「科学」に対して無理な「確実性」を求めているのかもしれない。つまり，実際の生態系においては無限の「不確実性」があるところを，法律で扱いやすいように「科学」という枠組みをあてはめているのかもしれない[138]。法と科学の関係が「不確実性」をめぐって常にそのような不協和の関係にあることを理解したうえで，事例ごとに概念が適用されて明確化されていく過程を見守る必要がある。

(1) *European Communities― Measures Affecting the Approval and Marketing of Biotech Products ("EC-Biotech (GMOs)")*, Panel Report, WT/DS291/R, WT/DS292/R, WT/DS293/R, adopted 21 November 2006.
(2) 邦語文献で詳しく紹介しているものとして，立川雅司「欧州における遺伝子組換え政策の動向―英国および欧州委員会の動きを中心に―」『農林水産政策研究』第8号，2005年，53～81頁を参照。
(3) 遺伝子組換え生物等の使用等の規制による生物の多様性の確保に関する法律（平成15年法律第97号）。同法の制度紹介として，大塚直「遺伝子組換え生物のバイオセーフティと予防的アプローチ」『環境リスク管理と法（淺野直人先生還暦記念論文集）』（柳憲一郎・岩間徹編）128頁～150頁（2007年）、増沢陽子「遺伝子組換え生物の開放系利用の法規制について」『環境管理』40巻12号67頁～74頁（2004年）。
(4) 前者のモラトリアムは，SPS協定上のSPS措置としては扱われなかった。なぜなら，モラトリアムとは，最終的な承認を遅らせるという決定であって，このような決定自体はSPS措置としての「要件や手続」ではない（むしろ「手続の，適用あるいは実施」("application, or operation, of 'procedures'")にあたる）という理由からであった（EC・遺伝子組換え産品規制事件パネル報告書 paras.7.1379-7.1385）。そのような理由から，モラトリアムについては第5条などの実体的規定の問題ではなく，附属書Cの管理・検査・承認の問題として扱われ，違反が認定されている。後者の加盟国レベルのセーフガード措置については，実体的規定の問題として，第5条1項（リスク評価の義務）と7項（暫定措置をとることができる権利）に違反していると判断されている。
(5) WTO, Dispute Settlement Body, Minutes of Meeting on 21 October, 2008 (WT/DSB/M/257), para.27, available at 〈http://docsonline.wto.org/DDFDocuments/t/WT/DSB/M257.doc〉.
(6) EUレベルのGMO政策に対する各加盟国の異なった反応について，国内要因に注目して分析した研究として，井上淳「EC政策分析における国内要因：遺伝子組換穀

物分野の市場統合と加盟国」『日本 EU 学会年報』第27号208～224頁（2007年）がある。
(7) 「マルチレベル，マルチアクター」ガバナンスという表現は，Joanne Scott, "European Regulation of GMOs: Thinking about Judicial Review in the WTO," 57 *Current Legal Problems* 117, 119 (2004) を参照した。
(8) Maria Lee, *EU Regulation of GMO's: Law and Decision Making for a New Technology* (Edward Elgar Publishing, 2008) p.98 ("Authority on GMOs is disputed in at least two main directions, that is, national/central authority and political/scientific authority. The legislation attempts to mediate between these different pressures.").
(9) Andrew T. F. Lang, "Provisional Measures Under Article 5.7 of the WTO's Agreement on Sanitary and Phytosanitary Measures: Some Criticisms of the Jurisprudence So Far," 42 *Journal of World Trade* 1085, 1104 (2008) ("We are still in the early stages of the development of jurisprudence under the Agreement on Sanitary and Phytosanitary Measures, in particular as it relates to provisional measures under Article 5.7.").
(10) Directive 2001/18/EC of the European Parliament and of the Council of 12 March 2001 on the deliberate release into the environment of genetically modified organisms [2001] *OJ* L106/1. これによって Directive 90/220（後掲注(13)）を廃止。
(11) Regulation (EC) No1829/2003 of the European Parliament and of the Council of 22 September 2003 on genetically modified food and feed [2003] *OJ* L268/1.
(12) モラトリアム開始を決定付けたのは環境理事会での宣言である。"Declaration by the Danish, Greek, French, Italian and Luxembourg delegations concerning the suspension of new GMO authorizations" and "Declaration by the Austrian, Belgian, Finnish, German, Netherlands, Spanish and Swedish delegations," 2194th, Council Meeting, Environment, 24/25 June 1999 (Reference: PRES/99/203, Date: 13/07/1999). モラトリアムの背景については Gregory C. Shaffer and Mark A. Pollack, "The EU Regulatory System for GMOs," in Michelle Everson and Ellen Vos eds., *Uncertain Risks Regulated* (Cavendish, 2009) pp.274-279 も参照のこと。
(13) Council Directive 90/220/EEC of 23 April 1990 on the deliberate release into the environment of genetically modified organisms [1990] *OJ* L 117/15.
(14) Regulation (EC) No258/97 of the European Parliament and of the Council of 27 January 1997 concerning novel foods and novel food ingredients [1997] *OJ* L 43/1.
(15) Lee, *supra* note 8, pp.73-74; Rod Hunter, "European Regulation of Genetically Modified Organisms," in Julian Morris and Roger Bate eds., *Fearing Food: Risk, Health and Environment* (Butterworth-Heinemann, 1999) p.208.

(16) Sara Poli, "The Overhaul of the European Legislation on GMOs, Genetically Modifies Food and Feed: Mission Accomplished. What now?" 11 *Maastricht Journal of European and Comparative Law* 13, 16, 22 (2004).
(17) 新規食品規則，第3条4項。Lee, *supra* note 8, pp.72-73 も参照のこと。
(18) 環境放出指令，第2条(3)。
(19) 環境放出指令，第1条。
(20) 食品・飼料規則，第3条1項(a)～(c)。飼料については同規則，第15条1項(a)～(c)。なお，最後の(c)のケースは，遺伝子組換えの微生物を利用して食品を製造する場合 (food produced with the assistance of GMO) を含まない。例えば，GM酵素によってチーズを製造するような場合である。
(21) Lee, *supra* note 8, p.65. 重複するケースの場合，食品・飼料規則に基づいて，申請者は一つの申請書を提出，しかし，環境影響評価の義務が課されることになる。
(22) 食品・飼料規則，第1条(a)。
(23) Scott, *supra* note 7, p.118.
(24) Regulation (EC) No178/2002 of the European Parliament and of the Council of 28 January 2002 laying down the general principles and requirements of food law, establishing the European Food Safety Authority and laying down procedures in matters of food safety [2002] *OJ* L31/1.
(25) 同上，第22条2項。
(26) Alberto Alemanno, "The European Food Safety Authority at Five," 1 *European Food and Feed Law Review* 2, 7 (2008) ("Unlike other EC agencies, it is not composed of representatives of all Member states, since Management Board Members are chosen for their independence…").
(27) 食品・飼料規則，第5条3項；環境放出指令，第13条2項。
(28) 食品・飼料規則，第5条1項。
(29) 環境放出指令，第13条1項。
(30) 食品・飼料規則，第6条1項。
(31) 食品・飼料規則，第6条3項。
(32) 食品・飼料規則，第5条2項(b)。
(33) 食品・飼料規則，第6条6項。
(34) 食品・飼料規則，第6条7項。
(35) 前述のとおり，同指令では実験や調査目的の場合と，市場流通という商業目的の場合とで承認手続が異なっているが，ここでは後者の場合を取り上げている。後者の場合はGMOが域内に流通するため（通報を直接受ける加盟国以外の）加盟国の関心が強く，前者よりも手続が複雑である。前者と後者の違いについては，Estelle Brosset, "The Prior Authorisation Procedure Adopted for the Deliberate Release into the Environment of Genetically Modified Organisms: the Complexities of

Balancing Community and National Competences," 10 *European Law Journal* 555-579 (2004) が詳しい。また前者の承認手続における，他の加盟国及び欧州委員会の立場については，環境放出指令，第11条を参照。
(36) 環境放出指令，第14条。
(37) 環境放出指令，第15条1項。
(38) 環境放出指令，第28条1項。
(39) 環境放出指令，第24条1項。
(40) 食品・飼料規則，第7条1項。
(41) 同上。
(42) 食品・飼料規則，第35条2項。
(43) Council Decision 1999/468 (Comitology Decision) Article 5. 手続の詳細は，Paul Craig and Gráinne de Búrca, *EU Law: Text, Cases and Materials* (Oxford University Press, 2008, fourth edition) pp.119-120 を参照。
(44) Lee, *supra* note 8, p.71.
(45) 環境放出指令，第18条1項，30条2項。
(46) 環境放出指令，第13条1項。
(47) Brosset, *supra* note 35, p.571.
(48) EFSA を設立した EC 規則178/2002（前掲注(24)）の第22条6項においても，EFSA の見解の法的拘束力は規定されておらず，その見解は EU レベルの措置をとる際の科学的根拠として用いられる（serve as the scientific basis），とされているだけである。
(49) Alemanno, *supra* note 26, pp.19-20 ("Notwithstanding their lack of legally binding nature, the Authority's opinions are likely to produce some significant indirect normative effects.").
(50) そうした欧州委員会と EFSA の関係，また EFSA による「科学的不確実性」を許容しない判断に批判的な見解として，Marjolein B. A. Van Asselt, Ellen Vos and Bram Rooijackers, "Science, Knowledge and Uncertainty in EU Risk Regulation," in Michelle Everson and Ellen Vos eds., *Uncertain Risks Regulated* (Cavendish, 2009) pp.377-379 を参照。但し，2007年になって環境総局長の Dimas（ギリシャ）が，遺伝子組換えトウモロコシ Bt11及び1507系統の「栽培用」の使用について，EFSA の見解とは異なって，不承認の提案を欧州委員会が行う可能性を示唆しているという報道もあった。例えば〈http://www.gmo-safety.eu/en/news/600.docu.html〉を参照。しかし，欧州委員会はこの場合も結局は EFSA の肯定的な知見に従って承認の提案を行った。提案内容について，〈http://www.gmo-compass.org/pdf/regulation/maize/1507_maize_draft_decision_cultivation.pdf〉を参照。
(51) Commission Decision of 19 May 2004 authorising the placing on the market of

sweet corn from genetically modified maize line Bt11 as a novel food or novel food ingredient under Regulation (EC) No 258/97 of the European Parliament and of the Council [2004] *OJ* L300/48.

(52) Jane Holder and Maria Lee, *Environmental Protection, Law and Policy: Text and Materials* (Cambridge University Press, Second edition, 2007) p.195.

(53) Commission Decision of 19 July 2004 concerning the placing on the market, in accordance with Directive 2001/18/EC of the European Parliament and of the Council, of a maize product (*Zea mays* L. line NK603) genetically modified for glyphosate tolerance [2004] *OJ* L295/35.

(54) Commission Decision of 31 August 2005 concerning the placing on the market, in accordance with Directive 2001/18/EC of the European Parliament and of the Council, of an oilseed rape product (*Brassica napus* L., GT73 line) genetically modified for tolerance to the herbicide glyphosate [2005] *OJ* L228/11.

(55) Scott, *supra* note 7, p.140. なお，欧州の新化学物質管理規制（REACH）では，利害関係者や申請者の意見が意思決定プロセスで考慮されるようになっている。Joanne Scott, "REACH: Combining Harmonization and Dynamisms in the Regulation of Chemicals," in Joanne Scott ed., *Environmental Protection: European Law and Governance* (Oxford University Press, 2009) pp.59, 76.

(56) 食品・飼料規則，第33条1項；環境放出指令，第29条1項。同グループは，欧州委員会によって任命された15人の個人によって構成されている。

(57) 食品・飼料規則，第7条1項。

(58) Lee, *supra* note 8, p.83.

(59) コーデックス委員会での議論につき，Alberto Alemanno, *Trade in Food: Regulatory and Judicial Approaches in the EC and the WTO* (Cameron May, 2007) pp.398-403; Sara Poli, "The European Community and the Adoption of International Food Standards within the Codex Alimentarius Commission," 10 *European Law Journal* 613, 619-625 (2004) を参照。

(60) 以上は食品についての規定であり，飼料については食品・飼料規則，第16条1項を参照のこと。

(61) Lee, *supra* note 8, pp.86-87; Scott, *supra* note 7, pp.139-140.

(62) 「不確実性」と「リスク」の様々な理解については，Marjolein B. A. Van Asselt and Ellen Vos, "The Precautionary Principle and the Uncertainty Paradox," 9 *Journal of Risk Research* 313, 314-315 (2006) を参照。

(63) 本稿では Marjolein B. A. Van Asselt and Ellen Vos, "Wrestling with Uncertain Risks: EU Regulation of GMOs and the Uncertainty Paradox," 11 *Journal of Risk Research* 281, footnote1 (2008) を参考にした。

(64) 高村ゆかり「国際環境法における予防原則の動態と機能」『国際法外交雑誌』第104

巻3号12頁(2005年)を参照。
(65) 同様の研究関心をもつ文献として,赤渕芳宏「予防原則と『科学的不確実性』——『予防原則に関する欧州委員会からのコミュニケーション』を中心に」『まちづくりの課題:その評価と展望(環境法政策学会編)』161～177頁(2007年)がある。EU法の文脈に限らずに,国際環境条約や国際裁判等を対象に予防原則が適用できる根拠を分析した文献として,Arie Trouwborst, *Precautionary Rights and Duties of States* (Martinus Nijhoff, 2006)を参照。
(66) Commission of the European Communities, Brussels, 02.02.2000, COM (2000) 1, "Communication from the Commission on the Precautionary Principle" (*hereinafter*, "Communication").
(67) *Id.*, para.5.1.3 翻訳は,「環境政策における予防的方策・予防原則のあり方に関する研究会報告書:資料3」(2004年)〈http://www.env.go.jp/policy/report/h16-03/〉を使用した。
(68) 「欧州委員会コミュニケーション」は欧州司法裁判所の判例に影響を与えているとみられている。本稿では判例法を中心に検討するが,コミュニケーションの内容を中心に検討した文献として,赤渕,前掲注(65)を参照。
(69) 第5条7項の暫定的措置をとるための4つの重畳的な条件とは,①科学的証拠が不十分であること,②入手可能な適切な情報をもとに採られた措置であること,③より客観的なリスク評価のために追加的な情報を得ること,及び④合理的な期間内に措置の見直しをすることの4つである。
(70) パネルで扱われたのは次のEU加盟国によるセーフガード措置であった(括弧内は措置の採択年月)。オーストリアの措置(97年2月,99年6月,2000年5月),ギリシャの措置(98年9月),フランスの措置(98年11月,99年5月),ルクセンブルクの措置(97年2月),ドイツの措置(2000年3月),イタリアの措置(2000年8月)。イタリアの措置のみRegulation 258/97(第12条)に基づき,その他はすべてのDirective 90/220(第16条)に基づく。またイタリアの措置は2004年10月に既に廃止されている。
(71) EU加盟国によるセーフガード措置の一覧は,〈http://ec.europa.eu/environment/biotechnology/safeguard_measures.htm〉を参照。
(72) 大塚直「未然防止原則,予防原則・予防的アプローチ(5)」『法学教室』第289号109頁(2004年)。
(73) 同上。
(74) 2003年にEFSAが始動してからは,植物科学委員会はEFSA内のGMOパネル(Scientific Panel on Genetically Modified Organisms)に代わった。
(75) 環境放出指令,第23条2項。
(76) この表決についての報道発表としては〈http://europa.eu/rapid/pressReleasesAction.do?reference=IP/05/793&format=HTML&aged=1&language=

EN〉を参照のこと。また Shaffer and Pollack, *supra* note 12, pp.287-288 も参照のこと。
(77)　Lee, *supra* note 8, p.90.
(78)　食料及び飼料用としての遺伝子組換えトウモロコシに関する部分については，コミトロジー手続において理事会が採択も否決もできず，欧州委員会の決定に委ねられ，措置の撤廃が決まった。理事会決定については〈http://www.consilium.europa.eu/uedocs/cms_data/docs/pressdata/en/envir/96961.pdf〉を参照。
(79)　欧州委員会の提案を否決する理事会決定について〈http://www.consilium.europa.eu/uedocs/cms_data/docs/pressdata/en/envir/106430.pdf〉を参照。この理事会では同時に，2005年1月にハンガリーが遺伝子組換えトウモロコシ MON810 に対して発動したセーフガード措置についても，措置撤廃の欧州委員会提案が否決されている。
(80)　調和措置が EC 条約第95条に基づく場合，加盟国は第95条4項あるいは5項に基づく逸脱が可能である。本件のオーストリアのように「調和措置が採択された後」に国内措置を新しく導入する場合は第95条5項に依るが，採択前からの現行の国内措置を維持する場合は，第95条4項に依拠することになる。
(81)　EC 条約第95条の逸脱措置については，欧州委員会に承認・不承認の決定を下す権限が専属的に与えられており（第95条6項），セーフガード措置のようにコミトロジー手続に付されることはない。
(82)　オーストリア対欧州委員会事件の紹介としては，Floor M. Fleurke, "What Use for Article 95(5) EC? An Analysis of Land Oberösterreich and Republic of Austria v Commission," 20 *Journal of Environmental Law* 267-278 (2008); Lee, *supra* note 8, pp.93-95 を参照。
(83)　オーストリア対欧州委員会事件（Cases C-439/05P & C-454/05P Land Oberösterreich & Austria v Commission, judgment of 13 September 2007）。
(84)　同上 para.56。
(85)　同上 para.63。
(86)　モンサント事件（Case C-236/01 Monsanto Agricoltura Italia SpA v Presidenza del Consiglio dei Ministri [2003] ECR I-8105）。
(87)　Regulation (EC) No258/97, *supra* note 14, Article 12(1) ("Where a Member State, as a result of new information or a reassessment of existing information, has detailed grounds for considering that the use of a food or a food ingredient complying with this Regulation endangers human health or the environment…").
(88)　モンサント事件 para.106。
(89)　同上 para.107。
(90)　同上 para.109。
(91)　同上 para.110。
(92)　同上 para.133。

(93) 同上 para.112。
(94) ファイザー事件（Case T-13/99 Pfizer Animal Health SA v Council [2002] ECR II-3305）。
(95) 事件の詳細は，Van Asselt and Vos, *supra* note 62, pp.319-329 を参照。
(96) Council Regulation No2821/98.
(97) ファイザー事件para.139。
(98) 同上 para.142。
(99) 同上 para.143。
(100) 同上 para.145。同様に欧州委員会コミュニケーションにおいても，予防原則に基づく措置は「ゼロ・リスクをめざすものであってはならない」とされている。Communication, *supra* note 66, para.6.3.1.
(101) ファイザー事件 para.144。
(102) Maria Lee, *EU Environmental Law: Challenges, Change, and Decision-Making* (Hart Publishing, 2005) pp.101-102.
(103) Joanne Scott, "The Precautionary Principle before the European Courts," in Richard Macrory eds., *Principles of European Environmental Law* (Europa Law Publishing, 2004) p.62.
(104) *European Communities — Measures Concerning Meat and Meat Products (Hormones)*, Panel Report, WT/DS26/R, WT/DS48/R, as modified by the Appellate Body Report, WT/DS26/AB/R, WT/DS48/AB/R, adopted 13 February 1998.
(105) EC・ホルモン牛肉規制事件上級委員会報告書 para.186。
(106) Scott, *supra* note 103, pp.67-68.
(107) Holder and Lee, *supra* note 52, p.25.
(108) Lee, *supra* note 102, p.102 ("The precautionary principle depends, perhaps paradoxically, on as complete a scientific risk assessment as possible, and as discussed above, the EC judiciary is willing to examine in some detail the scientific evidence relied upon.").
(109) Elizabeth Fisher, "Risk and Environmental Law: A Beginner's Guide," in Benjamin J. Richardson and Stepan Wood eds., *Environmental Law for Sustainability: A Reader* (Hart Publishing, 2006) p.122 ("[T]he Communication seems to be odds with conventional understandings of the precautionary principle, in that it appears to place great weight on risk assessment in circumstances of scientific uncertainty where any risk assessment is likely to be unreliable.").
(110) Elizabeth Fisher, "Opening Pandora's Box: Contextualising the Precautionary Principle in the European Union," in Michelle Everson and Ellen Vos eds., *Uncertain Risks Regulated* (Cavendish, 2009) p.38 ("Indeed, it would seem that the [precautionary] principle is being treated [under cases] more as a 'bright line' rule

which dictates certain action in particular situations rather than a flexible principle that might result in a variety of outcomes.").
(111) *Japan — Measures Affecting the Importation of Apples,* Panel Report, WT/DS245/R, as modified by the Appellate Body Report, WT/DS245/AB/R, adopted 10 December 2003.
(112) 日本・農作物検疫事件上級委員会報告書 para.179。
(113) EC・遺伝子組換え産品規制事件パネル報告書 paras.7.2992-7.2993。
(114) 植物科学委員会については前掲注(74)及び本文を参照のこと。
(115) EC・遺伝子組換え産品規制事件パネル報告書 para.7.3260 ("…[W]e agree with the Complaining Parties that the SCP's review assessment of T25 maize, and the SCP's original assessment of T25 maize…, serves to demonstrate that at the time of adoption of the Austrian safeguard measure, the body of available scientific evidence permitted the performance of a risk assessment as required under Article 5.1…").
(116) すなわち "Hoppichler study" というオーストリア政府によって委託された研究である。EC・遺伝子組換え産品規制事件パネル報告書 para.7.3036。
(117) EC・遺伝子組換え産品規制事件パネル報告書 para.7.3041。
(118) 同上 para.7.3070。
(119) Lang, *supra* note 9, p.1095 ("The result [of the panel] appears to be that once a risk assessment is performed, the right to take provisional measures under Article 5.7 expires. This has struck some commentators in appropriate."). *See also,* Antonia Eliason, "Science Versus Law in WTO Jurisprudence: The (Mis)Interpretation of the Scientific Process and the (In)Sufficiency of Scientific Evidence in EC-Biotech," 41 *New York University Journal of International Law and Politics* 341, 397-398 (2009).
(120) Lang, *supra* note 9, p.1103 ("[T]he information did point out some genuine potential flaws in the original risk assessments... It is hard to see why a reasonable policy-maker ought not to be able to take these elements into account."). *See also,* Lee, *supra* note 8, p.220 ("It seems perfectly understandable that what is 'sufficient' for one regulator in one social context will not be so for another."). 但しこうした論者の批判に対応するパネルの考え方として、Letter of the Panel to the Parties of May 9, 2006, Annex K, WT/DS291/R/Add.9, WT/DS292/R/Add.9, WT/DS293/R/Add.9, para (d) があることに注意。
(121) Gregory C. Shaffer, "A Structural Theory of WTO Dispute Settlement: Why Institutional Choice Lies at the Center of the GMO Case," 41 *New York University Journal of International Law and Politics* 1, 63 (2008). *See also,* Mark A. Pollack and Gregory C. Shaffer, *When Cooperation Fails: The International Law and Politics of*

  Genetically Modified Foods (Oxford University Press, 2009) p.219.
(122) *United States/Canada—Continued Suspension of Obligations in the EC-Hormones Dispute,* Panel Report, WT/DS320/R, WT/DS321/R, as modified by the Appellate Body Report, WT/DS320/AB/R, WT/DS321/AB/R, adopted on 10 November 2008.
(123) 米国／カナダ・譲許停止継続事件上級委員会報告書 para.677。
(124) 同上 para.678。
(125) 同上 para.681。
(126) ファイザー事件 para.144。
(127) 譲許停止継続事件の上級委員会が遺伝子組換え産品規制事件のパネルとは異なる判断をしているという同様の指摘として、Robert L. Howse and Henrik Horn, "European Communities—Measures Affecting the Approval and Marketing of Biotech Products," 8 *World Trade Review* 49, 81 (2009) を参照。Howse and Horn は、譲許停止継続事件上級委員会の判断の方が妥当と評価しているようであるが、同判断に対する批判的な見解もあり、例えば Sungjoon Cho, "United States—Continued Suspension of Obligation in the EC—Hormones Dispute: World Trade Organization Appellate Body Report on the Continuation of Retaliatory Trade Measures," 103 *American Journal of International Law* 299-305 (2009) がある。
(128) より正確には、JECFA によるリスク評価の後、ホルモンの検出方法の発展により、思春期前の子どもに対する健康の悪影響が示唆されていると主張していた。米国／カナダ・譲許停止継続事件上級委員会報告書 para.722。
(129) 米国／カナダ・譲許停止継続事件上級委員会報告書 paras.726-728。
(130) 同上 para.705。
(131) 同上 para.725。
(132) 予防行動をとる根拠として仮定的な危険ではない最小限の証拠を要求することは、国際環境条約や国際裁判においても同じであるようである。Trouwborst, *supra* note 65, p.118 ("Specifically, there must be *reasonable grounds for concern* that environmental harm may be caused. Proof of probability of harm is not required, but at least there is to be some sort of warning, some indication that harm may come about if precautionary action is not taken, something more than just the theoretical possibility of harm occurring.").
(133) Lee, *supra* note 8, pp.220-221. *See also,* Lang, *supra* note 9, p.1104.
(134) 但し、EU においてはコミトロジー手続において（科学的根拠に基づいた措置を支持する）欧州委員会の提案が特定多数決によって否決される場合（特に加盟国によるセーフガードに関わる場合）があり、その場合においては「不確実性」が科学的証拠のないまま暫定的に許容される可能性がある。
(135) Van Asselt and Vos, *supra* note 62, p.317; Van Asselt and Vos, *supra* note 63,

p.282 ("an umbrella term for situations in which uncertainty is present and acknowledged, but the role of science is framed as one of providing certainty").
(136) Zeynep Kivilcim Forsman, "Community Regulation of Genetically Modified Organisms: A Difficult Relationship between Law and Science," 10 *European Law Journal* 580, 591-592 (2004).
(137) Van Asselt and Vos, *supra* note 63, pp.286-288.
(138) Helena Valve and Jussi Kauppila, "Enacting Closure in the Environmental Control of Genetically Modified Organisms," 20 *Journal of Environmental Law* 339-362 (2008).

【付記】
　本稿は，平成19-21年度・科学研究費（「EU による規範，制度の形成力と非 EU 国の対応の分析」研究代表・床谷文雄教授・大阪大学）による研究成果の一部である。
　本稿の執筆に際し，遠井朗子先生（酪農学園大学）から国際環境法の観点から貴重な助言を得たので，記してここに謝意を表します。

（大阪大学大学院国際公共政策研究科准教授）

論　説　自由論題

TRIPS協定をめぐる議論の動向と途上国への「技術移転」

山　根　裕　子

はじめに
I　TRIPS協定と「技術移転」
　　1　その交渉背景
　　2　TRIPS協定66条2項の実施
II　TRIPS理事会における技術移転に関する議論
　　1　66条2項報告の検討
　　2　技術移転と知的財産権保護
III　技術移転に関する議論と現実の乖離
　　1　実証なき議論の伝統
　　2　市場における特許，ノウハウと技術移転
今後の課題

はじめに

　知的財産権の貿易側面に関する協定（TRIPS協定）は，世界貿易機関（WTO）の設立条約の付属書1Cとして1995年1月1日に発効した。同協定が規定する知的財産権保護（知財保護）のミニマム水準，内国民・最恵国待遇原則及び権利行使に関するルールは，経過措置の導入を条件に，開発途上国及び後発開発途上国（LDC）[1]を含むすべてのWTO加盟国において適用されるに至った。

　TRIPS協定の採択前から，経過措置の導入については見解の対立があった。研究開発型製薬産業界は，知財保護の「国連化」に懸念を示し[2]，インドやブラジルは，経過措置の導入のみによる対応は途上国にとって不十分であるとした。

かつて，これらの途上国は，特許保護をしないことで国内産業の育成を推進し，知財保護は途上国への技術移転を妨げるだけとの見解を採っていた。これらの諸国は，知的財産権の研究開発のインセンティブとしての役割や競争促進的な側面を考慮せず，ウルグアイ・ラウンド交渉においても，知財は「本質的に」市場独占的であり，貿易等，取引を制限するとした。従って，その弊害を予防するために保護の対象を限定し，権利に例外を設け，強制実施権を設定するなど国家が介入することを奨励してこそ途上国の経済発展や社会厚生に資することが「公共の利益」になると主張した。[3]この観点から，インドやブラジルは，国際的な知財保護は，革新的な技術が途上国で「使用」されるという「公共の利益」を目的とすべきことを提唱し，この側面こそが，TRIPS協定の取り扱うべき「知的財産権の貿易側面」であるとした。

この考えに基づき，インドやブラジルは，TRIPS協定が途上国に対する特例を設け，医薬品や食品を特許対象から除外し，技術と経済社会の発展を目標に，知的財産権の濫用を防止するための措置を強化するよう提案した。交渉中の様々な妥協を経てこの案は，結局，「目的」と題する7条及び「原則」に関する8条及び「契約による実施許諾等における反競争的行為の規制」に関する第8節（40条）として反映されることになった（以下本稿182-183頁）。TRIPS協定の採択当時，先進国は，7条・8条の規定を「単なる精神規定で，この条項の存在が特にTRIPS協定中の他の規定の権利義務関係に影響を与えることはない」[4]と考えた。

TRIPS協定は，ウルグアイ・ラウンド合意が一括受諾方式に基づいていたからこそ採択されたのであり，これら途上国の主張に変化があったわけではない。[5]その後，同協定をめぐるWTO加盟国間の議論は，複雑な展開をたどった。TRIPS協定の発効後，インドは，途上国の経済発展段階に対応した知財保護ルールを実現するためには，経過措置だけでなく，同協定7条及び8条に基づきTRIPS協定の各条項を柔軟に解釈すること，それにより「公共政策」

を採択する加盟国の裁量を最大にすべきことを提唱し始めた[6]。2001年11月のドーハ閣僚理事会では、TRIPS協定をめぐる動向が一転した。「TRIPS協定と公衆衛生」に関するドーハ閣僚理事会宣言（ドーハ宣言）が採択され、同協定は、公衆衛生に関する措置を加盟国が採ることを妨げないこと、そのために同協定の柔軟性が活用されるべきことが宣言された[7]。それ以来、TRIPS協定の「柔軟性」こそが、知財保護が引き起こす問題を解決し、途上国の経済発展を促すとの見解が広く支持されだした。ドーハ宣言は、現在、多くの国際機関[8]、欧米の学者の支持を受け[9]、各国においても政治的な成功を収め、最近は、医薬品分野に限らず、環境技術に関しても、同様な宣言を採択することで、途上国による革新的な技術へのアクセスを促進することが議論されている[10]。

　TRIPS協定をめぐるこうした議論を背景に、技術移転に関しても、加盟国間における対立が顕著である。知財保護こそが技術移転を妨げるとのインドやブラジルの見解と、その逆の見解が見え隠れしながら対立し、その中で、先進国は、途上国への技術移転を促すよう迫られている。本稿は、技術移転をめぐるWTOにおける議論を分析し、TRIPS協定の南北対立の一側面について考えてみる。

I　TRIPS協定と「技術移転」

1　その交渉背景

　TRIPS協定は、以下の数箇所において「技術移転」に言及している。まず「目的」と題するTRIPS協定7条は、「知的財産権の保護及び行使は、技術的知見の創作者及び使用者の相互の利益となるような並びに社会的及び経済的福祉の向上に役立つ方法による技術革新の促進並びに技術移転及び普及に資するべきであり、並びに権利と義務との間の均衡に資するべきである」としている[11]。さらに、「原則」に関する8条は、その1項において「加盟国は、国内法令の制定又は改正に当たり、公衆の健康及び栄養を保護し並びに社会経済的及

び技術的発展に極めて重要な分野における公共の利益を促進するために必要な措置を」、その2項において「加盟国は、権利者による知的所有権の濫用の防止又は貿易を不当に制限し若しくは技術の国際的移転に悪影響を及ぼす慣行の防止のために必要とされる適当な措置を」、「この協定に適合する限りにおいて」とることができるとしている。UR交渉の際、先進国は、8条規定を前文の一部とすることを提案したが、インドはこれをTRIPS協定の例外規定を正当化する根拠となる重要な規定として本文に置くことを主張した。米国は、8条の各項に「この協定に適合する限りにおいて」を加えることで対応した。8条にいう「公衆の健康及び栄養」及び「公共の利益」の概念が拘束力を有するかのように解釈されることを懸念し、「与えられる権利の例外」を規定する30条の権利例外が狭義に解釈されることを期待したからである。

加えて「契約による実施許諾等における反競争的行為の規制」と題するTRIPS協定第2部第8節40条1項は、「加盟国は、知的財産権に関する実施許諾等における行為又は条件であって競争制限的なものが貿易に悪影響を及ぼし又は技術移転及び普及を妨げる可能性のあることを合意する」としている。

TRIPS協定66条2項は、先進国が、LDCへの技術移転を促すよう、領域内の企業及び機関に奨励措置を提供する（shall provide incentives）ことを規定している。'Shall'の言葉ゆえ、義務的ではあるが、国内企業及び機関に奨励措置を採ることが義務であり、技術移転という結果を求めたものではない。また、技術移転の定義もなく、そのルートも明記されておらず、経過措置規定との関連性も明確でないので、先進国に解釈上の「柔軟性」（後述189-190頁）を与えている。

技術移転に言及するTRIPS協定66条2項の規定は、UR交渉の際、途上国の経済発展と知財及び同協定の実施経過措置（transitional arrangements）との関わりにおいて議論された。経過措置については、TRIPS協定第6部65条ないし67条が規定しており、65条2項及び3項には、途上国及び市場経済移行国に

対する協定の適用義務が発生する期日（発効後5年），65条4項には，途上国（LDCを除く）に対する物質特許の保護義務（TRIPS協定第2部第5節の物質特許に関する規定）の適用を更に5年間延期できる旨規定されている（発効後10年まで）。65条4項に基づき，物質特許導入が延期された場合，途上国（LDCを除く）には，70条8項及び70条9項に基づく措置を採る義務が生じる。70条は，制度上の措置及び最終規定に関する第7部に置かれ，「既存の対象の保護」と題されている。その8項は，WTO設立協定発効後，物質特許保護制度導入前の出願受付制度（いわゆるメールボックス出願制度）等の措置につき，9項は，その間の排他的販売権[14]について規定しており，医薬品及び農薬化学の物質保護に関する最長10年の経過措置期間に，途上国（LDCを除く）が講ずべき義務が定められている。65条5項は，国内法令及び慣行の変更がこの協定との適合性の程度を少なくすることとはならないことを禁止しており，この規定はLDCにも適用される。

　TRIPS協定66条は，LDCのみに関わる規定である。その1項は，LDCの「特別のニーズ及び要求，経済上，財政上及び行政上の制約並びに存立可能な技術的基礎を創設するための柔軟性に関する必要にかんがみ」，10年間，同協定の適用義務を免除している（ただし内国民待遇（3条）及び最恵国待遇（4条）原則を除く）。TRIPS理事会は，LDCの「正当な理由のある要請に基づいて」，この経過期間を延長することができる。この文脈において，「LDCが健全かつ存立可能な技術的基礎（a sound and viable technological base）を創設できるよう技術移転を促進し及び奨励するため，先進加盟国の領域内の企業及び機関に奨励措置を提供しなければならない」との66条2項規定がある。

　TRIPS協定上，LDCには，2種類の経過期間の延長が与えられている。ひとつはTRIPS協定66条1項に基づく協定実施義務の免除規定（3条，4条を除く）で，2003年10月，その期間は2013年7月1日まで延長された[15]。もうひとつはTRIPS協定と公衆衛生に関するドーハ宣言第7節による医薬品関連知[16]

財に関する経過措置である。

66条1項により規定されるLDCの経過期間が何を目的とするかは明らかでない。カルバロによれば，TRIPS協定に基づく法的義務が有効に実施できるよう，立法，行政及び技術的制度を構築することであって，有効な技術的な基礎をつくることは先進国の義務を規定する66条2項の目的である[17]。66条の文言及び文脈からは，有効な技術的基礎をつくることもLDCの経過期間の目的のように読み取れるが，UR交渉時の同条の準備作業からは判定しがたい。

UR交渉の初期においては，途上国すべての経過期間が検討されており，LDC独自のそれについて，議論はなかった。その後，1990年7月の議長テキスト（Anellテキスト[18]）に，知的財産法規の制定と実施に関するLDCの特別な問題について経過期間を設けるべきとの提案があったことが述べられている。この時，技術移転に関する先進国の義務についての規定は提案されていなかった。1990年12月のブラッセル・テキスト準備過程において，LDCには「有効な技術的基礎」を創設する特別な必要があるので，柔軟性（義務免除）が与えられるべきとの提案がアルゼンチン，インド，ブラジル等，LDCでない途上国から提案された[19]。この提案も，LDCに対する先進国の義務についても，ブラッセル・テキストに盛り込まれ，1991年12月のダンケル・テキスト[20]を経て，現行TRIPS協定66条1項・2項となった。LDCグループを代表し，バングラデシュが，LDCと先進国相互の合意に基づく技術支援について提案したが，この構想はどのテキストにも反映されていない。

TRIPS協定67条は途上国及びLDCとの「技術協力」に言及しており，「この協定の実施を促進するため，先進加盟国は，開発途上加盟国及び後発開発途上加盟国のために，要請に応じ，かつ，相互に合意した条件により，技術協力及び資金協力を提供する。この協力は，知的財産権の保護及び行使並びにその濫用の防止に関する法令の準備についての支援並びにこれらの事項に関連する国内の事務所及び機関の設立又は強化についての支援（人材の養成を含む）を含

む」とされている。66条2項下になされてきた先進国の「技術移転への努力」には、特許制度の整備のための研修が多く、むしろ67条下の「技術協力」に該当するものが多い。後に途上国は、先進国が「技術移転への努力」と「技術協力」と混同していると批判し始めたが、これは妥当な批判であるといえる。ちなみに、TRIPS協定上、「柔軟性」の言葉が明記されているのは、この66条2項に限られており、前文第6節にも同様の概念が用いられている。

2003年、カンクン閣僚会議の準備過程において、LDC諸国[22]及びアフリカ諸国[23]は、TRIPS協定66条1項の経過期間について再検討をTRIPS協定理事会に提案した。それによれば、「有効な技術的基礎」が創設されていなければ、当該LDCによる申請に基づき、経過期間が自動的に延長されるべきである[24]。この提案に対し、先進国は、「技術的基礎が創設されたか否か」の判断基準は不明であること、同提案に従えば、経過期間が恒久的に延期されてしまう可能性があることを指摘した[25]。途上国は、「技術的基礎が創設されたか否か」の基準は明確であると主張し、議論は収束されず、決定は先送りされた。

2 TRIPS協定66条2項の実施

ドーハ閣僚会議においてWTO諸協定の「実施問題」につき途上国が先進国に対処を迫るまで、LDCへの技術移転に関するTRIPS協定66条2項の規定が注目を集めることはなかった[26]。ところが、1990年代末、ウルグアイ・ラウンド協定の実施が困難であるとの声が途上国から上がり、1999年に予定されていたシアトル閣僚会議の準備過程においてインドは、技術移転について以下のような提案をした[27]。

> TRIPS協定7条及び8条は、TRIPS協定規定を解釈する上で最も重要な原則を提供している。技術は経済発展に重要であるが、近年、1975-1985年に比べ、企業外へのライセンスが減少した。WTO諸協定は、途上国が国際貿易の拡大に貢献する必要性に対応しているが、TRIPS協定は技術を高価にし、途上国がアクセスできな

いものにした。TRIPS協定はWTO諸協定の目的に添い，安価で効果的な技術移転の規律を導入しなければならない。そのためTRIPS協定40条にいうライセンス規制により技術の波及を広め，またTRIPS協定67条の技術協力及び66条2項の技術移転規定が実施されるべきである。貿易と環境委員会においてインドは，公正で適正な条件で環境技術が途上国に移転されるよう提案している。エレクトロニクス技術についても同様である。「維持可能な経済発展」はWTO設立協定の前文にも言及される目的であり，そのためには技術の普及条件を改善し，TRIPS協定7条，8条，40条，66条2項及び67条が実施されるべきである。とくに，同協定7条及び8条は義務的な条項にしなければならない。

　2001年11月，ドーハ閣僚会議においては技術移転に関する途上国の主張が提起され，「実施に関する決定」第11.2節は，次のことを宣言した。TRIPS協定66条2項は義務的（mandatory）であり，TRIPS理事会は，義務の完全実施のためのメカニズムを設置しなければならない，先進国は2002年末までに，66条2項下に自国企業及び機関に与えられた技術移転のインセンティブがいかに機能しているかにつき報告しなければならない，これらの報告書はTRIPS理事会において検討され，情報は毎年更新されなければならない。

　この宣言に基づき，2003年2月，TRIPS理事会において，以下のことが決定された。

①先進国は，TRIPS協定66条2項下に採られたかあるいは計画されている行動につき毎年報告し，3年毎に詳細な報告書を提出する。

②TRIPS理事会は，年次最終会合において，先進加盟国が企業に与えるインセンティブがLDCに健全かつ存立可能な技術的基礎を創設できるよう効果的な技術移転をいかに奨励促進しているかについて以上の報告に基づき検討する。

③報告書には，先進国企業に与えられたインセンティブ，技術の種類，活用，効果等につき詳細なデータ（統計など）が含まれる。

II　TRIPS理事会における技術移転に関する議論

1　66条2項報告の検討

　上記理事会決定に基づき，2007年までに，56の報告書（総計830頁）が21カ国及び欧州共同体から提出された。各国が，それぞれの表現方式で，計292の奨励活動について記述している。対象国のうち31％がLDC，16％がWTO非加盟のLDC，15％がLDC以外の途上国，17％が地域，31％が途上国一般（LDCか否かの特定なし），6％がグローバルな活動である。そこには主に技術研修や知財保護制度の整備に対する援助などが報告されていた。

　TRIPS協定66条2項の実施に関する先進国の報告書がTRIPS理事会において検討されるに従い，それまで関心の集まらなかったLDCへの技術移転の問題が，注目されるようになった。ブラジル，インド，バングラデシュ等は，技術移転の内容や効果につき一貫した説明がない点，TRIPS協定67条が規定する技術協力との相違が明白でない点，特許制度の研修をしても技術移転がなされるわけではない点等を指摘した。バングラデシュは，技術的能力が形成されなければ，LDCに与えられた経過期間が有効に使われたとは言えないことを主張した。同国によれば，TRIPS協定66条2項に規定される技術移転が充分に行われなければ，義務の免除期間を設ける意味がなく，先進国の義務は遵守されていない。

2　技術移転と知的財産権保護

　TRIPS理事会における先進国報告書の検討において，第一の問題点は，「技術移転」の概念に関する見解の相違である。直接投資や輸入も技術移転であるとの先進国の見解に対し，途上国は，財やサービスの輸入は技術移転にあたらず，また途上国に対する研修が必ずしも技術移転を導くとは限らないことを指摘し，自国企業による革新的な技術の使用と生産活動の重要性を強調した。

ブラジルは，望ましい技術移転のモデルとして，「国境なき医師団」によりモザンビークに創設された医療施設の例を挙げている。ブラジルは，同国においてエイズ薬の工場建設を欧州委員会と共に援助している。

ブラジルやタイは，かねてから医薬品の国内生産主義（local production）を掲げている。インドのような成功は収めず，原薬生産にも至っていないが，知財保護は，その可能性を損なうものとして緩和を唱えてきた。近年，モザンビーク，エチオピア，ケニア，ウガンダにおいては，UNCTAD，欧州委員会，ドイツの開発協力庁（BMZ）や英国の海外援助省（Department for International Development: DFID）の支援の下に，現地及びインド企業の合弁による第二ラインのエイズ薬の製造を支援することが企画されている。近年，インド企業はバングラデシュやアフリカ諸国への直接投資を進めており，医薬品等に関しては，経過期間中のLDCにおける事業展開を始めている。インド・ジェネリック企業は最貧国においても合剤や用量用法に関する特許を出願しているが，物質の特許保護が不在であれば，このような企業にとって有利な投資環境ともなり得る。2009年7月，エチオピアにおけるエイズ生産援助に関する会合において，ICTSDの事務局長は，「特許保護の不在こそが投資を誘致する可能性を提供している」と述べた。

「技術移転」の概念に加え，TRIPS理事会においては，先進国による研修等のインセンティブと「有効な技術的基礎」を形成することの関連性が示されていないとの批判もあった。ブラジルは，2006年のTRIPS理事会において，先進国は自国に都合のよいTRIPS条項を選択して説教するのではなく，世界知的所有権機構（WIPO）開発アジェンダ同様，TRIPS協定全体の権利と義務のバランスを考え，途上国がTRIPS協定の「柔軟性」を駆使できるよう，また技術移転が実際に行われるよう協力すべきとした。今日，TRIPS協定の「柔軟性」とは，ドーハ宣言が例として挙げる「目的及び原則に依拠したTRIPS協定の解釈」，強制実施権の設定，並行輸入のほか，特許対象からの

除外 (27条2項及び3項)、特許の効果あるいは特許権者の権利の制限 (30条、31条)、販売許可申請目的で規制当局に提出される医薬品・農薬のテスト・データの保護 (39条3項)、TRIPS協定の国内法による実施 (1条1項) 及び権利行使 (41条以下) 等、多くのTRIPS規定に関して加盟国の裁量を広げ、保護水準を低くする方向で解釈することを意味するようになった。[44]

さらに、TRIPS協定7条が掲げているはずの知財保護目的のバランスが崩れ、創作者ではなく「使用者の利益」、技術革新の促進より「技術移転」が必要との観点がとくに重視されだした。医薬品アクセスに関する議論の結末である。ウルグアイ・ラウンド交渉の際、ブラジル及びインドは、「貿易関連の知的財産の側面」とは、途上国による技術使用の促進及び権利者による権利濫用の防止であると主張した。現在、さまざまな国際機関における知財に関する議論において、バランスは、この主張のほうに傾きつつある。

知的財産権の保護が「技術移転」に寄与するか、妨げるかについて、先進国と途上国の見解は、長らく相対立してきた。知財保護がないからこそ、技術移転が起こったとするカルロス・コレアは、インドによるさきのWTOへの提案文書を引用しながら、EUとインドとのEPA交渉に関し、以下のように述べている。[45]

「……知財保護の強化と拡大は、技術移転を妨げるものであり、インドを含め、多くの途上国にとっての懸念となっている。かねてからインドは、TRIPS協定にライセンスの公正で合理的な条件について規定がないことを懸念していた。EUとインドのEPA案にもそれがなく、ヨーロッパからインドへの技術移転を促すような措置は採られていない。……EUの求める知財保護はインドの産業・技術的発展を妨げはしても、促進しない。インドの産業技術の発展は、ヨーロッパ同様、柔軟な知財保護に依拠してきた。その例は、インドの医薬・原薬産業である。」

インドが1999年、ここにも引用されている提案文書[46]において、知財保護が強化されるにつれて、1970年代から1985年まで多かった企業外ライセンスが企業

内ライセンスの方向にパターンを変えていったと指摘したことは上述のとおりである。インドによれば，企業内ライセンスの企業外ライセンスに対する比率は，1985年，米国企業で69％，ドイツ企業の92％であったが，1995年にはそれぞれ80％及び95％に増加したという。しかしこのデータの出所は明らかでなく，これがインドでのことなのか，世界全体のことなのかも不明であり，また数多く存在する要因のなかで，知財保護の強化がその原因であるとの立証もなされていない（以下本稿198頁）。

　TRIPS協定が66条において特別のカテゴリーとして設けるLDCは，技術移転に関し，何を期待するのか。TRIPS理事会においては，ウガンダ及びシエラレオネにより技術協力のニーズについて見解が表明された。UNCTAD-ICTSDやDFIDの支援を受け，「途上国の経済にインパクトを与えるような知財保護の構築」に向けて同国のニーズを述べたものである。これらの国の将来の知財保護の展望には，以下の共通点がある。

　知財保護制度の創設には，公衆衛生や，食糧への権利，文化的価値の保護などのニーズを踏まえた多角的な検討が必要である。LDCはこの目的でTRIPS協定自体の柔軟性に加え，同協定以外の条約，例えば生物多様性条約（CBD）やFAOの「食物・農業のための植物遺伝資源に関する国際条約」（ITPGRFA），ユネスコ文化多様性条約等との整合性を図り，関連国際機関，大学および市民グループと連携をとりながらTRIPS協定を実施すべきである。技術移転は，自国のキーセクター（農業，漁業，鉱業等）に焦点をあて，パブリック・ドメインの知識を活用し，環境保全や競争政策の実施と並行させ，植物品種，地理的表示や伝統的知識の保護を重視した国内知財保護制度を確立させ，中小企業の奨励を行う。特許・商標・意匠の保護制度に必要な電子出願・登録制度・データベースを確立させ，審査官を育成し，国境措置制度を強化し，知財裁判所等を創設する。

　シエラレオネ及びウガンダによるこの提案は，産業政策の一環としてLDC

に「適した」知財制度を目指し，現状を調査した点で価値がある。しかしこれらの提案は，どのような技術が必要かについても，「現実に適応した知財制度」とは何かを判断する方法についても，言及していない。農・鉱・漁業セクターの発展のために，地理的表示，植物品種及び伝統的知識の保護強化を重視し，それに基づくビジネスを奨励するとしているのみである。多国籍企業と「戦う」ために有用とされるこれらの保護は，どの程度ビジネス形成に有用なのか。たしかに，農・鉱・漁業セクターの技術革新による経済発展はこれらの諸国にとって最も重要であり，先進国は，それに向けて技術支援する必要がある。しかしその技術分野は特定されておらず，知財保護との関係は不明である。同時に，これらの提案は，TRIPS協定の「柔軟性」及びTRIPS協定以外の条約の併用を重視するなど，知財保護を緩和し，権利に不確定要素を導入し，ビジネスが成立する前から，経済活動への負担になる政府規制を加えることを奨励している。TRIPS協定66条2項に基づき先進国政府が企業に技術移転のインセンティブを与えれば，この条件の下で効果的な投資は起こるのか。

　反面，技術的基礎を築くために必要な教育や研究開発活動を国内に起こす施策は提案されておらず，技術の発展と経済成長に関する長期的な展望や，グローバルな技術環境の評価，ひいては外国企業の投資可能性など，知財保護の存在意義と世界の技術市場に注目した産業育成の視点がない。また，ローカル・イノベーションを奨励するための教育・研究体制の構築や，既存企業がつくる参入障壁の除去など，知財保護を効果的にするための条件づくりには関心が寄せられていない。ウガンダやエチオピアにおいて，UNCTADやインド企業等が第二ライン・エイズ薬の生産計画を策定していることはすでにみた。ウガンダ案には，そのための人材養成はもとより，経済効率の評価や価格・市場動向の調査はされておらず，品質・安全性の規制や管理・監視機能の整備も，耐性菌[51]や患者の環境に応じた医療・臨床体制やそれに基づく技術改良の必要性も，現在のところ，考慮されていない。

III 技術移転に関する議論と現実の乖離

1 実証なき議論の伝統

　知財保護が技術移転に果たす役割については，1960年代から国連及びその諸機関において議論があった。WIPOが設立された際も，技術移転の支援がその任務の一部であり，途上国の特許制度の整備がその目的のひとつとされたが，技術移転に関する実際の議論は，主にUNCTADにおいてなされた。以下，UNCTADにおける過去の議論について概要を述べ，現在展開されているWTOにおける議論の原点をたどってみる。

　1961年，工業所有権の保護に関するパリ条約の途上国唯一の原加盟国であったブラジルは，国際的な特許制度は途上国の経済発展，さらには途上国に対する技術移転を妨げるとして国連総会において問題を提起した。その際，ブラジルは，特許が途上国の経済発展に及ぼす弊害について，国際会議で議論することを提唱したが，当時の国連は，この提案を受け入れず，決議は採択されたものの，提起された諸問題については報告書の作成を提案するにとどまった。[52] ノウハウの移転を視野に入れず，特許と技術移転についてのみ論じることは無意味であり，また知的財産権を社会経済的条件から切り離して議論しても，意義ある結果は期待できないとの理由からであった。その結果，1964年国連報告書として「途上国への技術移転における特許制度の役割」がまとめられた。[54]

　ブラジルが国連において提起した問題は，その後UNCTADにおいて取り上げられ，1972年第3次UNCTAD総会において技術移転に関する決議が採択された。1974年には，「途上国への技術移転における特許の役割」に関する政府間専門家グループ設立され，1975年には常設の技術移転（TOT）委員会となり，[55] 技術移転に関する行動規範（code of conduct）の採択，特許制度改革，技術移転・開発センターなどをめざして議論が続いた。1976年のUNCTAD第4次総会においては特許制度，技術移転に関する行動規範及び開発途上国の

技術能力強化に関する決議が採択され，主に以下の問題が検討された。国際的な特許法システムは価格高騰をもたらすのみならず，外国企業のみを利する結果となり，途上国が適切な技術を選択することを不可能にする。途上国にとっては弊害でしかなく，それゆえ特許制度を再検討し，特許性を制限し，保護期間を短縮し，濫用を防ぐための制度を確立することが必要である。[56]

UNCTADでのこの議論における課題は，以下の諸点を中心としたパリ条約の改正諸案として，TOTにおける議論が始まる以前，すでに提示されていた。[57]

① 輸入に関して特許権者の権利を定めるパリ条約5条の4[58]は極めて不適切であり，撤回すべきである。

② パリ条約において強制実施権の設定は，特許付与後3年あるいは出願後4年経過後いずれか遅い方の満了後も特許が実施されていない場合に限定されているが，この要件は適切でない。また特許製品が高価格である場合，あるいは生産量が不十分な場合も，特許の不実施とみなし，強制実施権を設定できるようにすべきである。

③ 科学・技術的情報が先進国に偏在している以上，途上国がこれに対抗することは極めて困難であるため，先進国の知識に依拠し，途上国のイノベーションを阻止するような新規性の基準を改正すべきである。

④ ライセンス条件における権利の濫用に対して規制を導入すべきである。

⑤ 何が特許の対象となるかについてなんら規定を置かないパリ条約の柔軟性を活用し，医薬品は特許の対象から除外すべきである。

途上国における特許問題の先駆者で，UNCTAD議論に専門家として参加したペンローズは，多国籍企業による特許権の濫用を現実に多発しがちな問題として捉え，途上国に同情を示したが，議論の方法上，以下のことを指摘した。[59]途上国に特許保護があっても，主として外国企業に特許を付与するのみの結果となる。しかしこれが途上国への技術移転を妨げる，保護するコストのほうがその恩恵を上回る，との主張に関する実証データはない。ノウハウや特許権者

による技術指導なしに途上国で特許が付与されても，外国企業の輸出目的だけに使われ，国内生産は行われないとの主張があるが，これも単なる推測の域を出ない。特許保護により，途上国での輸入製品価格が高騰したとの説があるが，その理由は価格転嫁，補助金絡みの輸出，ブランド価値の向上などの場合が考えられ，特許ゆえの高価格であるとの立証はない。ともあれ特許保護があれば，外国企業の善意を得ることができ，少なくとも直接投資の一形態である外国企業による国内企業の買収が進む。

1980年，UNCTADにおいては制限的商慣行に関する原則とルールが採択されたが，技術移転に関する国連技術移転国際行動規範案は長年の議論の末，結局採択されずに終わった。規範案において「技術移転」は，「製品の製造，製法の応用，サービスの提供のための組織的な知識の移転で，製品の単なる販売やリースを含まない」と定義されていた。1972年から挫折の1985年までの間，頻繁な会合から膨大な文書が残された。

技術移転をめぐり，途上国における知財保護に関する議論は，UNCTADにおいてこのように展開された。その後1986年にUR交渉が始まって以来，知的財産をめぐる議論は，UNCTADからGATT・WTOへとフォーラムを移すことになった。その間，米国や欧州の圧力により物質特許保護を導入し，知財保護を強化するなど，途上国の特許法も大きく変化した。その結果，1995年，従来の知財保護条約とは一線を画す形でTRIPS協定が発効した。この後数年間，UNCTADはICTSDや世界銀行等，他の国際機関と協力し，知財保護に関する新たなアプローチを探索した。その結果，技術移転についても，ライセンス契約等に制限を課すことから，先進国による受入国の社会的，経済的条件の整備や経済的な効果を重視すること等に重点が移され，従来のUNCTADとは異なる視点も提示された。UNCTADにおける過去の議論は，WTOの設立により終止符が打たれたかに見えた。

ところが近年，WTOにおけるTRIPS協定に関する南北の議論が対立する

につれて，知財保護に関する途上国政府の立場を代弁するUNCTADやICTSDの重要性が増した。とくに1999年シアトルWTO閣僚会議の準備過程においては，市民グループを交えてUNCTADの従来の理論家の影響力が急速に伸び，当時ペンローズが問題視した抽象的な概念と原則論に基づく知的財産権の批判伝統が甦った。過去UNCTADにおいて展開された技術移転に関する議論同様，知的財産権こそが途上国への技術移転と経済発展を妨げるとの見解も復活した。現在，UNCTADの技術移転推進活動は，途上国の具体的なニーズを重視し，先進国の援助により「南々協力」（途上国間の技術協力）を促進し，現地生産を進めることを目指している。ドイツBWZ，英国DFIDの援助と物質特許のないことを誘致条件とするインド・ジェネリックの直接投資を活用したエイズ薬工場の創設プロジェクトはその一例である。

従来，医薬品の輸入代替の合理性については議論されてきている。医薬品を自国で製造すればコストが下がり，緊急事態に応じることが可能になるとの期待のもとで，1970年代から，多くの途上国が，国内産業による輸入代替を狙った。しかし1986年の世界銀行による報告書によれば，他の技術分野に比べこの分野において途上国が産業を興すのは，至難の業である。先進国での技術革新のペースは速く，研究開発，生産及びマーケティングの「規模の経済」を達成することはもとより，安全性や品質の確保も維持も難しく，輸出などによる販売市場の開拓は困難であるからである。実際のところ，競争力を獲得できたのは，インドの大手企業のみであり，中国がそれに次ぐが，品質のハードルを越せないでいる。従来，途上国における医薬品の現地生産（輸入代替）は，市場規模が不十分で経済効率を欠いた場合が多く，製品の安全性，効能及び品質上，深刻な問題を引き起こしたこともあった。過去より経済のグローバル化がはるかに進んだ現在，特許保護の非存在に着眼して採択される輸入代替政策に，どの程度経済性があるか注目されている。

現在のUNCTADによる最新エイズ薬製造プロジェクトにおいて，LDCに

おける現地生産の非効率は，インド企業による投資により解決されると予測されているが[76]，市場性，品質や安全性等に関する管理や規制，医療制度改善，資本市場の整備等，ガバナンスや研究開発能力開発についてはいまのところ検討されていないようである[77]。途上国が直面する問題は知的財産権であるとの問題意識がプロジェクトの焦点であるからであろう[78]。援助に相応しい技術分野の合理的な選択等に関し，十分検討されているのか見えてこないままである。

2 市場における特許，ノウハウと技術移転

このように現在，WTO，WIPO や UNCTAD 等において，技術移転に関する議論が高まっているが，過去 UNCTAD において同様，市場の動向，価格，参入障壁など，経済実態に関するデータは出されないままの抽象論となっている。市場において「技術移転」はいかになされているのか。

技術移転にはさまざまなルートがある。契約に基づき対価支払をともなう公式の技術移転としては，知的財産権ライセンス，ジョイント・ベンチャー，共同研究開発契約，技術サービス協定，直接投資，OEM 生産，販売あるいは経営契約，情報共有，研修等がある。リバース・エンジニアリングや模倣も，非公式の技術移転である。

知財保護の強化が技術移転を促進するか否かについては，一般的な相関関係が指摘されてきている。例えば，「弱い知財保護は移転される技術の質を低下させる[79]」，「特許保護の強化はノウハウの移転を促進させる[80]」，また「知財保護は，受入国の競争者が模倣品を生産することができ，投資企業にとって規模経済を実現できるような受入市場であれば，直接投資を促す[81]」等である。ところがノウハウや改良技術の必要性等は，技術分野により異なっている。さらに，技術移転は，受入国の教育，R&D 及び科学技術レベル如何に依っている。市場の規模やその制度，高度技術国との隣接等，その他の要因も数多い。LDCに関する実証研究はほとんどなく，知財保護を強化すれば，技術移転が促進さ

れると直接的に検証することは困難である。LDC をも対象にする OECD (2008)[82]の最近の調査は以下のことを示している。知財保護の強化は，①先進国，②途上国，③LDC 全てにおいて FDI，技術内容の高い財及びサービスの輸入及び外国企業の特許出願を増加させる。技術移転を R&D／GDP 比＋特許出願数（外国・内国）とすれば知財保護の強化は①及び②において R&D，技術移転及び外国企業による技術移転インセンティブを促進させる。知財保護の強化はとくに医薬品，化学品，オフィス・テレコム設備，エレクトロニクス，航空機，精密機械の輸入を増加させる。しかしこの調査は，1970年代以来，途上国が知的財産権による弊害として指摘してきた課題に応えていない。輸入を技術移転とみなし，途上国における特許出願の大半が多国籍企業によるものであることに何ら頓着せず，受入途上国の企業への技術移転がどこまで行われているのかを明らかにしていないからである。したがって，この調査は途上国を説得するようなデータを示していない。

　他方，特許保護と技術移転に焦点をあてた実証研究も近年増加しつつある[83]。なかでも，特許制度が強化されれば，企業内技術移転から企業間の arms' lengths 取引への移行が促進されるとのデータは参考になる[84]。従来，技術移転の大部分は子会社に対する移転であり，米国においては企業内の技術移転が全体の70％，日本においても企業内の技術移転が全体の60～70％を占めているといわれる[85]。とすれば，前述の1999年インド提案文書が指摘するライセンス条件の悪化は，インドの知財保護が不十分であるか，知財以外の要因によるものであると考えられる。そもそも，知的財産権をめぐる経済紛争は，技術的に模倣能力のある中進途上国に起こりやすく，LDC 等の途上国においてはさほど摩擦をともなうものではない[86]。とすれば，過去インドの知的財産政策をもってLDC における技術的基礎を築くための有効な政策とすることはできない。

　たしかに，インドのジェネリック医薬品産業は，知財保護をなくすことで，欧米において研究開発された医薬品化合物の模倣を可能にし，中東欧等，輸出

市場の開拓による競争力の獲得に成功した．しかしそれは，インドの優れた化学合成技術に支えられたノウハウの形成能力，卓越したグローバル・ビジネス感覚がなし得た規模経済ゆえの成功である．ブラジルも知財保護をなくすことによる産業育成を試みたが，低分子化合物医薬に関しては，概ね不成功に終わった．にもかかわらず現在，TRIPS協定の柔軟性の活用こそが経済発展に寄与するとして，かつてインドが採択した知財政策を，あたかも途上国すべてに適切であるかのように推奨している．

今後の課題

　TRIPS協定66条の規定においては，「技術移転」の意味や，知財保護との関連が，文言上不鮮明である．知的財産権が技術発展に果たす役割について，先進国と途上国の見解が対立したままTRIPS協定が採択されたこともその背景にある．現在のところ，知財保護を緩和することによる開発モデルは途上国や国際機関のみならず，欧米の学者からも支持を得ているが，議論は原則や抽象概念の対立にとどまり，十分な事実検証のないまま展開されている．途上国における知財保護の意義については国際的に紛糾するなか，医薬品の製造と環境保護技術が注目され，公共の利益の視点から，技術移転の促進と知財保護の制限等が議論されだしている[88]．反面，技術革新をいかに起こすかの観点もないわけではない．途上国からは期待され，先進国が懸念するなか，WIPOでは，2009年7月，「知財と公共政策」に関する専門家会議が開かれた[89]．これまで数年間，医薬品の問題を中心に，特許製品へのアクセスの側面のみが強調され，知的財産権の制限が声高に主張されてきたが，この会議においては，環境技術に焦点が移り，イノベーション奨励のインセンティブとして特許保護の重要性も指摘された．環境技術の多様性，代替可能性，ひいてはその市場の参入障壁が低いこと等もこの機運を作り出したのであろう．無論，知的財産権の保護がイノベーションを起こす確率は，技術レベルと市場規模に依るという，途上国

にとっての難問が存在することも確かである。

　ともあれTRIPS協定66条2項下で期待される先進国企業からLDC企業への技術移転は，研究開発過程におけるイノベーション・インセンティブとしての知財保護が，長期的な視点から，技術と経済の発展に有益であることが共通の認識となってこそ行われるのではないか。その認識のもとで，先進国及び途上国が，応分の努力をすることによって困難な技術移転がなされるのであろう。国際機関において，この共通認識は必ずしも確立されてこなかった。南北の対立は，政府間の政治的かけひきの結果でもあり，各国によって異なる産業や研究開発条件について注目されることはない。現実とは乖離した政治的かつ抽象的な議論において，接点は見出されないままである。

　先進国は，TRIPS協定の存在がLDCにとっても有意義であるのか否かを熟考した上で，TRIPS協定の存在がLDCにも有意義であると考えるなら，実証データに基づいた説得力ある説明をし，66条2項に基づく支援をすることが必要である。受入国の努力も不可欠であろう。さきのシエラレオネ及びウガンダの提案は，知財保護の前提となる教育・研究活動やガバナンス問題の検討ぬきで，ビジネスを起こす以前に知財の濫用を防ぐためのさまざまな規制を提案している。1970年代以来，UNCTADにおいて途上国が主張してきたのは，知的財産権の保護を制限し，権利の濫用を防ぎ，技術移転を強制することで国内生産を促し，自国産業を育成するという「公共の利益」のために国家が介入することであった。とはいえこの輸入代替モデルはすでに過去のモデルであり，今日のグローバル経済及びデジタル化を活用し，経済発展に対応しているとは限らない。ましてやすべてのLDCに適切とも考えられない。

　先進国において知的財産の保護は，市場の制度であり，「公共の利益」に基づく政府（立法，行政，司法）の介入は，市場の失敗に対応するものとして構想されてきた[61]。知財の濫用規制は必要であろうが，それは，市場やビジネスがあり，知財保護制度が機能している場合のことである。そもそも先進国での議論

の延長線上で，途上国における知財保護の実情を把握することは不可能である。知財保護の弊害のみが強調され，イノベーションの観点が忘れられつつあるなか，TRIPS 協定の存在意義につき再考が促される所以である。

(1) LDC は2003年，国連事務局によって定められた以下の基準によっており，現在50ヵ国（アジア(10) アフリカ(34) オセアニア(5) 中央アメリカ(1)，うち32が WTO 加盟国）。①所得水準が低いこと，②人的資源に乏しいこと，③経済的に脆弱なこと。以上3つの基準のうち2つ以上を2年連続して上回り，GNI が750ドル以上なら LDC でない。LDC のこれらの判定基準は，技術移転の問題について考えるにあたり，直接的に有用であるとはいえない。

(2) Drug, Textile Makers to Fight Trade Pact, *Journal of Commerce*, January 8, 1992.

(3) MTN.GNG/NG11/W/30 – Submission from Brazil (31 October 1988); MTN.GNG/NG11/W/38 – Standards and Principles Concerning the Availability, Scope and Use of Trade-Related Intellectual Property Rights – Communication from India (10 July 1989); MTN.GNG/NG11/W/57 – Communication from Brazil (11 December 1989); MTN.GNG/NG11/14 – Note by the Secretariat (12 September 1989).

(4) 尾島明『逐次解説 TRIPS 協定』(1999) 日本機械輸出組合, 58頁。Gorlin は，インタビューに基づき当時 WTO で担当部長であった A. Otten の以下の見解を述べている。「この規定は，勧告的（hortatory）であるにすぎないが，TRIPS 協定の解釈時に，ウィーン条約法条約の解釈ルールの観点からすれば文言が明白でない場合には参照されるべきものである。しかしインドなどが貿易と環境委員会において重視しているので，将来，重要性を増す方向に進むかもしれない。」一人の交渉者は，この提案は GATT ではなく，UNCTAD のようだと述べたとのことである。Jacques J. Gorlin, *An analysis of the Pharmaceutical-related Provisions of the WTO TRIPS (Intellectual Property) Agreement*, Intellectual Property Institute, Washington, D.C., 1999, pp.17-18.

(5) 高倉成男『知的財産法制と国際政策』(2001) 有斐閣, 150頁。

(6) インド商業省 Atul Kaushik（現インド消費者団体 CUTS のジュネーブ代表）とのインタビュー（1999年12月21日，デリー）。

(7) ドーハ宣言第4節は，「我々は，TRIPS 協定は，加盟国が公衆の健康を保護するための措置を取ることを妨げないし，妨げるべきではないことに合意する。従って，我々は，TRIPS 協定に対する我々のコミットメントを繰り返し強調するとともに，公衆の健康を保護し，とりわけすべての人々に対して医薬品へのアクセスを促進するという WTO 加盟国の権利を支持するような方法で，協定が解釈され実施され得るし，されるべきであることを確認する。これに関連して，我々は，この目的のために柔軟性を提供する TRIPS 協定の規定を WTO 加盟国が最大限に用いる権利を再確認する」としている。ドーハ宣言は，TRIPS 協定柔軟性の例として，強制実施権の設定や並行輸入等を

挙げている。

(8) TRIPS協定の「柔軟性」は，国連貿易と開発会議（UNCTAD）やICTSD（International Centre for Trade and Sustainable Development）をはじめとする国際機関において同協定の解釈及び実施のガイドラインとなっている。ICTSDは，世界銀行やWTOなどグローバルな国際機関が提示する問題に取り組み，貿易と「持続可能な開発」を可能にするようNGOを支援するために数ヵ国の政府（英国，スウェーデン，オランダ，デンマークなど）によりジュネーブに設立された。

(9) Pascal Lamy, Director General, WTO 'Access to medicines has been improved' 9 December 2008, http://www.WTO.org/english/news _e/sppl_e/sppl111 _e.htm (last visited 28 April 2009).

(10) 例えばFrederick M. Abbott, Innovation and Technology Transfer to Address Climate Change: Lessons from the Global Debate on Intellectual Property and Public Health' ICTSD Programme on Intellectual Property Rights and Sustainable Development Issue Paper No.24, Intellectual Property and Sustainable Development Series June 2009, p.vi; Ninth Annual WTO Conference, British Institute of International and Comparative Law, London, 20 May 2009.

(11) 7条にいう「目的」とは，文言上は，「知的所有権の保護及び行使」の目的であり，ウィーン条約法条約の解釈ルールに関する31条1項にいう「条約の目的及び主旨」とは異なると考えられる。これに関する議論についてはPanel Report, *Canada— Patent Protection of Pharmaceutical Products,* Complaint by the European Communities and their member States, WT/DS114/R, adopted 7 April 2000 参照。

(12) TRIPS協定8条1項は，「加盟国は，国内法令の制定又は改正に当たり，公衆の健康及び栄養を保護し並びに社会経済的及び技術的発展に極めて重要な分野における公共の利益を促進するために必要な措置を，これらの措置がこの協定に適合する限りにおいて，とることができる」としている。

(13) TRIPS協定30条は「加盟国は，第三者の正当な利益を考慮し，特許により与えられる排他的権利について限定的な例外を定めることができる。ただし，特許の通常の実施を不当に妨げず，かつ，特許権者の正当な利益を不当に害さないことを条件とする」と規定する。

(14) 本国で特許された物質であって，本国及び相手国で未上市の医薬品や農薬化学品を，第三者に製造販売することを許可しないことを行政により確保することをいうが，特許権とは異なり，知的財産権としての保護ではない。

(15) TRIPS協定66条1項には10年間の経過期間が定められていたが，2005年11月29日TRIPS理事会決定により2013年7月1日まで延長された。

(16) ドーハ宣言第7節は以下のことを宣言している。「我々は，66条2項に従い，後発開発途上加盟国に技術移転を促進し奨励するために，先進加盟国が先進加盟国の企業及び機関に奨励措置を提供するというコミットメントを再確認する。我々は，また，後発開

発途上国が2016年1月まで，TRIPS協定第2部第5節及び第7節の実施若しくは適用，または，これらの節に規定される権利を行使する義務を，医薬製品に関しては，負わないことに合意する。この場合において，後発開発途上国がTRIPS協定の66条第1項において規定されている他の経過期間の延長を求める権利を妨げない。我々は，TRIPS理事会に対し，TRIPS協定66条第1項に従い，このような効果を与えるために必要な行動をとることを指示する」。

(17) Nuno Pires de Carvalho, *The TRIPS regime of patent rights (2nd ed.)*, Kluwer Law International, 2005, pp.431-433.

(18) MTN.GNG/NG11/W/76, 23 July 1990.

(19) ブラッセル・テキストは Document MTN.TNC/ W/35/ Rev. 1, 3 December 1990. 1990年5月，ブラッセル・テキストの作成前，アルゼンチン，インド，ブラジル等，LDCでない途上国が以下の節を前文案として提案していた（Communication from Argentina, Brazil, Chile, China, Colombia Cuba, Egypt, India, Nigeria, Peru, Tanzania And Uruguay) MTN.GNG/NG11/W/71 (14 May 1990). 'Recognizing the need to take into consideration the public policy objectives underlying national systems for the protection of intellectual property, including developmental and technological objectives, Recognizing further the special needs of the least developed countries in respect of maximum flexibility in the application of this Agreement in order to enable them to create a sound and viable technological base; ...' この案はTRIPS協定前文第6節として採択されているが，LDCグループを代表するバングラデシュの提案は，同協定に必ずしも反映されていない。Proposals on behalf of the Least-Developed Countries ─ Communication from Bangladesh MTN.GNG/NG11/W/50 (16 November 1989).

(20) MTN.TNC/W/FA of 20 December 1991.

(21) 「後発開発途上加盟国が健全かつ存立可能な技術的基礎を創設することを可能とするために，国内における法令の実施の際の最大限の柔軟性に関するこれらの諸国の特別のニーズを認め」。

(22) TN/CTD/W/4/Add.1.

(23) TN/CTD/W/3/Rev.2.

(24) Minutes of the TRIPS Council Meeting of June 4-5, 2003, IP/C/M/40, 22 August 2003, para.203, footnote 2.

(25) オーストラリア，米国，スイス，日本等。この際，WTO事務局は，13ヵ国が経過期間中であることを示唆した。

(26) 尾島によれば「なお，我が国は，財団法人海外技術者研修協会（AOTS）を通じた研修や財団法人海外貿易開発協会（JODC）を通じた専門家の派遣を行い，すでに本項の義務を履践しているといえる」。上記注(4)，289頁。

(27) Communication from India: Proposals on IPR Issues, Preparations for the 1999

WTO Ministerial Conference, WT/GC/W/147, 18 February 1999, para.3.
(28) WT/MIN (01) 17 of 14 November 2001.
(29) IP/C/28, 20 February 2003.
(30) Suerie Moon, 'Does TRIPS Art. 66.2 Encourage Technology Transfer to the LDCs?: An Analysis of Country Submissions to the TRIPS Council (1999-2007)', *Policy Brief* No.2, http://ictsd.net/i/publications/37159/.
(31) 上記注(30) 2 頁。
(32) 「この協定の実施を促進するため、先進加盟国は、開発途上加盟国及び後発開発途上加盟国のために、要請に応じ、かつ、相互に合意した条件により、技術協力及び資金協力を提供する。その協力には、知的所有権の保護及び行使並びにその濫用の防止に関する法令の準備についての支援並びにこれらの事項に関連する国内の事務所及び機関の設立又は強化についての支援（人材の養成を含む。）を含む」。
(33) TRIPS Council Minutes of Meeting (25-26 October 2006), IP/C/M/55, 21 December 2007, paras.176-177.
(34) 上記注(33), para.176.
(35) Mozambique factory to sell HIV drugs by December: officials by Agence France Presse, Maputo, 24 June 2009.
(36) WHO, Manufacture of antiretrovirals in developing countries and challenges for the future, Report by the Secretariat, EB114/15, 29 April 2004.
(37) 新興途上国の医薬品産業政策とその異なる結果については拙著『知的財産権のグローバル化』(2008) 岩波書店、171-223頁参照。
(38) http://www.UNCTAD.org/Templates/Page.asp?intItemID=4567&lang=1.
(39) 例えば、シプラ社は、合剤トリオミュン（NVP＋d4T＋3TC）1日2回服用合剤に関し2001年南アフリカ共和国に出願し（2002年特許成立）、PCT 指定国は、ガーナ、ガンビア、ケニア、レソト、マラウイ、モザンビーク、シエラレオネ、スーダン、スワジランド、タンザニア、ウガンダ、ザンビア、ジンバブエを含む。
(40) 上記注(8)。
(41) WHO-WTO-UNCTAD-UNDP Ministerial Breakfast Roundtable, 9 July 2009, 'Global Public Health - High-Quality, Low-Cost Pharmaceutical Production in Developing Countries', http://www.unctad.org/sections/dite_totip/docs/tot_ip_0008_en.pdf（2009年9月2日確認）。
(42) 'Cherry-picking' の言葉が使われている。上記注(33), para 191.
(43) WIPO 開発アジェンダは、知的財産権を途上国の経済発展に関連させて議論し、アクションプランを策定する目的で、2004年、WIPO 総会で、開発フレンズ（ブラジル、アルゼンチン等の計14ヵ国から構成されるグループ）が提案し、スタートした。具体的提案（111項目）途上国の経済的発展を考慮した条約等の作成に関するもの、技術移転に関するものなど、広範囲に及ぶ。

⑷ *Resource Book on TRIPS and* Development UNCTAD-ICTSD(2005), UNCTAD-ICTSD Cambridge (UK); New York: Cambridge University Press, 2005. 上記注(9)のスピーチにもこの考えが反映されている。しかし TRIPS 協定規定の柔軟性は, 保護水準を高くする方向での解釈も含まれると考えられる。いずれにせよ, 政治的に論議される TRIPS 協定の柔軟性と, WTO 紛争処理手続における解釈との間には差異がある。H Yamane, 'From 'Constructive Ambiguities' to 'Flexibilities': TRIPS Interpretation, Commonly-held Views and Industrial Policies', *Japanese Yearbook of International Law*, No. 52, December 2009(forthcoming).

⑮ Carlos M. Correa, 'Negotiation of a Free Trade Agreement European Union-India: Will India Accept Trips-Plus Protection?' June 2009 (paper commissioned by Oxfam Germany and the Church Development Service), pp.4-5.

⑯ 上記注⑰, p.2.

⑰ Priority Needs For Technical And Financial Cooperation, Communication from Uganda IP/C/W500, IP/C/W/500 (2007).

⑱ Priority Needs For Technical And Financial Cooperation, Communication from Siera Leone IP/C/W/499 (2008).

⑲ International Treaty on Plant Genetic Resources for Food and Agriculture, 2004年6月29日発効。

⑳ Diversity of Cultural Contents and Artistic Expressions. 2006年 UNESCO 総会で, 154加盟国のうち日本を含む148ヵ国が賛成を表明し採択された。反対は米国とイスラエルの2ヵ国。4ヵ国（オーストラリア, ニカラグア, ホンジュラス, リベリア）が棄権。

㉑ 感染症に対する新薬投薬後, 耐性菌問題が重要問題になることは不可避であることは指摘されているとおりである。Robert C. Gallo and Luc Montagnier, 'Un vaccin préventif efficace demandera encore bien des années de recherche: Nos propositions pour le sida', *Le Figaro*, 2 juin 2003. タイでは, 政府プログラム実施後の耐性菌問題が長らく議論されている。例えば Sutthenta et al., 'HIV-1 drug resistance in Thailand: Before and after National Access to Antiretroviral Program', *Journal of Clinical Virology* 34 (2005), pp.272-276.

㉒ Resolution 2091 (XX) calling for examination of the adequacy of existing national and international practices for transfer of patented and unpatented technologies to developing countries.

㉓ G. A. Res 1713 (XVI), 16 United Nations GAOR Supp, (No.17), p.20.

㉔ *The Role of Patents in the Transfer of Technology to Developing Countries*, United Nations, 1964. この報告書は1974年, アップデートされ, 国連, WIPO, UNCTAD により共同出版された。

㉕ 執行機関である貿易開発理事会（TDB）の下に7つの委員会（一次産品委員会, 製品委員会, 貿易外取引・貿易関連融資委員会, 海運委員会, 特恵特別委員会, 技術移転

委員会，開発途上国間経済協力委員会）が常設される。

(56) Debra L. Miller and Joel Davidow, 'Antitrust at the United Nations: a Tale of Two Codes' in Surendra J. Patel, Pedro Roffe and Abdulqawi Usuf (eds.) *International Technology Transfer: the Origins and Aftermath of the United Nations Negotiations on a Draft Code of Conduct,* Kluwer Law International, the Hague, Boston, London, 2001, p.77 infra.

(57) 例えばTD/B/C.6/AC.2/2: Promotion of National Scientific and Technological Capabilities and Revision of the Patent System, Report by the UNCTAD Secretariat, July 1975.

(58) パリ条約5条の4は「ある物の製造方法について特許が取得されている同盟国にその物が輸入された場合には，特許権者は，輸入国で製造されたものに関して当該特許に基づきその国の法令によって与えられるすべての権利をその輸入物に関して享有する」と規定する。パリ条約5条の4については，G.H.C. Bodenhausen, Guide to the Application of the Paris Convention for the Protection of Industrial Property as revised at Stockholm in 1967, BIRPI, Geneva, 1968, p.85 (on Article5quarter) を参照。

(59) Edith T. Penrose (1973), 'International Patenting and the Less-Developed Countries' *The Economic Journal,* Vol.83, No.331, September, pp.776-785.

(60) Vaitsosは，特許制度の導入により，コロンビア，チリ，ペルーなどで輸入製品の価格が74％から5647％増加したと述べている。Constantin V. Vaitsos (1972) "Patents Revisited: Their Function in Developing Countries," *Journal of Development Studies,* No.1.Vaitsosのこのデータについて，その要因には知的財産権保護以外のものが含まれていると考えられることをペンローズは指摘した。

(61) 上記注(59), p.768.

(62) UN GA resolution 32/63 on the Set of Multilaterally Agreed Equitable Principles and Rules for the control of Restrictive Business Practices (RBP).

(63) Draft International Code of Conduct on the Transfer of Technology, http://stdev.UNCTAD.org/compendium/documents/totcode%20.html.

(64) 同上1条2項。

(65) TD/B/C.6/AC.2/3: The international patent system as an instrument of policy for national development. Report by the UNCTAD Secretariat. July 1975; TD/B/C.6/AC.2/4: Systems, including industrial property systems, for improving national scientific and technological infrastructures of the developing countries. Report by the UNCTAD Secretariat. August 1975; TD/B/C.6/AC.2/5 and Add.1-4: The patent system and the development process: Summary of replies from Governments to the Note Verbale of the Secretary-General of UNCTAD of 30 October 1974. July-October 1975; TD/B/C.6/AC.3/2; The international patent system: The reunion of de Paris Convention for the Protection of Industrial Property, Report by the

UNCTAD Secretariat, June 1977. カルロス・コレア等，現在の運動家も参加していたことが窺われる。

(66) AV Ganesan（UR 交渉時のインド政府代表）とのインタビュー。2008年11月15日。

(67) http://www.iprsonline.org/ictsd/docs/RoffeTesfachewBridgesYear6N2February2002.pdf.

(68) ペンローズは，19世紀ヨーロッパにおける特許論争についてもこうした指摘をしている。Fritz Machlup and Edith Penrose, The Patent Controversy in the Nineteenth Century, *Journal of Economic History,* Vol.10, No.1 (May, 1950), Cambridge University Press on behalf of the Economic History Association, pp.1-29.

(69) Carlos M. Correa, *The TRIPs Agreement: A Guide for the South. The Uruguay Round Agreement on Trade-Related Intellectual Property Rights,* South Centre, November 1997, Geneva, Switzerland; Recent Developments in the Field of Pharmaceutical Patents: Implementation of the TRIPS agreement, 1998, http://www.haiweb.org/campaign/novseminar/correa2.html.

(70) WHO「知的財産権，イノベーション及び公衆衛生」に関する国際委員会（2005年1月－2007年5月）における Carlos Correa 及び Pakdee Pothisiri 委員（元タイ国FDA長官）による発言に基づく。

(71) http://www.unctad.org/Templates/StartPage.asp?intItemID=3423&lang=1.

(72) H. K. Lashman, Pharmaceuticals in the Third World: An Overview, PHN Technical Note 86-31, Population, Health and Nutrition Department, World Bank, November 1986.

(73) 生産量の拡大にともなって，平均費用が低下する場合は，「規模の経済がある」という。

(74) 医薬品・ワクチンの製造基盤技術移転の援助は，経済効率，品質・安全性その他の規制環境維持の観点から非常に難しいことから，国際協力機構（JICA）の医療関係プロジェクトにおけるワクチン製造技術移転プロジェクト数は非常に少なく，医薬品製造プロジェクトの企画は現在存在しない。ベトナム麻疹ワクチン製造基盤技術移転プロジェクト（2006年3月24日－2010年3月23日）が，現在，唯一のプロジェクトであるが，この場合，ベトナムがすでにいくつかのワクチン生産で WHO-GMP 水準に達しており，UNICEF 等の国際調達市場を目的としている点で，自立発展性のある製造能力の獲得を視野に入れることができた（ちなみにベトナムは LDC ではない）。JICA 人間開発部インタビュー，2009年7月1日，7月8日。このプロジェクトの原価計算表は以下報告書 pp.116-118. http://lvzopac.jica.go.jp/external/library?func=function.opacsch.toshoshozodsp&view=view.opacsch.newschdsp&shoshisbt=1&shoshino=0000006058.

(75) 例えばバングラデシュの種々の医薬品について報道・分析が多く，最近もジエチレン・グリコールによる死者について報道された。('Fatal renal failure caused by diethylene glycol in paracetamol elixir: the Bangladesh epidemic' *BMJ,* 8 July 1995,

11 (6997): 88).「偽薬」「有効成分のない医薬品」等の定義については現在 WHO などで議論されている。K. Outterson and R. Smith, 'Counterfeit Drugs: The Good, the Bad and the Ugly', *Albany Law Journal of Science and Technology*, Vol.15, 2006.

(76) 2009年4月24日。UNCTAD におけるインタビュー。

(77) 2009年4月20日。WHO 医薬品審査担当官とのインタビュー。

(78) 2009年4月22日。WTO におけるインタビュー。

(79) Edwin Mansfield, 'Patents and Innovation: An Empirical Study', *Management Science*, Vol.32, No.2, February, 1986.

(80) Ashish Arora and Marco Ceccagnoli, 'Patent Protection, Complementary Assets, and Firms' Incentives for Technology Licensing', SSRN, December 16, 2004.

(81) Carsten Fink and Keith E. Maskus (ed.) *Intellectual Property and Development: Lessons From Recent Economic Research*, World Bank Publication (2005).

(82) WG Park and DCl Lippoldt, OECD Trade Policy Working Papers No.62. 'Technology Transfer and the Economic Implications of the Strengtheining of Intellectual Property Rights in Developing Countries', 2008.

(83) 例えば Keith E. Mascus, Intellectual Property Rights in the Global Economy, Institute for International Economics, Washington, DC, August 2000.

(84) Pamela Smith, 'How do foreign patent rights affect U.S. exports, affiliate sales, and licenses?' *Journal of International Economics*, 55, 2001, pp.411-439; Sadao Nagaoka, 'Does strong patent protection facilitate international technology transfer? Some evidence from licensing contracts of Japanese firms', *Journal of Technology Transfer*, Springer, April 2009.

(85) そもそも特許ライセンスを通した途上国への技術移転はわずかに過ぎず、狭義の技術移転である知的財産権のライセンス契約をともなう日本企業の場合、輸出先国別技術輸出額シェアをみると、2005年、その大半は米国向けのもので、インドで1.1％、中国ですら4.6％でしかなく、LDC についてはほぼ皆無であり、現実の厳しさを示している。日本企業の輸出先国別技術輸出額シェア（ライセンス契約によるもの）伊藤万里「科学技術統計応用調査研究2007年度報告書 第4章日本企業の技術輸出」2005年、98-99頁。ちなみに、日本企業の技術輸出額シェアを分野別にみると、輸送用機械器具等が主な対象である。

(86) Fink and Mascus, 上記注(81)。

(87) 主にソ連・中東欧市場。

(88) 現在、United Nations Framework Convention on Climate Change (UNFCC) において、2009年12月に予定されている COP-10に向けて環境技術の知財につても議論がなされている。'Ad Hoc Working Group on Long-Term Cooperative Action under The Convention' Sixth session, Bonn, 1-12 June 2009 (FCCC/ΛWGLCA/2009/INF. 1 22 June 2009) *Measures to address intellectual property rights*, 185頁以下。なお、

中国においては，2008年5月12日，福建省高級人民法院が排ガス脱硫方法特許侵害事件において，権利侵害であっても差し止めを認めないことを判決し，「特許の保護と社会公共の利益の均衡を図ること」に言及したことにつき，今後の動向について広く議論されている。この判決の直後，2008年6月5日，中国政府は「国家知的財産権戦略綱要」を公布したが，その第20項には，「特許の保護と公共利益との関係を的確に扱う」ことが述べられている。日中企業法制研究会『中国知的財産権判例評釈―判決前文の翻訳付き―』日本機械輸出組合，2009年，25-64頁。

(89) Conference on Intellectual Property and Public Policy Issues, Geneva, July 13-14, 2009. http://www.wipo.int/meetings/en/2009/ip_gc_ge/.

(90) Gene M. Grossman and Edwin L.-C. Lai, 'International Protection of Intellectual Property' CESifo Working Paper Series No.790, May 2004.

(91) 中山一郎「公共性と知的財産権の最適バランスに向けて―問題の所在に関する一つの視点」2009年6月13日，日本知財学会企画セッション。

(92) 『日本国際経済法学会年報』第17号（2008）の泉克幸氏の書評はこうした議論の本質を踏まえておらず，公共の利益と技術へのアクセスの名において展開される生産者間の利害と各国の産業政策の対立について誤認を与えてしまっている。

(政策研究大学院大学研究科教授)

〈文献紹介〉

中川淳司（著）
『経済規制の国際的調和』

（有斐閣，2008年，418頁）

松下満雄

　本書は経済制度の国際的調和という観点から，現代の通商問題を論じた力作である。1947年にガット（関税及び貿易に関する一般協定）が成立していらい，度重なる通商交渉によって各国の関税や貿易障壁は漸次軽減された。とくに1967年のケネディ・ラウンド，1989年の東京ラウンド，及び，1993年のウルグアイ・ラウンドの成果は目覚しいものであり，ウルグアイ・ラウンドの結果，世界貿易機関（WTO）が創設されたことは周知のことである。

　しかし，関税や貿易制限（国境措置）が軽減されるにつれて大きな問題となってくるのが，貿易国間の経済制度の差異である。例えば，通商交渉によってある製品の輸入制限を廃止し，又は，関税を軽減しても，輸入国における製品の安全基準等により当該製品の発売許可がでなければその商品を輸入国に輸入し販売することはできない。このような基準認証制度のみならず，輸入国におけるあらゆる経済制度はなんらかの意味において，直接的又は間接的に貿易に影響を与える。このように世界貿易の自由化が進むにつれて，貿易国の間の経済制度の差異をできるだけ少なくし，調和させることが必要となってくる。

　わが国と外国との通商関係において，この問題が如実に示されたのが，1989年から90年にかけて行われた「日米構造問題協議」である。これは日米政府間に行われた通商交渉であるが，ここで米国側が日本の貿易障壁として問題としたのは，関税や輸入制限ではなく，日本国民の過剰貯蓄性向（過少消費），各種の基準認証制度（例えば，車検制度），大規模小売店舗出店規制のような特殊権益保護，緩慢な独禁法施行に由来する競争制限的企業ビヘイビアー等であり，これらが外国企業や製品の日本市場へのアクセスを阻害しているということである。かかる主張に対しては，日本側として反論もないではなかったが，これに応じて日本側でも「アクションプログラム」によって基準認証制度を改善し，独禁法を強化する等の措置をとったのである。

　1995年にWTOが設立されるに及んで，この経済制度の国際的調和は世界的規模で要請されるようになった。例えば，WTO協定中のSPS協定やTBT協定は，加盟国が食品，工業製品等に関する国内的強制規格を国際規格に整合させることを要請し，TRIPS協定は国際基準に基づいて国内知財法を整備することを要請し，AD協定，SCM協定，

セーフガード協定は貿易救済法の分野において，加盟国が国内法を国際基準に基づいて適用することを要求している。

本書はこのような国際的動向を踏まえて，経済制度の国際的調和の問題を多方面から取り扱っている。第1章「序」において，著者はこの問題を検討する際の基本的視点を提示する。すなわち，国際的調和の分類（国際的調和の対象，程度，方式），国際的調和以外の選択肢（相互承認，管轄権調整と執行協力，水際規制），国際的調和交渉における主要な争点（合意形成のフォーラムや手続きの選択，国際的調和の程度・方式，国際的調和の目安ないし水準の設定，合意結果の国内的実施の管理）である。

第2章以下において，主要分野における国際的経済制度の調和の問題が詳細に分析されている。すなわち，第2章は関税関連諸規定の国際的調和と題され，関税分類，関税評価，原産地規則の国際的調和が分析されている。第3章は通商救済制度の国際的調和にあてられており，ここではアンチダンピング，補助金相殺措置，及び，セーフガードの分野における国際的調和が検討されている。第4章は基準認証制度の国際的調和と題されており，工業製品，食品衛生分野における国際的調和が取り扱われている。第5章は知的財産の国際的調和を取り扱っており，第6章は労働基準の国際的調和を取り上げている。第7章は競争法の国際的調和を取り上げている。第8章は金融規制（証券規制，保険規制等，金融監督法分野）の国際的調和を取り扱っており，第9章は国際的経済犯罪規制（マネーロンダリング規制）の国際的調和を取り扱っている。

第10章は総括と展望と題されており，いわば結論部分である。この部分において，著者は分析結果を要約した後に，国際的調和のフォーラムとしてのWTOの正当性，密室で進められる国際的調和交渉の正統性，及び，欧米主導の国際的調和の正統性について述べ，さらに経済制度の国際的調和との表題の下に，国際法と国内法の区分の相対化，ハード・ローとソフト・ローの相対化，国際法主体としての国家，企業その他の私的主体の役割について論じ，最後に展望を示している。

本書は400ページ以上の浩瀚なものであるので，ここで論じられているすべての論点について詳細に論評することはできない。詳細については本書を読んでいただくこととしたい。評者の知る限り，本書は経済制度の国際的調和について総合的に論じたものとして，邦文著書としては初めてのものと思われる。この意味において，本書は独創的な視点にもとづく研究として，国際経済法学に対し貴重な貢献をなすものということができる。これを出発点として，後続の研究が進展することを願ってやまない。

この前提のもとで，多少の論点について簡単に論評したい。

第1は発展途上国問題である。現在WTO加盟国中多数派は発展途上国であり，WTOを離れても現存国家の多数は発展途上国である。経済制度の国際的調和を論ずる場合，発展途上国問題を考慮に入れる必要がある。発展途上国は概して経済力が弱く，先進国との経済的格差もある。発展途上国側には，経済制度の国際的調和が先進国側に

有利に働くとの危惧がある。例えば，基準認証の国際的調和を図る場合，先進国並みの水準を発展途上国に要求するとすれば，これが過大な要求と受け取られる可能性がある。このような問題はウルグアイ・ラウンドにおいても，例えば TRIPS 交渉の中心的論点であった。そこで，経済制度の国際的調和を論ずる場，これを北北問題として検討するか，南北問題として検討するか，南南問題として検討するかによって，視点，分析方法，結論が変わってくることも考えられる。GSP のように発展国に何らかの特別配慮をするか，発展途上国と先進国の双方を巻き込む経済制度の国際的調和にさいして，ODA のような開発援助を組み合わせるか。これらの問題の究明は必要である。著者はこのような問題についてどのように考えられるであろうか。

　第二に，FTA（自由貿易協定）による経済制度の国際的調和の可能性はどうであろうか。好むと否とにかかわらず，FTA は蔓延しており今後もこの傾向は変わらないであろう。FTA は現代貿易体制において主要なプレイヤーである。FTA は経済制度の部分的調和のこころみであり，本書の範囲外である国際投資規制，環境規制等も取り上げられている。FTA の叢生は各 FTA に含まれる経済制度間の不一致や矛盾により国際貿易体制にシステミックな問題を提起する。評者はこの FTA 相互間における経済制度の調和の仕組みを構築することが貿易体制の将来にとって極めて重要と考える。筆者の見解では，この問題をどのように論ずるであろうか。

　第三に，本書で取り扱われている分野は主として経済分野であり，これらの分野においては，ある程度は，経済的視点で検討し統一基準を立てる余地がある。この他に，いわゆる「非貿易的関心事項」の問題もあり，これには，例えば，人権，伝統的文化等も含まれ，これが貿易と密接に絡み合っている。これらの分野における制度調和問題は，経済制度調和に比較して，更に複雑，多様であり，調和させるべきであるか否かも大きな問題である。将来的には，この視点も考慮に入れて検討する意義があるように思われる。

　第四に，著者は第10章の結論部分において，経済制度の国際的調和は欧米主導で進むことを指摘している。これはまことに現実的な視点であり，評者の見解においても，現在の経済制度の調和は米国か EC 主導によって行われている感が強い。この意味では，経済制度の国際的調和は特定国（又は共同体）の制度の普遍化である。そこで，この場合，特定国の政治的，経済的影響力が強いのでこの制度の普遍化が行われるのか，又は，その経済制度に普遍的妥当性があるのでこれが普遍化するのか，とすると，何が普遍妥当性かなどの問題が提起される。

　このようにみてくると，本書を出発点として，無限に研究テーマが出てきそうである。評者としては本書の公刊を心から祝賀するものである。

（東京大学名誉教授）

内 記 香 子（著）
『WTO 法と国内規制措置』

（日本評論社，2008年，xiii＋266頁）

平　　　　覚

　1990年代初頭の有名な GATT のイルカ・マグロ事件を契機として「貿易と環境」という問題が登場したが，それは，自由貿易という価値とその他の非貿易的価値の相克と調整という問題を孕んでいた。そのような非貿易的価値には，やがて環境のほかに人の健康や安全，労働や人権一般，さらに文化などが含まれるようになるが，それらの多くは伝統的に主権国家の国内的規律によって保護されてきたものであった。このため，問題は結局，WTO 法という国際的規律と主権国家の国内的規律の相克と調整という課題として提起されることになった。WTO 体制下では，SPS 協定，TBT 協定及び GATS が成立したため WTO 法と国内的規律の調整の必要性はよりいっそう高まった。そして，この調整は，主として強化された紛争解決手続において，パネル・上級委員会による WTO 法の解釈適用を通じて行われてきた。本書は，このようにして今日まである程度の蓄積がなされてきた WTO 判例と関連する学説の検討を通じて，上記の調整のあり方を考察しようとするものである。

　本書は大阪大学に提出された博士論文がベースになっている。著者は，同大学大学院国際公共政策研究科博士後期課程を中退後，タフツ大学フレッチャー法科外交大学院に留学し，亡きヒュデック教授に師事したいわば最後の日本人であり，また，帰国後は経済産業省通商機構部に勤務し，WTO 法についての実務を経験している。本書における主題の選択は，まさにそのような著者の経歴に由来するものであろう。紙幅の関係から言葉足らずになるおそれがあるが，全6章からなる本書の概要を述べれば，以下のようなものである。

　第1章「WTO 法と国内規制措置——分析の視点」では，まず，なぜ国際通商制度において，WTO 法と国内規制措置の関係が研究対象として注目されてきたのかが説明される。それは，国家の自律的な規律権限と自由貿易の価値の実現を目指す WTO 法の規律との相克に起因するとし，本書の考察は，両者のバランスをいかにとるのかという課題の解決の試みであるとする。そのため本書は，GATT／WTO の紛争解決手続における判例の分析を通じて，ガット3条及び20条，SPS 協定並びに TBT 協定をめぐる諸問題の包括的な研究を行うことで WTO 法研究に新たな境地を拓くものであるとされる。

　第2章「ガット第3条内国民待遇規定の機能と『同種の産品』の認定基準」では，ま

ず，ガット3条の内国民待遇規定が「平等な競争条件の確保」と「加盟国の規律権限の保障」という2つの機能を果たすものであることが指摘される。そして，同規定における「同種の産品」と「直接的競争産品又は代替可能な産品」（以下，代替可能産品）の認定基準は，この2つの機能のバランスを確保することが要請されるとして，そのあり方を判例分析を通じて探求する。著者は，一見して加盟国の規律権限の保障を重視するようにみえる「目的と効果のアプローチ」が否定されて，平等な競争条件の確保を重視する「二段階アプローチ」が採用されるに至った判例の変遷を肯定的に評価する。すなわち，それは，WTOの司法機関が，国家による規律を直接評価するような事態を避け，物理的特性や消費者の嗜好等の基準を用いて国家による規律を客観的に評価する方法を選択したものであり，規定の明確性や予見可能性の点及びWTOの紛争解決のあり方の点からも適切であるという。さらに，二段階アプローチに基づいた現在の認定基準も，非貿易関連事項の観点を反映する限りで，加盟国の規律権限の保障という機能をある程度まで果たしうるものであるという。著者はまた，同種の産品及び代替可能産品の判断においては，原則として競争関係の有無を判断基準とすべきとする私見を提示する。

第3章「ガット第20条における必要性テスト」では，ガット20条のとくに（b）及び（d）号における「必要性テスト」の解釈適用の変遷を分析し，通商政策と非貿易関連事項の調整をWTOがいかに行っているかを明らかにする。GATT時代には，最小非整合的で合理的に利用可能な代替措置の有無によって必要性が判断されるという枠組みがすでに確立していたこと，WTO設立後は，それがいっそう明確化し，3つの要素（貢献度，価値の重要性，貿易に対する影響）と，最小非整合的で合理的に利用可能な代替措置が検討される「バランシング・プロセス」が採用されてきたことなどを，一連の判例分析を通じて明らかにする。著者はとくに，上記3つの要素と合理的に利用可能な代替措置の評価がどのような関係にあるのか，また，3つの要素の相互関係がどのようなものかを検討し，EC法やSPS協定及びTBT協定の必要性テストからも示唆を得ようとするが，WTO判例は必ずしもこれらの点を明らかにはしておらず，判断枠組みとしての明確性に問題が残っているとする。しかしながら，著者は他方で，そのようなバランシング・プロセスがWTOの紛争解決機関による弾力的な対応を可能とし，時代の要請を考慮できる判断枠組みを提供するものであるとして肯定的にも評価する。

第4章「SPS協定の解釈適用」では，協定の規範構造，協定成立の交渉史及び「SPS紛争」の定義及び紛争処理の実績が述べられた後，SPS協定5条の下での3つの義務（①危険性評価に基づいた措置をとること，②恣意的又は不当な差別及び国際貿易に対する偽装した制限を構成しないこと，及び③措置が必要である以上に貿易制限的でないこと）の解釈適用が判例分析を通じて検討される。これまでの判例について，著者が健康保護のために措置をとる国家の権利を尊重するものとして肯定的に評価するのは，非科学的要素を含め人の健康に対するあらゆる危険について評価を行った上で措置

をとることが認められていること，措置と危険性評価の間に厳密な因果関係ではなく「合理的な関係」が求められるにとどまること及び危険性評価は信頼できる少数派の科学的見解に従ったものでもよいとされていることである。これに対して，著者が批判的に評価するのは，「科学的不確実性」と「科学的証拠の不十分性」が厳密に区別され，予防原則を導入しているとされる5条7項の暫定措置が「科学的不確実性」を理由としてはとることができないとされていることである。このような解釈は，危険性評価に関する上記の柔軟な解釈と比べて厳格な印象を否めず，7項の存在意義を失わしめることが危惧され，また，科学的証拠の偏重という印象を与えているとする。

第5章「TBT協定と相互承認の制度」では，まず，TBT協定に関するWTO紛争がほとんど存在しない理由として，TBT協定とガットが重畳的に適用されることや，国家主権に関わらない技術的な問題として紛争にまでエスカレートしにくいことなどが挙げられる。その結果，著者は，TBT協定本体の解釈適用よりもむしろ相互承認制度について検討することのほうが，TBT分野における国家間規律の実情に即した分析となるとする。著者によれば，相互承認とは，加盟国間の国内規制措置が単に異なるという事実から生じる不都合を，加盟国間で協力して修正するものであるとされ，紛争解決とは異なった新規の場面であるとされる。また，相互承認のプラクティスは，産品規格や安全基準それ自体の相互承認ではなく，適合性評価手続のレベルでの相互承認であることが指摘される。著者はさらに，相互承認合意が第三国産品への差別として最恵国待遇義務違反となる可能性があるとしてWTO協定整合性問題を検討する。そして，最後に，ケース・スタディとして日本・シンガポール間の経済連携協定を取り上げ，関係者からの聞き取り調査の成果として，実施段階での適合性評価機関の認定の困難さや実際の利用が限定的であることの事情などを明らかにする。著者は，結論として，相互承認は2ヵ国の行政機関が互いの規制内容を知るための継続的な学習プロセスであり，また，政策的な問題として産業界に幅広く利用されるための制度構築が重要な課題であることを指摘する。

第6章「結論」では，これまでの議論が総括され，各章における著者の主張が要約される。著者は，総じて，WTO法と国内規制措置の関係は，これまでのところ，制度の発展と共にある程度バランスのとれた良好な関係にあると結論づける。しかし，同時にこの関係は，厄介な永遠の問題として，今後もその調整が求められ続ける課題であるとする。最後に補論として，GATSにおける国内規制措置の規律構造とそれがサービス貿易に与える示唆が検討される。著者は，GATSによる規律は，ある程度，物の貿易における規律と比較対照することができる構造にあるとするが，いまだ必ずしも十分には解明されていない問題群の所在を指摘し，今後サービス貿易の重要性が高まるとともに，サービス分野の国内規制措置をめぐる紛争が生じてくることを予想する。

以上が本書の概要である。次に，若干の論評を試みたい。第1に，本書の全体に対す

る評価である。一見して，扱われる主要問題は，ガット3条の「同種の産品」概念，ガット20条の「必要性テスト」，及びSPS協定5条の「危険性評価」であるが，これらはWTO協定中のごく狭い限られた法解釈上の論点であるようにみえる。しかし，本書は，これらの問題を論じるに当たり，紛争解決制度を含むWTO体制全体に関わるシステミックな問題や，関連する協定や規定の機能，全体的な規範構造などにも十分な目配りをしている。これに加えて，EC法との比較考察，聞き取り調査によるTBT協定運用の実情の検討及びGATSへの応用の可能性の考察などがなされており，本書は，まさにWTO法と国内規制措置の関係に関する包括的でかつ体系的なモノグラフとして完成しているといえるであろう。綿密な判例分析及び丹念な学説の渉猟と紹介が研究書としては意外なほど平易な文体で叙述されている。また，多くの引用を英語の原文と併記するという方式がとられており，著者の記述の正確さと中立性又は客観性，したがって，説得性を高める効果を持っている。本書は，「WTO法研究に新たな境地を開く」という著者の意欲を十二分に具現するものということができ，この分野の研究成果の蓄積が必ずしも多くない日本の国際経済法学界にとって大きな貢献をもたらすものである。

　第2に，本書で著者は，WTO法と国内規制措置の関係はある程度までバランスがとれているという結論に至っている。これは，少なくともパネル・上級委員会によるガット3条の「同種の産品」の認定における「二段階アプローチ」とガット20条の「必要性テスト」における「バランシング・プロセス」の採用が，良好に機能してきたという著者の評価に基づくものであろう。評者も，パネル・上級委員会のこれまでの実行に関する限りでは同意したい。しかし，二段階アプローチは，とくに産品非関連の「工程及び生産方法」の違いに基づく国家の規律権限に限界をもたらす可能性があるように思われる。また，必要性テストにおける「バランシング・プロセス」は，パネル・上級委員会にとっては，著者が肯定的に評価するようにケース・バイ・ケースの弾力的な対応を可能にするものではあるが，他方で過度の弾力性が予見可能性を損ない，政治性を侵入させることによって司法の信頼性や正統性を危うくすることも警戒しなければならない。その意味では，二段階アプローチとバランシング・プロセスの現状に満足することなく，それらの限界を十分に認識し，それを克服する方法の模索が次の課題になるであろう。この点では，同種性の判断基準として競争関係に注目する著者の見解は示唆的である。

　第3に，SPS協定の解釈適用に関連して，著者の見解に2点疑問を提起しておきたい。まず，5条1項の危険性評価における考慮要素の範囲についてである。著者は，上級委員会が非科学的要素を含め人の健康に対するあらゆる危険を考慮要素に含めていると解し，これを肯定的に評価している。しかし，危険性評価においてそのように「あらゆる危険」性の考慮を許容することは，SPS協定の中心概念である科学性の要件（とくに2条2項の義務）を希釈してしまい，SPS措置の保護主義的濫用を招かないであろうか。5条3項は人ではなくもっぱら動植物に対する危険性評価においてのみ経済的

要因の考慮を許容しているに過ぎず，5条2項もそこに掲げられる考慮要素が例示列挙であるかは必ずしも明らかではないように思われる。

もう1点は，上級委員会が「科学的不確実性」と「科学的証拠の不十分性」の概念を区別し，5条7項の暫定措置の発動を後者が存在する場合に限定したことに対して，著者が批判的であることである。科学的不確実性が理論的には完全には払拭されないことを考慮すれば，5条7項の適用を科学的不確実性に基づかせることは，暫定措置の際限のない発動に途を開くことにならないであろうか。評者としては，もっぱら科学的証拠の不十分性という手続的要件にのみ基づかせる上級委員会のアプローチを支持したい。

（大阪市立大学大学院法学研究科教授）

William J. Davey and John H. Jackson (eds.), *The Future of International Economic Law*

(Oxford: Oxford University Press, 2008, viii+326p.)

中 川 淳 司

1 はじめに

*Journal of International Economic Law*は，「国際経済活動と法の関係に関わるきわめて広範な主題に対する思慮深い学問的な関心を奨励すること」を目的として，1998年3月に創刊された。編集代表はJohn H. Jackson，副編集長はMarco Bronckers, William J. Davey, Ernst-Urlich Petersmann, Alan O. Sykesの4名である。以来，この雑誌は広く国際経済法をカバーする世界有数の学術雑誌として，年に4回刊行され，2007年に創刊10周年を迎えた。これを記念して，本書のタイトルと同じ「国際経済法の未来」というテーマで特集号が編まれ，2007年9月に第10巻3号として刊行された。本書は，この特集号をより広範囲の読者に提供するため，同誌の版元であるオクスフォード大学出版会より単行本として刊行されたものである。

2 本書の内容

本書は全16章から成る。本書の元になった特集号の編集を担当したWilliam J. Davey教授が特集の意図と全体の構成を説明した第1章に続いて，特集号に寄稿した15本の論文が収められている。

第1章でDavey教授は，現行の国際経済システムの中核的組織であるIMF，世界銀行とWTOがいずれもその存在理由と正当性が問われる深刻な事態に直面しているという認識を述べる。そして，国際経済システムの制度に関わる諸問題（institutional issues）と正当性をめぐる諸問題（questions of legitimacy）が本書に収められた諸論文

に通底する問題意識であると指摘する。

　導入章に続く6本の論文は，国際経済システムの制度とその正当性をめぐる問題を正面から取り上げている。第2章で Hector R. Torres は，IMF が当初期待された役割（国際通貨協力の促進と外国為替の安定化）を実効的に果たせなくなっている現状を率直に指摘し，その原因を機能的要因（政策助言機能と金融危機における実効的な金融支援機能の低下）とガバナンスに関わる要因（意思決定方式が加盟国の多様化と新興国の台頭に対応できていないこと）およびイデオロギー的要因（政策助言のイデオロギー的なバイアス）に求める。そして，2006年以来進められている IMF 改革は，単なる投票権の割当の見直しに留まらず，以上の根本的要因の打開を目指す必要があると指摘する。第3章で Frank J. Garcia は，ロールズ（John Rawls）の格差原理を国際経済関係に適用して（国際格差原理），ブレトンウッズ機構（IMF と世界銀行）の活動に対する規範的指針を提示する。すなわち，ブレトンウッズ機構は，その提供する社会的財（兌換通貨へのアクセス（IMF）および開発資本（世界銀行））を，自然的および社会的に最も不利な地位に置かれた国に便益をもたらし格差を縮小するように配分しなければならない。また，両機構が貸付の実行に当たって借入国の内政に関して付与する貸付条件は，借入国国内で最も不利な地位に置かれた人々に便益をもたらすものでなければならない。著者は，以上の国際格差原理に従った両機構の貸付政策の改革を提言する。第4章で Debra P. Steger は，WTO がその前身であるガットから引き継いだ数々の「文化」が今日の世界の地政学的情勢に適合しなくなっていると指摘する。ドーハ・ラウンドが仮に失敗したとしても，それは多角的貿易体制の終焉を意味するものではない。それは，WTO が今日の多極化した相互依存の世界に応じた新たなガバナンス構造を確立する必要があることの証拠とみなされるべきである。加盟国は，WTO が開発と環境保護を目標に掲げていることを真摯に受け止めるべきである。意思決定方式，内部運営構造，対外関係，透明性，地域貿易協定との関係の見直しが必要である。第5章で Thomas Cottier も WTO の構造改革の必要性を説く。著者が特に問題とするのは，多角的関税交渉を通じた貿易自由化を旨として構築されたガット以来の組織構造が，非関税障壁の除去へと規律の重点が移行し，加盟国の多様性が増大するにつれて不適合を起こしているという点である。WTO の組織構造の改革が必要である。そのために，著者は，加盟国の政府代表，WTO 事務局の代表と学識経験者で構成され，構造改革問題を包括的に検討する諮問委員会（Consultative Committee）と，加盟国の政府代表で構成され，委員会の助言を受けて構造改革交渉を担当する常設委員会（Standing Committee）から成る二層構造の組織を提案する。以上の2章が WTO 改革の制度的側面に焦点を当てるのに対して，第6章で Daniel C. Esty は，WTO 改革において勘案されるべき実体・手続法上の要素（グッド・ガバナンスの諸要素）を指摘する。また，第7章で Ernst-Ulrich Petersmann は，通商紛争を扱う国内法廷が WTO 法を直接適用し，WTO 紛争解決手続

と相俟って，WTO法の支配と正義を市民社会に貫徹することを主張する。

続く7章は，もっぱらWTOが現在直面している課題に焦点を当てて，対処策を論じる。第8章でSeung Wha ChangはWTOと途上国の関係を取り上げる。途上国に対する特別かつ異なる待遇の見直しをめぐるドーハ交渉の行き詰まりを回顧し，交渉打開に向けた種々の提案を批判的に検討した上で，途上国が開発目的でWTO協定に整合しない措置をとるに当たって独立の第三者機関に通報し，当該機関が当該措置の許容性を審査して承認するという手続を提案する。第9章と第10章は二国間および地域的な自由貿易協定の急増という現象を取り上げる。第9章でFrederick M. Abbottは，この現象が交渉国の間の政治・経済力の不均衡のため，交渉国である途上国から自律的な決定権を奪っている点を特に問題にする。第10章でMatthew Schaeferは，この現象がWTO体制を浸食せず，体制補完的に機能するための方策を検討する。第11章でGary C. HufbauerとSherry Stephensonはサービス貿易の自由化を取り上げる。ドーハ交渉におけるサービス貿易自由化交渉が滞っていることを受けて，セクター別の多角的自由化交渉，あるいは二国間および地域的な自由貿易協定を通じたサービス貿易自由化が提案される。第12章でJoel P. TrachtmanはWTOと加盟国の規制管轄権という問題を取り上げる。国境障壁の低下に伴い，国内規制を通じて国内産業を保護する必要が増したことを受けて，WTOは加盟国の規制管轄権に対する規律を強化した。著者は，WTO紛争解決手続において規制管轄権が問題となった事例，およびSPS協定，TBT協定とTRIPS協定を援用して，WTOの加盟国の規制管轄権に対する規律のありようを分析する。第13章でAndrew GreenとMichael TrebilcockはWTOの輸出補助金規律を取り上げる。輸出補助金の経済厚生効果という観点から，現行の輸出補助金規律の制度設計（輸出補助金の明確な禁止と救済手段としての非遡及的廃止および廃止しない場合に補助金総額相当分の（ないしはそれを超える）対抗措置を認める）の効率性を評価し，経済厚生最大化の観点からは輸出補助金の明確な禁止と救済手段としての損害相当分の対抗措置（および小国が申立国の場合の代償措置の提供）という方式の方が望ましいと結論する。第14章でSteve Charnovitzは貿易と環境の問題に関するWTOの取組みを，紛争解決事例（米国ガソリン事件，エビ海亀事件，ECアスベスト事件）におけるGATT 20条の解釈の進展に焦点を当てて回顧する。

残る2章はWTOが部分的に扱っているものの，他の国際機関や協定が主に扱っている問題を取り上げる。第15章でDavid J. GerberはWTOが競争法を規律対象に加えるための条件を検討する。著者は，ドーハ交渉のアジェンダに競争法を加える提案が米国や途上国によって拒絶されたことを踏まえて，すべての加盟国がその利害を尊重され，共有し，共通の目標に向けて協力する「共同体」観念を確立すること，そして，WTOが取り込もうとする競争法の概念・目的・履行方式を明確にすることを，WTOが競争法を規律対象に加えるための条件として提案する。最後に，第16章でWon Mog Choi

は投資紛争解決を取り上げる。二国間投資条約や自由貿易協定を通じて導入された投資紛争仲裁が伝統的な外交的保護制度を通じた投資家保護制度の欠陥を克服する機能を果たしていることを指摘した上で，著者は投資紛争仲裁がさらに信頼性を高めるための方策として，受入国の公共政策の尊重，上訴制度の導入などを提案する。

3　若干のコメント

　以上の概要紹介から明らかなように，本書は現代の国際経済システムの制度とその正当性をめぐる広範な主題を取り上げており，国際経済法の現在と将来を考える上で格好の素材を提供する。各章の執筆者が採用する理論的立場や課題の取り上げ方，将来の方策に関する踏込みの度合は一様ではないが，それは国際経済法学における方法や視角の多様性の表れと解されるべきであり，読者は本書で示された多様なアプローチから国際経済法学の可能性を看取することができる。他方で，敢えて本書の難点を指摘するとすれば，取り上げられたテーマがWTOに偏っており（導入章を除く15章のうち12章），WTO法ではなく国際経済法の将来を論じるとすれば当然取り上げられるべき主題や論点がカバーされていないことである。例えば，国際金融システムをめぐる国際法および制度の将来像，途上国の開発促進に向けた国際的な取組みの現状と課題，労働力の国際移動をめぐる国際法のあり方，国際課税をめぐる国際法上の問題などである。ただし，これはひとり本書に固有の欠陥というよりは，現在の国際経済法学が総じてWTO法研究（および近年は国際投資法研究）に傾斜していることの表れと見るべきであろう。国際経済法の将来を真剣に模索する上では，本書が取り上げた主題と合わせて，上に指摘した主題・論点についても思いをめぐらせることが必要と考える。

（東京大学社会科学研究所教授）

Harald Hohmann (ed.),

Agreeing and Implementing the Doha Round of the WTO

(Cambridge: Cambridge University Press, 2008, 504p)

飯　野　　　文

　2001年に開始されたドーハ開発アジェンダ（以下，DDAとする）が長期化していることは周知の通りである。そうした中で，本書は編者がいうところの「研究者及び実務家がDDAの影響を検討・評価した初めての主要な著作」であり，これまでのDDAの推移を概観し，その達成事項とは何か，交渉の進展を妨げている先鋭化した問題がどこにあるのか，を把握する上で有益な一冊である。特に，本年後半の2009年11月下旬から12月初旬にジュネーブで閣僚会議を開催することが合意された今，過去の交渉を振り返

り，改めて今後の帰趨に注目していく際に本書は必携であろう。

ただし，本書の有益性はそれにとどまらない。本書の特質を挙げるとすれば，DDAで交渉対象外となった分野を含め個別分野を扱いながらも，いずれもDDAとの関係を論じる視点が貫かれていること，貿易と人権，環境などWTOが直面している課題を扱っていること，分野によっては現行の交渉やWTO体制にとって示唆に富む具体的提案が含まれていることであろう。なかでも提案の部分は，交渉の現場で真に検討されるべきと思われるところも多い。

本書は，イントロダクション以下，五部構成で編者を含めた21人の著者及びWTO事務局による寄稿全23章からなる。著者には，各国の交渉代表・担当経験者，WTO事務局関係者，国際経済法分野の研究者，関連実務家が含まれ，DDAやWTO紛争処理手続の内実を踏まえたものとなっている。本書の起源は，2004年のILAポストカンファレンスに遡り，それに筆者数を増やし，加筆修正した上でまとめられている。そこで著者によりばらつきはあるものの，概ね2007年辺りまでのDDAの推移を前提に評価・検討が行われたものとなっている（以下，（　）内は，章番号を示している）。

イントロダクションでは，Mandelson前EC通商担当委員がDDAの進展に前向きな期待を示しつつも，農業政治や新興諸国の市場開放の責任など開発問題の政治的側面をDDAを困難にする要因として提示する（1a）。併せて，Osakwe WTO・DDA特別関税部長は，これまでのDDAの推移と教訓とを検討すると同時に，交渉が頓挫した場合の危険性について触れ，各国の国内政策改革と交渉とのリンケージ，WTO事務局長の役割強化の必要性を指摘する。その内容は，後発開発途上国及びアフリカ諸国とDDAとの関係から論じられている部分が多い（1b）。

第一部「WTOにおける開発政策」は，WTO事務局の寄稿を含む5章で構成され，DDAの開発的側面が検討される。まず，冒頭でWTO事務局が農業，NAMA，紛争処理手続などDDAの交渉対象10分野をとりあげ，各分野の開発的側面，交渉・作業の現況，途上国の関心事項，途上国にとってのメリットという4つの観点から評価する。これにより，DDAの開発的側面を全体的に把握し，合意形成が困難となっている論点を把握することが可能である（2）。次に，Duponteil欧州貿易総局副ユニット長がECの視点からこの問題を論じ，開発政策上DDAが成功であるためには農業の拙速な自由化は必ずしも有意義でなく，サービス分野，NAMAの自由化が重要であることを説く。また，途上国自身のガバナンス向上，DDAにおける政策的対応の必要性を指摘する（3a）。続いて，Ismail南ア在ジュネーブ代表部WTO代表は，香港閣僚会議を評価しながら，先進国，特にEU批判を展開する（3b）。他方，Bautista元フィリピン在ジュネーブ代表部大使はデータに基づく冷静な分析により，途上国が貿易自由化の利益を享受するにはマーケット・アクセス（以下，MAとする）が重要との観点から論点を提示すると共に，途上国側の国内調整措置等とそのための技術支援の必要性を指摘する。加

えて現行のWTOの技術支援，S&Dについて分析し，具体的な提案を行っている（4）。Qureshiマンチェスター大学教授は，CTDにおけるS&Dの議論を時系列的に分析し，開発問題をWTOにとりこむ方策が議論されていないことを指摘する。対応策として，開発をWTOの目的として明記した上，紛争処理手続上の協定解釈を活用することを提案する（5）。

　第二部「貿易政策及び貿易円滑化」は6章からなり，DDA一般の評価，NAMAの分野別（化学品），貿易円滑化，競争政策等に関する議論が展開される。O'Sullivan EC貿易総局長は，ECの視点から，農業の国内助成削減等をDDA進展の条件として挙げると同時に，途上国間で差別化した政策対応の必要性を指摘する（6a）。Brunjes独経済技術省貿易関連部局副局長は香港閣僚会議までに達成された成果と今後の課題を概観している（6b）。Quick独化学業界リエゾンオフィス長は，NAMAの分野別の例として化学品をとりあげ，産業界の立場からDDAを批判的に検証している。化学品分野の関税削減の経緯に特有の事情があるにせよ，DDAが進展しないならば二国間協定も有効とするなど産業界の現実的な立場が浮き彫りにされる。併せてNTBsに関する調停メカニズムの導入が提案されている（7）。次に，Hohmann H&Pシニアパートナー（編者）は，貿易円滑化の中心的な要素を分析した上で，現行の交渉を考慮に入れた協定案を提示する（8）。Messenイエナ大学名誉教授は，競争政策に関して国際競争ネットワーク（ICN）のこれまでの活動を肯定的に評価しながら，当該分野の多国間規律の作成とICNとを比較検討し，後者が国際的な競争法の発展に有効であると論じている（9）。De Waartアムステルダム自由大学名誉教授は，持続可能な開発及び人権等の問題が統合の法原則を通じていかにDDAにおいて考慮され得るか，またそのために国際法協会（ILA）が果たし得る役割とは何かを指摘する（10）。

　第三部「紛争処理システムの改革」は4章で構成され，DSU交渉と，紛争処理システムとを多角的に検討するものである。まず，White EC法律サービス部貿易チーム部長は，極めて現実的な立場からDSU交渉を評価し，既に行われている当事国間合意及びそのDSB決定という方法でDSU手続を改善し，それを後に法典化するというアプローチを提示する（11）。Weissニュルンベルク大学教授は，これまでのDSU交渉における各国提案を4分類して分析し，分類別の合意可能性を提示する（12）。Stegerオタワ大学教授・元WTO上級委員会事務局長は，WTO法を国際法の一部と位置付けた上で，紛争処理システムの管轄範囲，適用法規をWTO法に限定する一方，救済部分については慣習国際法が適用される余地があると論じる（13）。GappahWTOアドバイザリーローセンター（ACWL）弁護士は，紛争処理手続の特徴，その利用に際して途上国が抱える課題，同手続上のS&Dの限界を検討し，現行の支援の不十分性を説く。その上で，他の機関との比較や外部からの客観的評価に基づきACWLが果たし得る役割を指摘している（14）。

第四部「社会的権利・健康・環境」には、WTO と非貿易的関心事項との関係を検討する5章が含まれている。まず、Bluthner 元 BASF AG 社国際法アドバイザーは、貿易と人権との関係について、人権保護を条件とする MA の GATT 第20条による正当化可能性を先例も加味して検討すると同時に、対応策として GATT 第20条強化や TRIL (Trade-Related International Labor Rights) 協定合意を提示し、いずれも困難であると指摘する。その上で国連のグローバル・コンパクト型の協力体制導入を提唱する (15)。松下東京大学名誉教授は、食品安全の問題を現行協定、判例、関連する国際協定に照らして検討し、SPS 協定と MEA との抵触の問題への対応策と各対応策の功罪を論じた上、第20条の解釈了解を1つの対応策として提示する (16)。村瀬上智大学教授は、貿易と環境の関係について、GATT 第20条と MEA の歴史的展開を提示すると共に、WTO 協定と MEA が抵触する事象を分類して論じつつ、両者はレジームの衝突であるとの立場から MEA の"GATT-ization (「合体」／GATT 化)"等の対応策を提示する(17)。平大阪市立大学教授は、主に産品非関連 PPM に基づく貿易制限措置について、過去の判例を検討し徐々に広がる傾向にある同措置の許容範囲と同措置に内在するユニラテラリズムについて指摘し、上級委員会の「発展的解釈」の役割を肯定する (18)。Strack ハンブルグ市議会法律アドバイザーは、ドーハ閣僚宣言にみられる健康、環境、社会基準の問題について、達成事項と残された課題とを概括的に提示する (19)。

第五部では、結論として、本書の編者による各章に基づく13の角度からの総合的な DDA の分析が示されている。

以上のように本書が扱う論点は幅広く、本書自体が DDA の複雑性を体現しているようでもある。本書からは先進国と途上国との対立、途上国間での立場の相違、交渉担当・経験者と産業界の見解の相違など、交渉分野に加えて交渉の立場上の利害により交渉が重層的な構造となっていることが明らかとなる。本書は、こうした交渉の困難さを浮き彫りにした点でも成功しているといえよう。

他方、本書では DDA 全体の概観的な分析、個別分野における有益な分析・提案はみられるものの、交渉対象事項以外で交渉を困難にしている WTO に内在するシステミックな問題とその対応策は検討されていない。例えば、コンセンサス方式の下での加盟国数の増加による合意形成の困難性、一括受諾方式（シングルアンダーテイキング）の功罪を指摘・分析し、対応策の一つとして例えば現行の政府調達協定にみられるようなプルリ方式の他分野への導入の是非を論じるといったような章も読んでみたかった。

また、DDA の合意には、四極から G4、G6 への変化といったダイナミズムや、国内問題が関わってくると考えられるが、個別分野に深い焦点を当てる章を用意するのであれば、米国の TPA、農業法の帰趨など、交渉の行方を左右しかねない国内問題を分析する章があってもよいのではないか。ただし、このことは「DDA における争点について読者に洞察を与え、ラウンド再開時に期待される成果と長期的にどのような改善が可

能かについての明確な分析を提供する」という編者の趣旨を超えてしまう部分なのかもしれない。

いずれにせよ、これらの諸点は本書の意義を減じるものではなく、むしろ本書の有用性故に更に期待を抱かせる部分である。本書がDDAに一石を投じることを期待したい。

（日本大学商学部専任講師）

Douglas A. Irwin, Petros C. Mavroidis and Alan O. Sykes, *The Genesis of the GATT*

(New York: Cambridge University Press, 2008, 314p.)

小 林 友 彦

1　はじめに

ダートマス大学教授 Douglas A. Irwin、コロンビア大学／ヌーシャテル大学教授 Petros C. Mavroidis、スタンフォード大学教授 Alan O. Sykes の3人（以下、著者と略する）が、1947年の関税及び貿易に関する一般協定（以下、GATTと略する）の成立史を多面的に分析したのが本書である。

GATTの形成過程については、すでにWilcox、Dam、GardnerやZeilerらの手になる膨大な先行研究が蓄積されている。本書に独自の意義を持たせるために著者が意図したのは、以下の3点である。第1に、第二次大戦後の国際経済体制のうち、特に貿易に関するものに焦点を絞る。第2に、国際貿易体制が形成される過程でどのような動機や目的が働いていたかに目配りする。第3に、一次資料を広範に収集し、それに準拠して再検討する。

本書は3つの章からなる。共同執筆がどのような形でなされたかは明記されていないものの、上記著者名の掲載順に、三人の著者が1章ずつ主担当したものと推察される。第1章は、GATTが独特な国際制度として1947年に成立するまでの外交交渉の経緯をたどる（5-97頁）。第2章は、GATTの主要条文の起草過程を分析する（98-175頁）。第3章は、前2章をふまえつつGATTの理論的根拠に関する3つの理論を概観する（176-200頁）。

以下では、まず各章の内容を概観し、その後に若干の評釈を加える。

2　概　　要

(1) 第1章は、GATT前史として戦間期の米国通商政策を説き起こすところから始まる。大恐慌を契機とした1929年スムート・ホーレイ法等の形で現れた保護主義的通商政策や近隣窮乏化政策と、コーデル・ハルが推進し1934年互恵通商協定法（RTAA）等の

形で現れた自由主義的通商政策とを対置しつつ，1933年から1944年まで米国国務長官を務めたハルの貢献に光を当てている。自由貿易が国際平和の礎石だと考えていたハルが他国に先んじて自由貿易を推進し，1930年代の通商条約がその後のGATTの原型となったこと等をもって，著者はハルがGATTの成立にとって重要な役割を果たしたと指摘する（12頁）。

次に，1940年代の米英間の戦時協力に関連する条約交渉の中で貿易自由化に関する論点が取り上げられたことに触れる。著者は，当時この交渉に参画していたミード，フレミング，ケインズ等の優れた研究者が交渉を通して第二次大戦終結後の世界貿易体制の在り方にまで議論を深めたことが，その後のGATTの理論的基盤となったことに光を当てる。特に，ジェームズ・ミードによる国際通商同盟構想が，開放条約，差別禁止，貿易障壁撤廃を軸とする多数国間枠組を提案し，後のGATTの原型を示したものとして評価されている（28頁）。

しかしながら，国内事情や英連邦特恵の位置づけを巡って米英間に意見の相違が存在し，1943年のワシントン会議において多数国間制度を志向する方向性が示された後も交渉は難航した。この点，著者は，多国間交渉を志向する英国と二国間交渉を志向する米国との間で協議が行き詰まった際にカナダが10か国前後の少数国による交渉を提案したことや，1945年米英借款協定交渉の一環として関税，補助金，国家貿易，為替管理及びカルテルに関して米英間で議論されたことが両国間の膠着状況を打開するきっかけとなったと評価する（72頁）。

その果実として，米国国務省は1945年12月に「世界の貿易及び雇用の拡大に関する提案」を提示し，さらに1946年9月の「国際貿易機関憲章案」を提示した。この後，米国は，多数国間の枠組と少数国間の枠組とを同時進行させてGATTの発効をITO憲章より先行させる方針をとった。同年10-11月には，ロンドンで開催された国連の貿易雇用国際会議第1回準備会合のマージンで米英以外の主要国が初めて正式に招請された少数国会合が開かれた。そこで，途上国のための例外規定等を設けることを含めて，ITO憲章案のうち後にGATTとして結実する大半の部分について基本合意が形成された（79頁）。

しかし，その後も具体的な関税譲許交渉に際して諸国が日和見的な態度を示したこと，米国の1946年中間選挙で共和党が議会多数派を占めたこと，とりわけ英国が英連邦諸国との連携を重視する内向き姿勢を強めたこと等の要因が輻輳し，ジュネーブで1947年4月から開催された第2回準備会合においてもGATT交渉は破綻の瀬戸際に立たされた。最終的には米国が，交渉を決裂させて英国の影響力が弱まればソ連の台頭を許すことになると考え，譲歩したことによって妥結を見た（92頁）。

第1章における著者の知見は，以下のように要約される。第1に，米国の主導なしにGATTは成立しえなかったものの，そこに至るまでには米英間の確執による幾度もの挫

折の危機が存在した。第2に，米国以外にも，英国は多数国間アプローチへの方向性を指し示し，カナダは関税譲許を少数国で議論することを提案するという貢献を示した（97頁）。

(2) 第2章は，第1章の取り扱った戦間期から1947年までの時期の終盤となる1946年後半から1965年までになされた，GATT条文の形成・変更過程を追跡する。具体的には，1946年ロンドン準備会合，1947年ニューヨーク会議，1947年ジュネーブ会議，1948年ハバナ会議，1955年GATT再検討会議，1964-65年締約国特別会合についてそれぞれ節を設けて年代順に検討し，続く第7節において今度は事項ごとに条文の変遷を整理する。最後の第8節において，GATTの条文の確定においてどのような要素が影響を及ぼしたか分析する（103頁）。

まず，1946年秋のロンドン会議について著者が注目に値するとして指摘するのは，各国代表団がITO憲章交渉をより広い文脈でとらえていた，つまり，関連する既存条約に目配りしGATTをそれらと整合的なものにしようとしていたという点である（111頁）。次に，ニューヨーク会議においては，ITO憲章から抜き出された別個のGATT条文案が初めて策定されたものの，輸出補助金が規律の対象外となったほかはロンドン会議までのITO条文案と比べて大きな変更が加えられなかった。続くジュネーブ会議においても，微修正がなされたのみでGATT条文交渉は妥結した（119頁）。その後，ハバナ会議において，自由貿易協定も地域貿易協定に含めるよう文言が追加され，また，輸入国国内産業に損害を与えるようなダンピングは非難されるべきとの文言が追加された（122頁）。GATT発効後7年を経過した1955年の再検討会議については，その成果である議定書3本のうち発効したのが1本のみではあったものの，GATTの全面的再検討の機会として看過すべきでないと指摘する（123頁）。最後に著者が取り上げるのが，GATTへの第4部の挿入についてである。著者の評価としては，第4部は開発途上国に対して相互主義を要求しないことを柱とするとはいえ，努力義務にとどまり，また，各国の貿易依存度によってその影響が異なるために一概に実効性があるとはいえない。しかしながら，後の1979年に「授権条項」の形で途上国の懸念に応える最初のきっかけになったと評価される（133頁）。

以上の過程をふまえて，本章第7節においては，最恵国待遇を皮切りに21の項目を取り上げ，それぞれロンドン会議から再検討会議に至るまでの条文の変遷を比較参照する。

第8節では，前節までの分析からGATTの条文が全体としてどの国の貢献によるものであるかが分析される。著者によれば，米英両国が圧倒的に大きな影響力を行使したのは確かであるものの，他の要素として，少なくとも(1)ITO憲章構想が頓挫したこと，(2)米国がいくつかの主要な貿易関係法令を改変しようとしなかったこと，(3)世界貿易に関して果たすべき役割について米英間で意見の相違があったこと，(4)交渉参加者としての途上国の台頭，といった要素が作用していたという（172頁）。とはいえ，いずれにせ

よGATTの条文は多分に先進工業国の手になるものであり，それらの国々が通商関係交渉で培った経験が反映されているという。

(3) 第3章は，前2章の実証分析をふまえつつ，GATTの理論的基盤について再検討する。中でも，経済学的説明，国際関係論的説明，外交政策的説明という3つの異なる切り口から，GATTの目的と意義を解明しようとする。まず，経済学的側面からは，米英がGATTを成立させようとする動機として交易条件と貿易総量の2つの要素を取り上げて検討し，そのいずれが主たる要素として働いたという説明も成り立ちうると指摘する（181頁）。次に，国際関係論的側面からは，国内政治的圧力を排除するためのコミットメントとしての役割を期待したという説明が妥当するかどうか検討し，少なくとも米国については概ね妥当すると指摘する（188頁）。最後に，外交政策的側面からは，米国による世界平和の追求がGATT形成の主要な動機だとする説明が妥当するかどうか検討し，実証的には貿易の促進が平和を促進する効果があるか否か定かでないものの，自由主義への信仰，西側諸国の連帯，政治的象徴としての協力のアピールといった理由も考慮すれば，合理的なものだと評価できると指摘する（197頁）。

結論として，著者はGATT形成の動機を以下のように整理する。交渉者は多数国間貿易体制が世界平和に資すると期待したものの，関税譲許に関して相互主義を維持したために，交易条件平準化という説明も成り立ちうる。しかしながら，前2章で確認したようなGATT成立史に照らすと，むしろGATTをコミットメントとして理解するアプローチが最も整合的である。いずれにせよ，これらの複数の説明は相互に排他的なものではなく，GATTの理論的基盤を明らかにするにあたって相互補完的な機能を有するはずだという（200頁）。

3　評　釈

WTOの基本原則や慣行の基盤として今日のWTO体制に重要な影響を及ぼしているGATTがいかなる目的と背景の下に成立したのかは，WTO体制のあり様および今後のあり方をより深く理解しようとする際に不可欠な論点である。また，多数国間枠組の代りに複数国間枠組としてGATTが位置付けられるまでの経緯や，互恵通商協定法の延長によって通商交渉権限が付与された後に当該権限の内容を議会が制限的に解釈することでITO構想が頓挫した経緯等をあらためて跡付けたことは，難航するドーハラウンド交渉を見つめる研究者・実務家に歴史的視点の重要さを再確認させる機会をも提供すると思われる。本書の各章は比較的独立性が高いため，以下では章ごとに簡単に評釈を加える。

第1章に関しては，GATTという特殊な国際制度が紆余曲折を経て徐々にその形を整えていくまでの過程が膨大な資料に基づいて整理されており，貴重な学術的貢献だと評価できる。欲を言えば，1944年10月に米国の省庁横断的検討グループが提出した「通商政策に関する多数国間条約案」（50頁）の策定過程等，米国が多数国間枠組を主導する

ようになった初期の政策形成・交渉立案過程について踏み込んだ分析があれば，さらに米国の果たした役割が明瞭になったかと思われる。しかし，これはむしろ後続の研究者に託された課題であるといえよう。なお，邦文の先行研究として，山本和人『戦後世界貿易秩序の形成――英米の協調と角逐』（ミネルヴァ書房，1999年），及び，同「戦後世界貿易体制成立史」福岡大学商学論叢51巻2・3号（2006）以降（連載中）がある。

　第2章は，主要な規則に関してGATT成立前後にどのような起草過程が存在したかを整理することで，現行GATT条文の理解を助ける有益な研究だと評価できる。他方で，文言の変更があることという形式的な基準でもって分析の対象を制限したことは，とりわけGATTのように慣行や解釈が特に重要な条約体制の分析としては片手落ちのきらいがある。文言の変更を伴わない進展としては，たとえば，アンチダンピング及び相殺関税措置に関して1955年の再検討会議では発動手続の標準化に関する提案がなされ，事務局による各国法令の比較検討を経てGATT第6条の解釈を確立するための専門家会合が開催された例があり，これはGATTの規律の強化・精緻化に一定の役割を果たしたと考えられる。その他，各種委員会の決定・宣言等についても，形式的な法的効力の程度や範囲はさておき，広義のテクスト解釈としてGATTの規律の漸進的進化のあり様を把握するためには不可欠の重要性を有すると考えられる。

　第3章は，著者自身が分析未了だと告白しているとおり，前2章と比べてやや散漫である。しかしながら，経済学，国際関係論，外交政策といった異なるアプローチを横断的に分析した上で，GATTの成立の動機自体が多面的でありうることを示した点等，今後さらに研究を進める上で有益な示唆を含んでいる。むろんJohn G. Ruggieの提起したembedded liberalismのような関連概念について触れられていないのは惜しまれるものの，後続の研究者の取り組むべき余地を示しているともいえる。

　以上要するに，本書は3人の著名な研究者がGATTの成立をめぐる外交的・法的・理論的論点を多面的に分析した優れた共同作業の成果であり，経済史やWTO法を専門とする者にとってのみならず，国際法・国際政治学を含む幅広い学界への有益な貢献であろう。上記のようないくつかの点は，本書の意義を損なうものではなく，むしろ本書の取り組んだ問題が一層広範な共同研究を必要とする重要な論点であることを示すものだといえよう。

（小樽商科大学商学部准教授）

Rudolf Dolzer and Christoph Schreuer,
Principles of International Investment Law

(Oxford,: Oxford University Press, 2008, xliii+433p.)

濱 本 正 太 郎

1　はじめに

　本書は，学生・実務家を対象にした国際投資法の教科書・入門書である。国際投資法の急激な変化と，とりわけ実務上の重要性の認識の広がりとを受けて，「国際投資法」という名称・内容の講義が大学院レヴェルで開講される例が世界中で増えている現在，投資紛争仲裁判断例の最近の流れにも学説にも目の行き届いた本書の刊行はまさに時宜を得たものと言える。著者は，国際法全般において多くの業績を有する Rudolf Dolzer（ボン大学教授）と Christoph Schreuer（ウィーン大学教授）であり，両者とも近年は投資分野にとりわけ力を入れている。

　本書は教科書・入門書であるから，一つ一つの記述に取り立てて目新しいことがあるわけではない。そこで，本書の記述内容についてはごく簡潔に紹介するにとどめ，続いて，教科書としてどのような特長を有するかについて述べる。

2　概　　要

　本書は10章からなる。部には分けられていないが，導入部（第1章・第2章），保護対象の定義（第3章），保護の内容（第4章～第7章），国家責任法上の帰属問題（第8章），投資保険（第9章），手続法（第10章），資料編（Annexes）に整理できる。

　第1章では，国際投資法の全体像を大まかに説明する。主として国際（公）法からなるものの国内法も私法的要素も重要であること，および，投資受入国の主権制約の程度が主たる論点であり最近では投資受入国の good governance まで投資法の射程とされるようになりつつあることを指摘した上で，19世紀来の流れを歴史的に概観する。第2章では，条約の解釈適用という観点から，投資保護条約にどのような特性があるかを説明する。解釈については条約法に関するウィーン条約に基づく説明の後に，仲裁判断の増加が「判例法」の位置づけや対立する判断例の問題を生ぜしめていることを指摘する。適用に関しては，投資保護協定（IIA）発効以前の事実に関する問題のみに触れる。

　第3章は，「投資家」「投資」の定義を扱う。ここでは，仲裁判断例を手がかりに，投資保護協定や「国家と他の国家の国民との間の投資紛争の解決に関する条約（ICSID 条約）」における定義を解説する。

　第4章は，投資家と投資受入国との間のいわゆる国家契約についてごく簡単に触れる。

投資受入に関する規制を説明する第5章では，投資保護協定における規制の類型に加えて，パフォーマンス要求や投資国国内法に反する投資についても説明する。第6章は，伝統的に投資法の核心部分であった，収用に関する規制について述べる。まず国際法の一般的規則を確認した上で，投資紛争仲裁でとりわけ問題となる間接収用について，どのような場合にそれが投資保護協定にいう「収用」と性質づけられるかについて，仲裁先例が示す様々な基準を整理する。第7章は，第6章と並んで実体規則の中心をなす，保護の基準を扱う。公正衡平待遇・十全な保護と安全・義務遵守条項（アンブレラ条項）・差別的措置・内国民待遇・最恵国待遇・送金自由などである。緊急避難・不可抗力に関する問題が，次の第8章ではなくここで議論されていることには注意が必要である。

第8章では，「国家責任と帰属」というタイトルの下，もっぱら帰属に関する諸問題が解説される。どのような実体のどのような行為がどのような条件の下で国家に帰属するかについて，仲裁先例が示す基準を説明する。

第9章は，投資保険を4ページで手短に概説する。

第10章は，紛争処理を扱う。まず，外交的保護による国家間紛争という基礎を押さえた上で，主眼である投資家対国家の紛争に関する規則を詳細に説明する。投資受入国国内裁判所の回避と仲裁の必要性およびICSIDおよび非ICSID仲裁の制度的枠組を説明し，手続法の詳細を述べる。扱われるのは，紛争主題・紛争当事者・仲裁合意の成立方法・仲裁判断手続の流れ・暫定措置・仲裁判断取消手続・執行手続などである。最恵国待遇条項の紛争処理条項への適用や賠償・補償の算定に関する問題は，保護の内容や国家責任を扱う章ではなく本章で扱われている。

資料編には，ICSID条約・エネルギー憲章条約・北米自由貿易協定（NAFTA）投資章に加え，中国・フランス・ドイツ・イギリス・アメリカ合衆国のモデル二国間投資保護協定（BIT）が掲載されている。なお，目次は大目次と細目次とを併記して，個々の問題の全体的位置づけを意識させるようにし，詳細な判例索引を付して参照の便宜を図っている。

このごく簡略な要約からも判るように，本書は，国際投資法として論じられる問題のほぼすべてを網羅している。

3 評 釈

国際投資法については，研究書や実務家向け解説書が陸続と刊行される一方で，（大学院の）教科書として用い得る著作は，本書以前には M. Sornarajah, *The International Law on Foreign Investment,* 2nd ed. (Cambridge: Cambridge Univ. Pr., 2004) しか存在せず，しかも同書は，1994年に刊行された初版の改訂版であるためか，あるいは投資紛争仲裁の最近の展開に極めて批判的である著者の手によるものであるためか，投資紛争仲裁判断例の流れに十分に対応したものとは言えなかった。本書刊行後，Surya P.

Subedi, *International Investment Law* (Oxford: Hart, 2008) がやはり教科書として刊行されたが，必ずしも体系的ではなく，本書の地位を揺るがすには至っていない。本書は，現段階で最も情報量の多くかつ信頼できる国際投資法の教科書と言える。紹介者は，2008年度に神戸大学大学院国際協力研究科で担当した「国際投資法」の教科書として本書を指定し，教科書としての使いやすさを実感したところである。

本書の使いやすさは，仲裁判断例を多く引用することにより，IIA の抽象的な規定が具体的にどのように機能するかを示していることに起因する。その観点から見ると，「大陸の教科書のように抽象的構造を述べるものではない」（本書「はしがき」）という著者のねらいは十分に達成されている。しかも，「コモンローの教科書のように，先例をただ並べるだけではない」（「はしがき」）という著者の意気込みもやはり達成されていると言えることは，たとえば公正衡平待遇条項について説明する第7章1を見ると明らかである。そこでは，まず，公正衡平待遇条項の全体像を把握させるため，同条項を歴史的に位置づけ，大陸法における一般条項と似た役割が期待されていると指摘した上で，慣習国際法上の外国人待遇最低基準との関係についての議論を仲裁先例を駆使して平明に説明する。そして，そこで得られた理解を基礎にして，具体的文脈における同条項の機能を，やはり仲裁先例を縦横に用いつつ，透明性確保・正当な期待の確保・契約遵守・適正手続確保・信義誠実などに整理するのである。

では，このような上質の教科書を講義で使用するにあたって，教員はどのような点に留意すべきか。本書に書かれていることについては，控えめながら示される著者の見解に賛同するかどうかはともかく（それは講義での議論のきっかけになる），情報としての信頼度が高いことはたしかである。とすると，使い手たる我々が留意すべきは，「そこに何が書かれていないか」を常に意識しておくことである。

まず，本書には，投資仲裁の急展開に伴って生じている投資仲裁あるいは投資法全体の正統性問題について，ほとんど記述がない。著者にとっては，それは法ではなく政治の問題なので国際投資法の教科書で扱う必要はない，ということなのだろう。しかし，国際投資法が歴史上常に抱えてきた先進国－途上国問題という観点からの正統性問題に加えて（ちなみに，新国際経済秩序は言及さえされていない），最近では，先進国も被申立人になる経験をするに至って，国内の政治過程でなされる判断を覆す国際投資紛争仲裁の民主的正統性についての議論も活発になってきている。この問題を避けて，いわば「体制内」だけの議論で体制を理解しようとすることは不適切である，と考えるのであれば，この教科書では十分には対応できない。

書かれていないことの第二は，当然ながら，本書執筆時点以降の展開である。教科書は出版と同時に古くなる，とは言い古されたことではあるが，国際投資法においてはとりわけ深刻な問題となる。本書は2008年に出版され，2007年8月までの仲裁先例を検討の対象としている。しかし，その後，義務遵守条項と緊急状態について決定的に重要な

判断を示したCMS事件取消判断（2007年），強制による契約の法的効果を初めて扱った Desert Line 事件（2008年），「国際公序」に関する Plama 事件（2008年），緊急避難（Continental Casualty 事件（2008年））や最恵国待遇条項（Renta 事件（2009年））を巡る混迷の深化，対アルゼンチン事件における執行問題（Vivendi 事件（2008年）），投資の定義について新たな要素を持ち込んだ Phoenix 事件（2009年）と大きな方向転換を示す MHS 事件取消判断（2009年），EU／EC 法と国際投資法との関係を初めて扱った Eastern Sugar 事件（2007年）と委員会対オーストリア／スウェーデン事件ヨーロッパ共同体司法裁判所判決（2009年）など，大幅な加筆あるいは根本的な書き直しを迫る重要な仲裁判断・判決が次々と示されており，出版から1年しか経たない現時点（2009年6月）において，本書のまま説明してとりあえず十分な部分は第1章と第9章ぐらいしか残っていない。これは，抽象的一般論で満足せず，可能な限り仲裁判断の流れを追うという本書の長所が必然的に伴う制約であり，利用者としては，可能な限り頻繁な改訂を切に期待するところである。

（京都大学大学院法学研究科教授）

Harry M. Flechtner, Ronald A. Brand and Mark S. Walter (eds.),
Drafting Contracts Under the CISG

(Oxford: Oxford University Press, 2008. xxxi＋597 pp.)

久 保 田　　隆

1　はじめに

　2009年8月1日からウィーン売買条約（CISG）が日本においてもいよいよ発効する。このため，日本企業の国際法務担当部署のうち，意識の高い所では，CISG が準拠法とされた場合にどのような実務への影響が見込まれるか，CISG を契約準拠法として指定すべきか排除すべきか，結局のところどのような契約文例が有効か，といった具体的な問題を真剣に検討していることであろう。その際，本書はある程度参考になり得よう。

　CISG は1988年に発効したが，日本は長らく加入してこなかったため，CISG の概説書は幾つか存在するが，契約文例の研究は最近漸く始まったところであり，本書のような CISG の契約文例を数多く掲載した実務書は日本ではごく最近まであまり発刊されてこなかった。筆者も CISG 発効の直前に，三井物産等の実務家の助けを借りて，CISG に準拠した契約を作成する際に法的に留意すべき点や契約文例を纏めた実務ガイド（杉浦保友・久保田隆編『ウィーン売買条約の実務解説』中央経済社，2009年，全364頁）を共著で発刊する機会を得たが，既存の売り約款，買い約款の分析や条文毎の対応にお

いて，柏木昇教授や杉浦保友教授，斎藤彰教授らの契約文例に関する先行研究と共に，本書や後述するJ. P. McMahon（2004年）も役に立った。

一方，早くからCISGの締約国となった国々では，実際に使われるCISG準拠の契約文例が多数存在するのだろうか。実はそうでもない。当初から締約国となった欧米でもCISGを契約準拠法として指定するケースは極めて稀であり，グローバル・スタンダードである英米法や自国法を準拠法とするのが普通である。この理由は，①CISGの適用範囲が限定されている（契約の有効性や物権は対象外）ため，範囲外の部分は別途どこかの国内法を準拠法指定する必要があって複雑な点，②制定時の妥協の結果，曖昧で解釈が定まらない条文がCISGには幾つか存在し，国内法に比べて予見可能性が低い点，などが考えられる。しかし，取引当事者間で準拠法に関する合意形成が困難な場合，①あまりよく知らない国の法律が適用されるよりはCISGの方が簡明で合理的なため，CISGを積極的に準拠法指定するケースがあり得るほか，②準拠法合意に至らなければ，任意規定であるCISGが適用されてしまうため，その影響を考慮せざるを得ない。

このため，実際には用いられていないが，CISGに準拠するならばこのような契約文例が望ましいのではないか，という観点から幾つかの契約文例が提示されてきた。誰でも入手可能なアメリカ・ペース大学のCISGに関するオンライン・データベース上にある電子図書館（http://www.cisg.law.pace.edu/cisg/biblio/bib2.html）に収録された論文を拾ってみると，B. B. Clawford（1988年），J. M. Klotz（1997年）など比較的早期から学者による一部の契約文例に関する研究が始まり，包括的な研究としては，J. P. McMahon弁護士によるウィーン売買条約の実務解説（2008年，http://www.cisg.law.pace.edu/cisg/guides.html）や詳細な契約文例ガイド（2004年，http://www.cisg.law.pace.edu/cisg/contracts.html）が挙げられる。

こうした中，本書は欧米の数多くの学者が契約文例の作成に積極的に取り組み，包括的な研究成果として著した興味深い試みである。

2　本書の性格

本書は，ウィーン売買条約（CISG）の専門家や学者による，CISGを準拠法とする契約書を作成する際の契約文例や留意点を纏めた実務ガイドの形式を採った学術論文集である。2005年，CISG成立25周年を記念してピッツバーグ大学と国連国際商取引法委員会（UNCITRAL）は学術会議を開催したが，本書はこの報告原稿を元に契約文例等を書き加えて修正し，全22章で構成される論文集として刊行された。

この結果，厳しい見方をすれば，①挨拶やコラムに近い論考が通常の論考と同列に含まれ，分担執筆の連携不足からか他と比べて著しく簡素な論文（第15章）もあって全体の纏まりが不十分であるほか，②CISGに準拠した契約文例の起草という野心的な作業に対して，契約実務に疎い学者が果敢にチャレンジする上，主にアメリカのくどく長い契約文章を念頭において文例を作成するため，日本の実務家からみるとやや違和感を否

めない点(詳細は後述)が課題として挙げられる。一方,①第一人者の故 Schlechtriem 教授をはじめ世界各国のエキスパートが執筆に参加してウィーン売買条約の全体を概ねカバーしており,たとえコラムでもそれなりに示唆に富むほか,②多くの論考が比較的新しい実務的な問題について詳細に検討し,類書にない豊富な契約文例を提示しており,③第1章で本書の全ての契約文例を参照頁数付きで纏めることで全体のエッセンスが一覧でき,実務ガイドとしても使い易くなっており,総じて見ると上記課題を上回るプラスの評価が可能なように思われる。

　実際,本書のこうした事情を反映し,筆者の見聞きするところでも賛否両論が示されている。例えば,Claude Witz ロバートシューマン大学教授は「ウィーン売買条約の実務対応」セミナー(2008年11月17日:東京)において本書の多角的な分析を絶賛し,セミナー参加者に一読を薦められていたが,中村秀雄小樽商科大学教授は第119回国際私法学会(2009年5月10日:東京)で,本書の契約文例に実務の要請とは程遠い部分があることを問題視している。筆者がみるところ,どちらも正しい指摘であり,①多角的な視点で様々な問題点を深く考察し,契約文例を多数考案している点で高い評価が可能であるが,② CISG に準拠した契約実務の発展が不十分な中,実務上は機能しにくい契約文例も幾つか存在する。例えば,中村教授も指摘される291-292頁の「書式の闘い」の文例は,日本の実務に照らせば長すぎて誰も読まないだろうし,交渉当事者がまともに読んだところで合意成立を却って難しくしてしまうリスクがある。

　しかし,拙い文例ばかりではない。本書の契約文例を全て眺めた場合,①日本の実務上も参考になりそうな丁度良い長さの文例として,準拠法条項(10文例),裁判管轄条項(3文例),契約成立に関する条項(27文例),通知の宛先に関する条項(1文例),電子的メッセージに関する条項(4文例),完全合意条項に関する条項(4文例),免責条項(1文例),履行に関する条項(20文例),履行期前の解除に関する条項(6文例),買主の検査通知に関する条項(10文例),履行期間や履行遅滞に関する条項(20文例),解除に関する条項(12文例),利率に関する条項(7文例),特定履行に関する条項(6文例),厳格な履行を求める条項(2文例)など多数掲載されている。一方,②趣旨自体は参考になるが,文例が長くくどすぎて日本では多少加工する必要があるか,不必要と思われる文例としては,第1章関連の割賦販売のサンプル契約書(7-21頁),第8章関連の予備的合意の法的効果排除(221頁)や誠実交渉義務(224-225頁),フィージビリティ・スタディ(225頁),秘密保持(227-228頁),先買い特権(First Refusal)(229-230頁),書面合意に至らない場合の救済に関する条項(236-237頁)や第11章の書式の闘いに関する条項(291-292頁),第12章の相手方への信頼保護に関する条項(305頁)がある。

3　本書の構成

　各章の主な内容と筆者は以下のとおりであり,必要に応じてコメントを加えた。拾い

読みされる方の便宜のため，挨拶や総論，簡素な報告には＊を付し，実務的・学問的な問題関心から具体的な考察を図った論文には◎を付したので，ご活用頂ければ幸甚である。

第1章◎：割賦販売のサンプル契約書と契約文例一覧（V. S. Cook 弁護士）
　　　　　割賦販売契約においては CISG の適用範囲外にある所有権の問題が浮上するため，本サンプル契約書では準拠法条項において CISG が適用されない事項についてはペンシルバニア州法を適用することを明記している（18頁）。
第2章＊：UNCITRAL の挨拶（J. Sekolec 事務局長）
第3章＊：比較法的にみた CISG（V. G. Curran ピッツバーグ大学教授）
第4章◎：準拠法問題：CISG に準拠すべきか否か（M. Bridge ロンドン大学教授）
　　　　　準拠法選択条項について多角的に論じており，契約文例も豊富。
第5章◎：裁判管轄問題：CISG が及ぼす影響（F. Ferrari ベローナ大学教授）
　　　　　契約文例はないが，法廷地選択に CISG の幾つかの条文が及ぼす影響を考察。
第6章◎：2005年ハーグ国際裁判管轄条約と CISG（R. A. Brand ピッツバーグ大学教授）
　　　　　ハーグ条約第3条，16条，22条や CISG 第31条について考察。
第7章＊：CISG の25年（P. H. Schlechtriem フライブルク大学教授）
　　　　　CISG が国内法に与えた影響や CISG の基本原則を解説。
第8章◎：予備的合意と CISG 契約（M. Torsello ボローニャ大学教授）
　　　　　契約文例は長いが，予備的合意や CISG 第3条等を詳細に分析。
第9章＊：ビジネス法弁護士の視点（S. Saiegh 弁護士）
第10章＊：エコノミストの視点（K. Lehn ピッツバーグ大学教授）
第11章◎：契約の成立：UCC と CISG（J. E. Murray Jr. 元ピッツバーグ大学教授）
　　　　　申込みと承諾に関する UCC と CISG の規定を比較。一部の契約文例には問題あり（既述）。
第12章◎：契約の成立：CISG 第二部（P. P. Viscasillas カルロス三世大学教授）
　　　　　契約文例が豊富。長さや内容からみて概ね妥当。
第13章◎：Parol Evidence Rule と CISG（H. M. Fletchtner ピッツバーグ大学教授）
　　　　　要点と契約文例を短く纏めた。
第14章◎：物品適合性：CISG 第35，41，42条（J. Lookofsky コペンハーゲン大学教授）

CISG Digest を元に論評。
第15章＊：免責：CISG 第79条（A. M. Garro コロンビア大学教授）
全体で4頁の短い論評で契約文例もなく，他との平仄面では問題あり（既述）。
第16章◎：危険の移転：CISG 第66～70条（J. Erauw ゲント大学教授）
豊富な契約文例あり。
第17章◎：履行期前の違反：CISG 第71～73条（M. S. Walter 米国国際開発庁）
豊富な契約文例あり。
第18章◎：物品不適合：CISG 第38～44条（V. Behr アウグスブルク大学教授）
CISG 第39条(1)対策で契約書に期間を明示すべきとする。
第19章◎：履行遅滞：CISG の扱い（U. Magnus ハンブルク大学教授）
豊富な契約文例あり。
第20章◎：解除とその効果：CISG の扱い（A. Osuna 弁護士）
豊富な契約文例あり。
第21章◎：利息と利率：CISG 第78，84条（M. P. V. Alstine メリーランド大学教授）
幾つか契約文例あり。
第22章◎：特定履行・追完権・減額請求権等（H. D. Gabriel ロヨラ大学教授）
幾つか契約文例あり。

（早稲田大学大学院法務研究科教授）

Loukas A. Mistelis and Stavros L. Brekoulakis (eds.),
Arbitrability: International & Comparative Perspectives

(Netherlands: Kluwer Law International, 2009, 408p.)

ジョン・リベイロ

1　はじめに

　本書は仲裁可能性に関する最新の理論的な展開を綿密に評価している。例えば，仲裁不可能性（inarbitrability）を裏打ちするものは何か，仲裁人は刑法領域における事項について判断することができるのか等の論点を議論している。本書以外の仲裁可能性に関する体系的な出版物としては，1996年の Arbitration International の特別版（12 Arbitration International 2, 1996）があるが，これは出版年をみても時代遅れである。この特別版以降，仲裁可能性の一部を扱う論文やレポートは存在するが，包括的な研究

は少ない。過去約30年の間，国際仲裁の射程が大きく拡大されたことからも，本書のような体系的な再考察が待ち望まれていた。

本書は2部に分けられており，第一部は総論の構成を取り仲裁可能性の基本論理及び仲裁可能性の準拠法に関する理論を整理し（第1章～第7章），第二部は各論の構成で労働，破産，知的財産や企業内紛争といった特定の事項について検討を加えている（第8章～16章）。全16章のうち7章において，ロンドン大学国際仲裁研究科の卒業生が開催した仲裁可能性に関する研究会にて報告された論文を掲載しており，寄稿者である15人は米国やヨーロッパにおいて活躍する，著名，若しくは今後の活躍が大きく期待される若手の学者や実務家である。寄稿者の多様性にもかかわらず全体として統一が取れているだけではなく，さらに国際的な検討を行うと共に比較法的観点を含むという優れた特徴を持つ。

2 概　要

1958年の「外国仲裁判断の承認及び執行に関する条約」（ニューヨーク条約）は，①仲裁契約の有効性及び執行，②外国仲裁判断の執行に関する手続き，③承認及び執行が否定される理由に関するルールを統一している。本条約は③において，承認執行が求められた国の権限のある機関は「判断の承認及び執行が，その国の公の秩序に反すること」と認められる場合，または，「紛争の対象である事項がその国の法令により仲裁による解決が不可能なものであること（仲裁不可能）」と認められる場合において仲裁判断の承認及び執行を拒否することができる，と規定している。本条約では，仲裁可能性は国内規制により解決されるべきであるとし，国内法の優越を承認している。本書では，国内法にとどまらず，どの程度まで仲裁可能性に関するルールに対して，国境を越えたアプローチを取り得るかを検証している。以下では，寄稿者の仲裁可能性に対する様々な観点を示すために，各章を簡潔に紹介する。

まず，第1章においてMistelisは，本書の全体像を描き，他の寄稿者の論説を参照しながら仲裁可能性の概念，論理及び準拠法決定について考察している。仲裁可能性に関する実質的ルールに関しては，「積極的かつ先進的な仲裁法を持つ法体系は仲裁可能性に対してリベラルで寛大なアプローチを取り，一方，民間企業や仲裁の成立と発展への懐疑を示す国々は『公序良俗』に訴え，これを広く制約する」というような消極的な姿勢を取ると論じる（para 1-49）。

Brekoulakisは第2章において，仲裁不可能性を裏打ちするのは公序であるという過去20年間における従来の見解は不正確であると論じている。むしろ，仲裁不可能性を裏打ちするのは，「仲裁の本質や仲裁であるがゆえに生じる当然の限界」であり，合意に基づく紛争解決メカニズムである仲裁は「仲裁契約の当事者以外のものにまで影響を及ぼすことが本質的に難しい」（para 2-84）というのである。

第3章でYoussefは，仲裁可能性の概念は，仲裁理論の中枢であるかもしれないが，

実際の仲裁の実務において徐々に衰退していると指摘する。アメリカ，フランス，カナダ，アラブ諸国，そしていくつかの発展途上国を取り上げ，経済的性質を持つ国際的な紛争のすべては一応は（prima facie）仲裁可能であるとし，普遍的仲裁可能性（universal arbitrability）の概念が出現したと論じている。

第4章で Shore は，アメリカにおける仲裁可能性の概念の要点を挙げ，国際的な概念よりも広いと指摘する。つまり，仲裁契約は有効か否か，当該紛争は仲裁付託の条項の範囲内か否か，当該紛争を仲裁に付託することが公の秩序に反するか否かという事項が仲裁可能性概念の射程に入るとする。*First Options of Chicago, Inc. v. Kaplan* (514 U.S. 938 (1995)) 及び *Howsam v Dean Witter Reynolds, Inc.* (537 U.S. 79, 83 (2002)) のアメリカ連邦最高裁判所判例を取り上げ，今までは，国内裁判所によって決定されてきた上記の事項を，どの程度まで仲裁人に決定させることができるかを論じている。

第5章で Di Pietro は，ニューヨーク条約において仲裁可能性を直接的又は間接的に扱っている条項を概説し，条約の仕組みを説明している。彼は，「締約国に仲裁判断の承認執行義務を負わせながら，その義務が当該締約国の公序や中核となる原則に反する場合には例外を認める措置を整備する」，という仕組みを高く評価している（para 5-43）。

第6章で Brekoulakis は，仲裁可能性の準拠法決定について論じている。仲裁可能性の問題が発生する紛争の各段階を分析しながら，仲裁可能性は法廷地法によるべきであるという従来の見解を再検討する。国内裁判所が紛争事項について専属管轄を有する場合にのみ法廷地法の適用を認めるべきであると示唆している。

第7章で Pamboukis は，仲裁可能性と仲裁合意の有効性問題，国際公序，及び lois de police との区別を明確にし，仲裁可能性の概念について論じる。従来の仲裁可能性の定義は広すぎると主張し，仲裁可能性は抵触法の問題というよりも管轄権の問題であるとしている。

第8章で Carbonneau は，アメリカ連邦最高裁判所判例や労働仲裁を例にして，アメリカにおける仲裁可能性に関するルールについて論じている。審議中である US Arbitration Fairness Act の立法案（http://www.govtrack.us/congress/bill.xpd?bill=h111-1020）の問題点に注目し，消費者取引や労働関係から仲裁を完全に排除するという本案の試みを嘆いている。国家の干渉は最小限とすべきだという立場を取り，本法案はアメリカにおいて仲裁を大いに司法化する結果を導き，「準備不十分の，不公平な，誤った，逆効果の法案である」と指摘する（para 8-29）。

第9章で Liebscher は，破産手続と仲裁との関係を分析する。破産手続は，全債権者のために債務者の資産の回収と配当にかかる多当事者間の利害関係をはかるメカニズムであり，一方で仲裁は，契約関係の法理や当事者自治に基づく当事者間のみの紛争解決メカニズムであるので，破産の問題は仲裁不可能であるというのが従来の見解であった。

しかし彼は，オーストリア，英国，フランス，ドイツ，オランダ，スイスを比較し，破産手続におけるいずれの事項が仲裁可能であるかを指摘し，破産手続と仲裁は完全に分断されているわけではないと説明する。

第10章でParkは，国際投資仲裁を中心に，税と仲裁可能性について論じる。特に，投資家が投資受入国によって差別的かつ恣意的に課税された，若しくは補償なしの収用の手段として課税されたと主張する場合を検討する。

第11章においてMourreは，仲裁と刑法を取り上げている。従来説とは反対に，仲裁人は刑法領域における事項について判断することに適しており，国際取引における不正行為を防ぐ義務があると主張している。彼は，「仲裁人は国際取引の本来的な裁判官（natural judge）であり，国際貿易における倫理及び道徳の保護者であり……国内裁判官よりも国際的詐欺を防ぐ立場にある」と説明する（para 11-6）。

第12章でLewは，欧州連合及びアメリカにおける競争法と仲裁の関係を分析している。競争問題や反トラスト問題については，当該国内裁判所及び当局が専属管轄を有するということが一般的に認められたが，Lewは *Mitsubishi Motors v. Soler Chrysler-Plymouth* (473 U.S. 614 (1985))及び *Eco Swiss China v. Benetton International* ((Case C-126/97), [2000] 5 CMLR 816)を起点にし，競争問題や反トラスト問題に関する事案は必ずしも国内裁判所の専属管轄に服すべきではないとし，いずれの事項が仲裁可能であるかを指摘する。

第13章でMantakouは知的財産紛争について論じている。彼女は1990年代のICCレポートを振り返り過去10年間においてどのような発展があったかを検討するが，「知的財産権を巡る紛争の仲裁可能性については根本的な変化はない」と結論する（para 13-1）。そして，知的財産紛争における仲裁可能な事項を明確にしようと試み，最終的に国によって仲裁可能事項は異なると論じる。

第14章でPeralesは，企業内紛争の仲裁可能性について検討している。彼女は比較方法論を用いて，国際的に仲裁可能と認められている事項を説明し，株主総会決議の有効性，会社解散手続，設立の有効無効のような事項については「コンセンサスが欠如している」と指摘する。

第15章でBantekasは，金融や銀行関連の紛争について検討し，先進国と発展途上国を対比している。彼の指摘は次のとおりである。「いわゆる西欧諸国においては，契約から生じるすべての金融や銀行関連の紛争が仲裁によって解決できるほど仲裁法や仲裁規則が緩和された」。これに対し「発展途上国は，金融分野における紛争について仲裁可能な射程を拡大することに慎重である」（para 15-29, 30）としている。

第16章でKröllは商事代理において発生する紛争の仲裁可能性について検討する。特に，仲裁合意事項を含む販売契約，代理商契約を取り上げ，仲裁合意があるにも関わらず，弱者である代理商が国内裁判所に保護され，仲裁が不可能となる三つのアプローチ

を明らかにする。
3 おわりに

　編者が序論において指摘するように，従来，仲裁可能性の概念，論理，準拠法そして実質的な問題における議論は国内法に焦点をおき，国内的な視野から検討されてきた。本書の各寄稿者は，「ニューヨーク条約は仲裁可能性を決定するための基準を設けておらず，最終的な判断は国内裁判所や国内法に委ねられている」という点から出発し，予測可能性を促進するために，より国際的な基準を模索している。また，仲裁不可能性を裏打ちするのは，公序ではなく仲裁の本来的な限界という点や，すべての犯罪行為が必ずしも仲裁不可能ではなく，仲裁人は国内裁判官よりも国際的詐欺を防ぐことに適しているというように，仲裁可能性について多くの点で従来の議論を発展させている。本書は，法学者だけではなく，仲裁に直面する可能性のある実務家にとっても仲裁可能性に関する最新の議論を知る上で，有益なツールとなるであろう。

（大阪大学大学院国際公共政策研究科博士後期課程・
ロンドン大学クイーン・メアリー・カレッジ リサーチアシスタント）

池田千鶴（著）
『競争法における合併規制の目的と根拠──EC競争法における
混合合併規制の展開を中心として』

（商事法務，2008年，531頁）

鵜瀞惠子

1 はじめに

　本書は，タイトルにあるとおり，EC競争法における混合合併規制を題材に，競争法における「合併規制の可能性と限界」を考察するものであり，新進経済法研究者である著者が，助手論文をベースに，数年にわたる研究成果を取りまとめた大作である。

　競争法における合併規制についての議論は，時とともに変遷し，発展してきた。当事会社のシェアの高低や市場全体の集中度についての基準の当否，効率性の評価，破綻寸前企業の取扱い，寡占的協調効果，市場の画定という規制基準から，問題解消措置の内容と手続，また，国境を越える合併に対する各国の規制結果のずれの当否，措置内容の調整，評価基準の収斂，届出手続の国際的調和に至るまで，合併規制のあり方は，規制当局と経済法学界のみならず，経済学者，産業界，産業所管当局，政治，弁護士，企業法務，など様々な立場の人々が活発に発言する，開かれた話題であり続けている。競争法の執行に係る二国間協定に基づく，合併審査に当たっての各国競争当局間の協力も進

んでいる。

　本書のテーマであるECの合併規制は，16年にわたる議論の末，1989年に理事会規則の形で制定されたものであり，先進国の合併規制としては最も歴史が浅い。しかし，欧州委員会は新しい論点を含む事件に積極的に取り組み，上記の議論の展開に大いに貢献してきた。2002年には，欧州委員会の合併禁止決定が3件連続で第一審裁判所において取り消されたため，エコノミスト・チームの設置などの欧州委員会の内部の審査手続の見直しが急がれ，次いで，新しい合併規制規則（2004年規則）の採択，ガイドラインの策定などが行われ，EC合併規制は一層洗練されてきている。

　さらに言えば，競争制限的共同行為と市場支配的地位の濫用行為の禁止というEC競争法の実体規定作りは，今や世界の競争法のスタンダード形となっており，欧州委員会の活発な法執行とともに，EC競争法への注目がますます高まっている。

　このような中で，合併規制の分析・検討を通じてEC競争法の哲学に迫る本書は，誠に時宜を得た研究と言える。

2　概要紹介

　ECの混合合併規制の展開を手っ取り早く知るには，本書の終章を読めば足りるが，本書の中心はGE／Honeywell事件の読み解きである。

　まず，序において，GE／Honeywell事件で米国とECの合併審査が異なる結論に達したこと，そのポイントが混合効果にあったことを紹介し，EC競争法の混合合併規制を検討することが合併規制の目的と根拠を考察する上で重要であるという本書の問題意識が述べられる。

　第1章では，EC競争法の基本的な枠組，EC合併規制の歩みと理事会規則の概要の説明の後，混合合併の取扱いについて，通常は競争上の問題が生じるとは考えられないが，補完的で密接に関連する製品どうしの場合は，資金力を含むレバレッジ効果により競争業者を排除するという悪影響があり得るという，欧州委員会の従来の考え方が紹介される。

　第2章では，欧州委員会の混合合併規制の考え方が1990年代の事件処理を通して確立されたことが述べられる。特に，1997年の飲料3事件である，Coca-Cola／ABGB事件，Coca-Cola／Carlsberg事件，Guinness／Grand Metropolitan事件において，いわゆるポートフォリオ効果，つまり合併による製品範囲の拡大により，顧客の必要な商品をまとめて提供できること，割引などの価格設定が柔軟にできること，抱き合わせを行う可能性，生産・販売・マーケティングの規模の経済性・範囲の経済性などの点で，競争上の有利性を獲得して，支配的地位を形成・強化する可能性及びその条件が検討された。そして，同年のBoeing／McDonnell Douglas事件において，隣接市場の事業者との合併が，資金力，研究開発・知的財産へのアクセス，部品供給者に対する交渉力・購買力の増大，抱き合わせ取引の機会などを通じて，もともとの市場の支配的地位を拡大する

とされた。

　第3章では，いよいよ2001年の GE／Honeywell 事件について，両社の合併により，金融子会社の資金力やリース子会社の販売政策とあいまって，パッケージ販売，内部補助，抱き合わせ販売を通して競争業者が排除・周辺化されることが問題とされたことが紹介される。すなわち，欧州委員会決定では，混合合併の構造面の効果よりも，合併後の行動による市場閉鎖効果をとらえて禁止された点に特徴がある。

　そして，欧州委員会と異なる結論に達した米国司法省の判断と欧州委員会決定への米国当局者からの批判（「競争よりも競争者を保護している」），米国における混合合併規制の歴史と理論面の特徴が丁寧に紹介される。さらに EC 当局者からの反論（「競争者なしでは有効な競争はあり得ない」）も踏まえて，米国と EC の合併規制における市場閉鎖効果と効率性の抗弁の評価の相違についての議論を紹介しながら，規制基準の解釈の微妙な相違，事後の行為規制の利用可能性の相違，短期的視点か長期的視点か，手続や調査手段の相違，司法審査の機能，はては市場と政府のどちらが相対的に正しい能力を持つか，などの要因に考察を深めている。米国と EC の合併規制の相違の深部まで迫ったこの考察が本書の一つのポイントである。

　第4章では，舞台が欧州司法裁判所に移る。まず，欧州委員会が混合効果を問題にした Schneider Electric 事件と Tetra Laval 事件が2002年に第一審裁判所で敗訴したこと，後者について2005年の欧州司法裁判所の判決でも結論が変わらなかったこと，同年の GE／Honeywell 事件の第一審裁判所判決において混合効果が否定されたことについて，それぞれの理由が紹介される。各判決では，混合効果により合併を禁止すべき場合があることそれ自体が否定されたのではなく，レバレッジ行為を行うインセンティヴ・能力・条件，特に82条で禁止される濫用行為を行う蓋然性の分析，レバレッジ行為の結果としての市場閉鎖効果の立証，長期の予測を伴う分析における証拠の質などが問題とされた。

　第5章では，2007年の欧州委員会の非水平合併ガイドラインが紹介される。各判決によりそれまでの混合効果へのアプローチの修正を余儀なくされた欧州委員会が，2004年規則の下で垂直合併と混合合併を規制する基本的考え方とチェックポイント，規制基準を整理したものである。また，GE／Honeywell 事件以降の混合合併事例を紹介し，欧州委員会の実際の合併審査に見られる傾向を考察している。

　終章では，EC の混合合併規制の展開をまとめ，改めて米国との異同を比較表に表し，そして，日本法への示唆を述べている。

3　コメント

　本書は，上記のとおり，EC 競争法における混合合併規制の各事件を丹念にトレースし，事実関係と規制の考え方を論理的に分析することにより，EC 合併規制の思想を抽出しようとしている。この壮大な試みと緻密な考察にまず敬意を表したい。

ところで，「混合合併」（conglomerate mergers）という本書の題材であるが，このネーミングはミスリーディングである。水平合併，垂直合併とともに誰もが用いてきた概念ではあるが，よほど単品に特化した企業でない限り，どの合併も多かれ少なかれ水平でも垂直でもない結びつきが生じる。特定の合併を「混合合併」と分類することに意味はなく，問題は，例えば市場支配力をテコにして隣接市場における支配的地位を形成するかどうかなどの，「有効な競争を著しく阻害する」効果の存否である。「混合効果」という競争阻害メカニズムのカテゴリーとして理解すべきであろう。

メカニズムであるだけに，本書で描き出されるとおり，欧州委員会は，市場の競争に与える影響を「シナリオ分析」の形で示している。当該市場の特徴に即し，かつ，動的に分析するこのような手法には，EC競争法がグローバルスタンダード化している現在，実務家は特に留意する必要がある。

翻って，わが国の合併規制は，従来から，公正取引委員会の無料の事前相談が活用され，当事会社以外にはよくわからない世界となっている。公正取引委員会は，違反行為の未然防止の観点から事前相談を歓迎する一方で，規制の透明性を確保し，一般予防効果を上げるため，相談手続を明確にし，相談結果は断念事例も含めてなるべく逐次発表し，また発表内容も詳しくするようにしているものの，法適用がなかなか形にならない。本書から，ECにおいて，当事会社と取引先，競争業者の様々な主張や専門家同士のコミュニケーションが文字になり，論点が明確になり，欧州委員会の判断が決定の形で出され，判例形成に結びついていく過程が窺われ，興味深かった。

また，わが国では合併規制は私的独占の禁止の予防規定であるという位置づけがされている。EC競争法においても行為規制だけでは不十分であるとして合併規制が導入されたのであるが，一方で，混合効果については，合併後にEC条約82条違反行為が起こる蓋然性，逆に言えば82条規制の抑止力の程度が違法性判断の要素となっている。行為規制とのバランスにおける合併規制の存在意義と手続のあり方という共通の論点については，さらに掘り下げて論じる価値があると思われる。

蛇足ながら，混合効果で検討される「資金力」や「シナジーによる市場閉鎖」という論点から，わが国の一般集中規制を，そして，司法審査の範囲についての議論から，わが国独占禁止法の実質的証拠法則を，それぞれ想起したことを，記しておきたい。

【付記】　本稿中，意見にわたる部分は筆者の個人的見解である。

（公正取引委員会事務総局官房総括審議官）

日本国際経済法学会会報

1．本学会の役員その他

理　事　長	柏　木　　　昇（中央大学）
庶務担当常務理事	道垣内　正人（早稲田大学）
会計担当常務理事	小　寺　　　彰（東京大学）
研究運営担当常務理事（研究運営委員会主任）	佐　分　晴　夫（名古屋大学）
編集担当常務理事（編集委員会主任）	泉　水　文　雄（神戸大学）
庶務副主任	竹　下　啓　介（東北大学）
会計副主任	福　永　有　夏（早稲田大学）

学会事務局：〒980-8576　宮城県仙台市青葉区川内27－1
　　　　　　東北大学大学院法学研究科509号室（竹下研究室）
　　　　　　E-mail：jaiel.2006.2009@gmail.com

理事・監事（第6期）名簿（50音順）

（2009年7月現在）

＜理　事＞

阿　部　克　則（学習院大学）	荒　木　一　郎（横浜国立大学）
小田部　陽　一（外務省経済局長）	石　黒　一　憲（東京大学）
位　田　隆　一（京都大学）	岩　沢　雄　司（東京大学）
江　藤　淳　一（上智大学）	鈴　木　英　夫（経済産業省通商機構部長）
柏　木　　　昇（中央大学）	川　島　富士雄（名古屋大学）
川　瀬　剛　志（上智大学）	木　棚　照　一（早稲田大学）
久保田　　　隆（早稲田大学）	小　寺　　　彰（東京大学）

佐 野 　 　 寛　（岡山大学）　　　　佐 分 晴 夫　（名古屋大学）
清 水 章 雄　（早稲田大学）　　　　須 網 隆 夫　（早稲田大学）
瀬 領 真 悟　（同志社大学）　　　　泉 水 文 雄　（神戸大学）
平 　 　 　 覚　（大阪市立大学）　　高 杉 　 　 直　（同志社大学）
茶 園 成 樹　（大阪大学）　　　　　出 口 耕 自　（上智大学）
道 垣 内 正 人　（早稲田大学）　　　内 記 香 子　（大阪大学）
中 川 淳 司　（東京大学）　　　　　根 岸 　 　 哲　（甲南大学）
野 村 美 明　（大阪大学）　　　　　早 川 吉 尚　（立教大学）
稗 貫 俊 文　（北海道大学）　　　　福 永 有 夏　（早稲田大学）
舟 田 正 之　（立教大学）　　　　　間 宮 　 　 勇　（明治大学）
村 上 政 博　（一橋大学）　　　　　森 下 哲 朗　（上智大学）
山 内 惟 介　（中央大学）　　　　　山 根 裕 子　（政策研究大学院大学）
山 部 俊 文　（一橋大学）

　　　　　　　　　　　　　　　　　　　　　　（以上，39名）

＜監事＞

金 井 貴 嗣　（中央大学）　　　　　松 本 　 　 健　（有限会社KMインターナショナルアソシエイツ）

　　　　　　　　　　　　　　　　　　　　　　（以上，2名）

研究運営委員会

主任　　佐 分 晴 夫　（名古屋大学）
副主任　間 宮 　 勇　（明治大学）
幹事　　川 島 富士雄　（名古屋大学）
委員　　荒 木 一 郎　（横浜国立大学）　　岩 沢 雄 司　（東京大学）
　　　　佐 野 　 寛　（岡山大学）　　　　杉 浦 保 友　（一橋大学）
　　　　鈴 木 將 文　（名古屋大学）　　　瀬 領 真 悟　（同志社大学）

内記香子　（大阪大学）　　　森下哲朗　（上智大学）
山部俊文　（一橋大学）

編集委員会

主任　　泉水文雄　（神戸大学）
副主任　平　　覚　（大阪市立大学）
幹事　　池田千鶴　（神戸大学）
委員　　岩瀬真央美　（兵庫県立大学）　　樋爪　誠　（立命館大学）
　　　　須網隆夫　（早稲田大学）　　　　髙杉　直　（同志社大学）
　　　　茶園成樹　（大阪大学）

2. 第18回研究大会

　本学会の第18回研究大会は，2008年11月1日(土)に青山学院大学において開催され，約100名の参加者により活発な討論が行われた。大会プログラムは，次の通りであった。

午前の部　（10時～12時25分）
自由論題：分科会
第1分科会：私法系
　　　　　　　　　　　　　　　　　　　　　　座長　上智大学　森下哲朗
(1)「貨幣の法的分析に関する一考察」　　　　　　首都大学東京　竹下啓介
　　　　　　　　　　　　　　　　　　　　　　座長　一橋大学　山部俊文
(2)「中国独占禁止法の制定・施行——外国企業のビジネスや投資や貿易に与える影響」
　　　　　　　　　　　　　　　　　　　　　　　　首都大学東京　酒井享平
第2分科会：公法系　　　　　　　　　　　　座長　横浜国立大学　荒木一郎
(1)「差別的内国税の規律をめぐる EC 法と WTO 法との内容的連関—— GATT

第3条と EC 条約第90条との比較分析を通じて―」　早稲田大学大学院　小場瀬琢磨
(2)「ガット・WTO における最恵国待遇原則と一般特恵制度の関係」

中央大学大学院　小寺智史
(3)「信義誠実則の表象としての GATT 20条柱書――ブラジル・再生タイヤの輸入
事件を素材に」　　　　　　　　　　　　　　　　経済産業省　小林献一

午後の部　（14時30分～17時45分）
共通論題「グローバル経済下における公益実現と企業活動」

座長　早稲田大学　道垣内　正人
(1)「グローバル・ガバナンスにおける国連グローバル・コンパクトの意義」

名古屋大学　三浦　聡
(2)「企業の社会的責任（CSR）と環境保護――EU 環境政策を素材にして」

早稲田大学　須網隆夫
(3)「競争法の国際的適用――協力と対立」　　　立教大学　東條吉純
(4)「国家安全保障と国際投資――国家安全保障概念の不確定性を中心に」

中央大学　柏木　昇

3．2008年度役員会・総会報告

(a)　2008年度の理事会は，青山学院大学において，11月1日（土）12:30から開催された。その概要は，以下のとおりである。
(1)　定足数の確認と2007年度理事会議事録の承認
(2)　会員の異動

6名の新入会員の入会を総会へ提案することが承認された。また，13名の退会者（逝去者1名，資格喪失者4名を含む）があったことについて報告された。

※ただし，後日，資格喪失者のうち1名が未納会費を完納したため，理事長の判断により，会員資格を継続することとなった。

(3)　2007年度決算案

2007年度決算案につき会計主任の説明の後，承認され，総会の承認を求める

ために提出することとされた。

(4) 2009年度予算案

2009年度予算案につき会計主任の説明の後，承認され，総会の承認を求めるために提出することとされた。

(5) 次期の理事・監事の選出方法

「役員選出方法に関する申し合わせ」（2005年10月29日役員会承認）について，次の通り改正することが了承された。

「役員選出方法に関する申し合わせ」
（2005年10月29日役員会承認・2008年11月1日役員会修正承認）

日本国際経済法学会規約第12条（役員の選出）にもとづき，<u>2006年度の役員</u>（理事および監事）選出は，次の方法によるものとする。

1　役員の改選時における新理事の選出は次の手続による。

(1) 改選年度の前年の理事会で，「理事候補者推薦委員会」（以下，推薦委員会）を設置する。推薦委員会は，専門分野，ジェンダー，地域等の適正な配分を考慮し，かつ世代別に，40歳未満から3名前後，40歳代から3名前後，50－60歳代から3名前後の，計9名の委員で構成されるものとする。推薦委員会委員の委嘱は，常務理事会の原案に基づき，理事会において決定する。<u>推薦委員会の委員長は理事長がこれを指名する。</u>

(2) 推薦委員会は，改選年度の適当な時期までに，次期理事候補者を選考し，その結果を理事長に報告する。理事候補者の選考においては，専門分野，ジェンダー，地域等の適正な配分を考慮し，かつ世代別に，40歳未満から5名前後，40歳代から5名前後，50－60歳代から10名前後の，計20名の候補者を常務理事会に推薦するものとする。常務理事および推薦委員会委員は，推薦委員会の推薦による候補者について，守秘義務を負う。

(3) 推薦委員会の審議は次の規則による。

(i) <u>推薦委員会は，委員長の発議により，少なくとも1回は現実に集まる会合を開催するものとし，それに加え，適宜，e-mail等による審議をすることがで</u>

(ⅱ) 推薦委員会の定足数は，委員の3分の2とする。なお，e-mail等による審議の場合には，通信が到達しなかった者を除き，全員出席したものと扱う。
　　(ⅲ) 推薦委員会の議事は，投票の過半数をもつて決する。
　2　常務理事会は，上記20名の理事候補者に加え，専門分野，ジェンダー，地域等の適正な配分を考慮し，かつ諸般の事情を考慮して，20名の理事候補者（外務省および経済産業省の職務上の者，並びに原則として推薦委員会の委員を含む。）を加えた計40名の理事候補者を，一括して，理事会に提案するものとする。
　3　理事会は，常務理事会の原案に基づいて審議の上，規約第12条に定める「候補者」を選び，理事長から総会に提案し，総会の承認が得られた者を新理事とする。
　4　新理事会は，「理事長互選の方法についての申し合わせ」（1992年1月25日理事会承認，2004年11月7日修正承認）に従って，新理事長を互選する。
　5　新監事の選出は，常務理事会の原案に基づき理事会において審議し，理事長から総会に提案し，総会の承認が得られた者を新監事とする，との手続による。
　なお，「理事選出に関する申し合わせ」（2002年10月27日）は，2006年度の選任においては，これを適用しない。
　　※下線部及び取消線の箇所が2008年度役員会で修正された箇所。

(6) 学会の将来像（将来ビジョンワーキンググループ）
　将来ビジョンワーキンググループの答申である「日本国際経済法学会の活性化に向けて」の内容が紹介された。また，同答申に対するパブリックコメント（4件）について，紹介された。そして，これらの意見を活用しつつ，学会の活性化を図ることが了承された。
(7) 20周年（又は25周年）記念事業検討WGの設置
　学会の20周年（又は25周年）を記念する事業を検討するためのWGの設置について提案があり，異議なく了承された。なお，WGの人選については，理事長に一任することとされた。
(8) 次期研究大会

研究運営委員会主任より，2009年度の研究大会につき，開催校が甲南大学の予定であることが報告された。また，日程については，他学会の学会開催日等を勘案しつつ，開催校と調整の上，決定することが報告された。

(9) 日本国際経済法学会年報の編集

編集委員会主任より，第17号の刊行について，報告された。また，論文の査読要領について提案があり，異議なく了承された。

また，学会が所有している学会誌の在庫について，配布を希望する会員に送料実費で配布した上で，残部を処分することが提案され，了承された。

(10) その他

学会の会員名簿に関し，会員の名簿を当学会が運営しているウェブサイト（ただし，パスワードを入力しなければ，閲覧できないもの）に掲示すること，掲示する内容は氏名・所属・地位・専門分野・e-mail（e-mailについては不開示の希望があった会員については，掲載しない）とすることが，提案され，異議なく了承された。

また，研究大会開催に係るロジスティックの簡素化について提案があり，了承された。

(b) 2008年度の総会は，青山学院大学において2008年11月1日（土）14:00から開催された。その概要は，以下のとおりである。

(1) 定足数の確認

(2) 決議事項

以下の議案について理事長から提案があり，すべて承認又は決定された。

　(A) 新入会員承認の件

　(B) 2007年度決算承認の件

　(C) 2009年度以降の活動方針決定の件

　(D) 2009年度予算決定の件

(3) 報告事項

理事長から，理事会で審議されたその他の事項について報告があり，全会一致で，これを了承した。

編 集 後 記

　本18号は，今期の編集委員会が編集を担当する年報の最終号である。16号から18号までの3号を何とか出版することができ，ほっとしている。まず，本号の内容を確認しよう。本号も，研究大会の報告者の原稿を中心に編集を行い，これらに，自由論題，文献紹介を加えている。2008年11月1日に青山学院大学において開催された第18回研究大会（午前の部は自由論題であり，第1分科会は私法系，第2分科会は公法系，午後の部は共通論題「グローバル経済下における公益実現と企業活動」）の報告者から原稿をいただいた。自由論題については，2件を掲載することができた。文献紹介については，今回も理事の方に推薦をいただき，編集委員会においてその中から文献および執筆者を選定し，執筆を依頼した。研究大会報告については，16号，17号については報告者全員の原稿を掲載することができたが，今号については編集委員会の能力不足等から，すべての方から原稿をいただくには至らなかったことは，今後の教訓としたい。文献紹介については，短期間に大部の文献を読むことをお願いしなければならない文献紹介の性格から，執筆をご承諾いただけないケースがあったが，今回はほとんどの方に快諾してもらい，期限通りに原稿をいただくことができた。編集へのご協力に感謝を申し上げる。前号の編集後記でも触れたが，この数号において，査読制度の運用を強化している。昨年度の理事会においてこれまでの査読のルールや慣行を取りまとめた査読要領を承認していただき，それにそって査読を行っている。査読要領では，従来から査読制度によってきた自由論題に加えて，大会原稿および文献紹介についても，大学の専任職にいないもの等（大学院生，オーバードクター等）の原稿については査読を行っている。本号については，具体的にいえば，本稿に掲載されている論稿のうち，大会報告1件，自由論題2件，文献紹介1件が，査読を通過し掲載されたものである。お忙しい中で査読を快諾し，厳正な審査をしていただいたレフェリーの方には，編集作業への協力に厚く感謝を申し上げたい。さらに，この3年間，毎年数ヶ月に及ぶ編集作業に携わってくださった編集委員会委員のみなさんに厚く御礼を申し上げる。また，毎年，無理な日程等による作業をお願いしている秋山泰社長と野田三納子さんにも感謝を申し上げる。

最後になるが，横川新理事および正田彬元理事がお亡くなりになった。お二人は，日本国際経済法学会の創立の中心的存在であり，学会を今日まで見守ってこられた。お二人の本学会へのご貢献に感謝し，謹んでご冥福をお祈り申し上げる。

泉 水 文 雄

執筆者紹介（執筆順）

三浦　聡　　　　　名古屋大学大学院法学研究科教授
須網隆夫　　　　　早稲田大学大学院法務研究科教授
柏木　昇　　　　　中央大学法科大学院教授
酒井享平　　　　　首都大学東京法科大学院教授
小寺智史　　　　　中央大学大学院法学研究科博士後期課程
小林献一　　　　　経済産業省通商機構部参事官補佐・
　　　　　　　　　（独）経済産業研究所コンサルティングフェロー
内記香子　　　　　大阪大学大学院国際公共政策研究科准教授
山根裕子　　　　　政策研究大学院大学研究科教授
松下満雄　　　　　東京大学名誉教授
平野　覚　　　　　大阪市立大学大学院法学研究科教授
中川淳司　　　　　東京大学社会科学研究所教授
飯野友文　　　　　日本大学商学部専任講師
小林友彦　　　　　小樽商科大学商学部准教授
濱本正太郎　　　　京都大学大学院法学研究科教授
久保田隆　　　　　早稲田大学大学院法学研究科教授
ジョン・リベイロ　大阪大学大学院国際公共政策研究科博士後期課程・
　　　　　　　　　ロンドン大学クイーン・メアリー・カレッジ リサーチアシスタント
鵜瀞惠子　　　　　公正取引委員会事務総局官房総括審議官

日本国際経済法学会年報　第18号　2009年
グローバル経済下における公益実現と企業活動

2009年11月15日発行

編集兼発行者　　日本国際経済法学会
　　　　　　　　代表者　柏木　昇

〒980-8576　宮城県仙台市青葉区川内27-1
　　　　　　　東北大学内（竹下研究室）

発売所　株式会社　法律文化社

〒603-8053　京都市北区上賀茂岩ヶ垣内町71
電話　075(791)7131　FAX　075(721)8400
URL: http://www.hou-bun.co.jp/

©2009 THE JAPAN ASSOCIATION OF INTERNATIONAL ECONOMIC LAW, Printed in Japan
ISBN978-4-589-03190-7

日本国際経済法学会編

日本国際経済法学会年報

第11号（2002年） GATSと規制改革　マネー・ローンダリング規制の現状と課題　TRIPs協定の現代的展開と再検討　　　　　　　　　　A5判・200頁・定価3150円

第12号（2003年） セーフガードの意義と課題　WTO新ラウンド　A5判・256頁・定価3465円

第13号（2004年） アジアにおける競争法の展開　アジアにおける国際取引紛争の処理　アジアにおける地域経済協力　　　　　　　　　　　　　　　　A5判・242頁・定価3465円

第14号（2005年）　　　　　　　　　　　　　　　　　　　　　A5判・268頁・定価3675円
WTOの10年：実績と今後の課題　WTO紛争解決手続きの理論的課題　国際統一法と国際私法

第15号（2006年）　　　　　　　　　　　　　　　　　　　　　A5判・298頁・定価3990円
「国際経済法」・「国際取引法」のあり方を問い直す──法科大学院発足・新司法試験開始を契機として　座長コメント…道垣内正人／国際経済法の射程と研究・教育のあり方…中川淳司／国際経済法の射程と研究・教育のあり方…米谷三以／国際取引法の教育のあり方と射程…柏木昇／法科大学院と国際取引法の教育・研究…髙杉直
「法と経済学」の諸相　座長コメント…根岸哲／法と経済学の基本的な考え方とその手法…松村敏弘／独禁法における「法と経済学」…川濱昇／国際法における法と経済学…阿部克則／国際私法の経済学的分析…野村美明
自由論題　多数債権者間の国家債務再構築の法的枠組み…川名剛／ガット第20条における必要性要件…内記香子

第16号（2007年）　　　　　　　　　　　　　　　　　　　　　A5判・270頁・定価3675円
国際経済・取引紛争と対抗立法　わが国の対抗立法（損害回復法）の背景となる米訴訟…松下満雄／WTOの紛争処理における対抗立法の意義と射程…伊藤一頼／我が国の「対抗立法」…渡辺哲也／取引紛争と対抗立法…横溝大／実践的分析…佐久間総一郎
第1分科会：公法系　WTOにおける後発途上国問題…濱田太郎／経済制裁措置の合法性の再検討…松隈潤／TRIPS協定の解釈をめぐる論争…山根裕子
第2分科会：私法系　EUにおける競争法違反行為に係る民事的救済制度の新たな展開…宗田貴行／取り消された仲裁判断の承認執行…小川和茂／国際債権譲渡金融における準拠法決定ルール…藤澤尚江
自由論題　一般的経済利益のサービスの「阻害」に関する判例法理の展開と86条2項の機能…青柳由香

第17号（2008年）　　　　　　　　　　　　　　　　　　　　　A5判・248頁・定価3570円
国境と知的財産権保護をめぐる諸問題　知的財産制度の国際的調和の必要性とその限界…鈴木將文／著作権外人法の発展と今後の課題…駒田泰土／税関における知的財産侵害物品の水際取締り…南埜耕司／音楽CD還流防止措置導入と競争政策との調整…稗貫俊文
国際投資紛争の解決と仲裁　ICSID仲裁における国際法と国内法の関係…森川俊孝／投資協定仲裁の法的性質…小寺彰／投資協定仲裁の実務…手塚裕之／投資協定・経済連携協定における我が国の取り組み…三宅保次郎／国際投資仲裁の論点と課題…森下哲朗
自由論題　GATT第18条Cの援用可能性に関する考察…児玉みさき

上記以外にもバックナンバー（第4号〜第10号）ございます。ご注文は最寄りの書店または法律文化社までお願いします。　　TEL 075-702-5830／FAX 075-721-8400　　URL:http://www.hou-bun.co.jp/

徳田克己
(とくだかつみ)

筑波大学医学医療系教授　教育学博士
専門は子ども支援学。アニメ映像や絵本が子どもにどのような効果があるかを心理学的，社会学的方法によって研究している。若い頃，春日部に住んでいたことがあり，クレヨンしんちゃんにはたいへんに強い思い入れがある。1男1女の父親であるが，時々，アニメや映画のひろしの言葉から自分を反省して，「俺の人生の喜びはお前たちの父親であることだ」と言えるようにがんばっている。

『クレヨンしんちゃん』Ⓒ臼井儀人著／双葉社
編集協力：増澤曜子
装丁：臼井弘志＋藤塚尚子（公和図書デザイン室）

ズ"を海賊版も含め目にします。今年5月の連休には、エジプト、パキスタンなどイスラムの国々を訪れました。規制が多い地域であり、グッズはないと思っていましたが、エジプトで、ぬいぐるみを見つけました。

世界には、さまざまな価値観があります。宗教、文化、国の政策によって発言が制限されることもあります。しかし日本では、大学の研究者が『クレヨンしんちゃん』の価値を認め、研究対象とし、本を出すことができます。つまり、どんな対象であってもまな板にのせて研究ができる"自由な日本"を象徴するのが、この本だと言えるのです。

『クレヨンしんちゃん』の作者臼井儀人さんは、2009年9月享年51歳で、この世を去られました。生前、お会いする機会はもてませんでしたが、思い出を語る会では出張先からお送りした文章を弔辞として読んでいただき、たいへん光栄に思っています。また、この本の趣旨をご理解いただきご尽力いただいた双葉社さん、作品の掲載にご理解を示してくださった臼井先生のご家族の方々に心からお礼申し上げます。あわせて増澤曜子さんのご尽力に感謝いたします。最後に、私の企画に共感し、本に仕上げてくれた福村出版の石井早苗さんに深謝します。

2011年6月吉日

著者

あとがき

――将来私が教育、保育の現場に立ったときに子どもたちをはじめ、保護者にもクレヨンしんちゃんの道徳の世界を説いていきたいと思います。そのまえに、しっかりと原作を読み、道徳観点から見て良いこと悪いことを知ることから始めたいと思います。本来であれば、もっと詳しく感想を綴っていきたいところですが、今回私が受けた感動と衝撃が大きすぎて現在言葉にまとめることができません。（中略）ベストセレクションが出版されるのであれば必ず書店に足を運びます。

今回の本は、このように、『クレヨンしんちゃん』を愛し、価値を認める多くの人たちの思いを、私の筆を通して表現したものなのだと強く感じています。

私は現在、海外の、とくに貧しい国の子どもたちが、どのような生活をし、どのような支援を求めているかを研究するために、頻繁に旅をしています。インド、東南アジア、中国などでは、マンガはもとより、ぬいぐるみ、文房具、キーホルダーなどたくさんの〝クレしんグッ

した。（一部を抜粋）

文化

しんちゃん 子供の「教科書」

◇「クレヨンしんちゃん」家族愛など満載 誤解解消へ研究◇

徳田 克己

20代後半の頃に住んでいたのが物語の舞台である埼玉県春日部市だった。クレしんの連載が始まったのがちょうどこの頃(1990年)。漫画だけでなく、92年に始まりテレビアニメも家族で楽しんできた。我が家の子供は今、大学生と高校生。2人ともしんちゃんとともに育った。同じ本を2冊買わないよう、子供には「私が買うから買ってくるな」と言っていた。

大学で育児を研究する私は漫画やアニメの「クレヨンしんちゃん」(クレしん)の大ファンである。家族愛や友情、クレしんには、子供が学ぶべきことがたくさん詰まっている。下品だからと切り捨ててしまうのはもったいない。クレしんにまつわる誤解を解き、育児に役立てながら大人も子供も楽しんでもらえないか、研究を進めている。

＊　＊　＊

我が子と楽しむもう20年以上前、私が幼稚園の先生をしていたたくない番組の上位に入っているんと見たことのない人も多いという事実だ。だがクレしんは海外でも人気で、空港の売店などで漫画をよく見かける。こんなに素晴らしい作品がなぜ認められないのだろうか。漫画だが、しんちゃんを細かに読むと、子供向けに年寄りのシルバーカーを持ってあげるといった場面教育にうってつけの、幼児しんちゃんが幼稚園児という有名作品はそう多くない。犬や猫といった動物キャラクターに置き換えるというセリフを厳選したのが、クレクション」。漫画の発行元である双葉社さんに監修させていただいてお願いしているところだ。

クレしんは、子供だけでなく、保護者にとっても有益なものだ。最近の親には完璧を目指す人が多いが、そういう家で育つと失敗が許されないということになって、子供が新しいことに挑戦できなくなる恐れもある。一方で、しんちゃんの母親のみさえは失敗したらゴメンと謝り、子供の前でしっかり反省する。こんなみさえの姿は、子育ての格好の手本だ。

「失敗」呼びかけそんなわけで、私は保育所・幼稚園を訪れる機会が多い。私は講演などで保育所・幼稚園を訪れる機会が多いが、お尻を出して踊っている子供を見たことは青年向け週刊誌の連載作品だから、しんちゃんをナンパするように「失敗しましょう」と呼びかけている。その第一歩がお茶をこぼす練習だ。うまくこぼせないのか、子供が考えて1件もない。

現在、次の研究として寄せられた。テレビで震災のニュース映像を子供に見せていいのか、私のもとには保護者から多くの相談が寄せられた。

保護者にも有益

だが、漫画を細かに読むと、しんちゃんがお年寄りのシルバーカーを持ってあげるといった場面が1件もない。そこで私が考えているのが、子供向けに1件もない。

という人が多い。こうした話を盛り込んだ、クレしんを題材にした親向けの家庭教育本を6月に刊行する予定だ。

原作者で一昨年に事故で亡くなられた臼井儀人さんとは、結局、お会いする機会がないままになってしまった。同じ年別の会にも出席できなかったが、私が書いた文章を弔辞として読んでいただいた。出張中だったためお別れの会にも出席できなかったが、私が書いた文章を弔辞として読んでいただいた。

親近感と敬意を抱いてきたしんちゃんのアニメや漫画を一緒に楽しんでみてはどうだろうか。

(とくだ・かつみ=筑波大学教授)

まれると保護者の皆さんらえたのは光栄だった。東日本大震災の後、震災のニュース映像を子供に見せていいのか、私のもとには保護者や保育関係者から多くの相談が寄せられた。テレビで震災を間接体験した子供は不安や恐怖に襲われる。こうした体験を通して命の大切さを学べるのは小学3、4年生からだ。幼たまにはニュース番組を見ずに、子供を膝の上に抱いてしんちゃんのアニメや漫画を一緒に楽しんでみてはどうだろうか。

災を間接体験した子供は不安や恐怖に襲われる。こうした体験を通して命の大切さを学べるのは小学3、4年生からだ。幼い子には、悲惨な映像は極力見せない方がいい。たまにはニュース番組を見ずに、子供を膝の上に抱いてしんちゃんのアニメや漫画を一緒に楽しんでみてはどうだろうか。

海外でも人気で、空港の売店などで漫画をよく見かける(香港の空港)

日本経済新聞
2011年4月26日朝刊

あとがき

この本の校正をしていた4月下旬、日本経済新聞朝刊文化欄に、私の記事が掲載されました。このコーナーは、献血マニアで全国あちこちで献血をされている方、長くOLとして勤務し"昭和のOL新聞"を発行している方、などユニークな人物が登場することで知られています。私は、『クレヨンしんちゃん』のファンであり、しんちゃんの研究をしている大学教授として寄稿しました。

記事が掲載されると、たくさんの方々から共感の手紙やメールをいただきました。日本PTA全国協議会の調査（2010年）によると、『クレヨンしんちゃん』は、親が子どもに見せたくない番組の第2位にランクされていますが、ツイッターやブログを見たなかでは、私の記事に批判的なものはありませんでした。

むしろ、「よく言ってくれた」「自分の感じていた通り」「自分の気持ちを代弁してくれた」という感想が多かったのです。保育者を目指している学生からは、このようなメールも届きま

じゃ

5章　マンガ『クレヨンしんちゃん』から子どもは何を学ぶのか

表7　子どもが学べる内容が含まれているか

	視聴等有 $n=353$	視聴等無 $n=139$	χ^2値
非常に・多少は含まれる	58%	36%	
どちらとも言えない	29%	38%	13.81**
ほとんど・全く含まれない	10%	14%	

※ 無回答は除いてある　　** $p<0.01$

表8　子どもにとって学ぶことが出来る内容

	視聴等有 $n=183$	視聴等無 $n=45$	χ^2値
友達とのかかわり	42%	22%	6.26*
思いやりややさしさ	27%	41%	3.63†
妹とのかかわり	19%	15%	0.39
親を思う心	17%	9%	2.18
良い行いと悪い行い	10%	11%	0.01
家族のたいせつさ	10%	2%	2.86
前向きであきらめない気持ち	7%	4%	0.32
発言力や表現力	6%	9%	0.42
ペットとのかかわり	6%	2%	1.10
家事の手伝い	6%	2%	1.10
その他	33%	25%	—

※ %の母数は学びがあると回答した者。無回答は除いた　　* $p<0.05$, † $p<0.1$

い換えれば、この作品にふれたことのない者は周囲からの偏った情報などによって抱いたイメージをもとに、この作品を低く評価している可能性がある。

この作品に子どもが学ぶことができる内容が含まれているかを尋ねたところ、両群の間には有意な差が認められた（表7）。具体的には、視聴等経験あり群の方がない群と比べて、子どもが学べる内容が「非常に・多少は含まれる」と回答する傾向にあった。

子どもにとって学ぶことができる内容を自由記述式で尋ね、その結果をカテゴリー分類した（表8）。視聴等の経験のある群は「友達とのかかわり」をあげる傾向にあり、視聴等経験のない群は「思いやりややさしさ」と回答する傾向にあった。

徳田克己・西館有沙・西村実穂（2010）『漫画「クレヨンしんちゃん」から子どもは何を学ぶかⅣ～母親の読書経験および視聴経験の有無による内容評価の差異』日本乳幼児教育学会第20回大会研究論文集より抜粋して掲載